O Fundo Soberano do Brasil

NATUREZA JURÍDICA, DISCIPLINA LEGAL
E ASPECTOS FUNDAMENTAIS NO CONTEXTO
DOS FUNDOS SOBERANOS NO MUNDO

2013

Antonio Fernando Prestes Garnero

O FUNDO SOBERANO DO BRASIL: NATUREZA JURÍDICA, DISCIPLINA LEGAL E ASPECTOS FUNDAMENTAIS NO CONTEXTO DOS FUNDOS SOBERANOS NO MUNDO
AUTOR
Antonio Fernando Prestes Garnero
EDITOR
EDIÇÕES ALMEDINA, S.A.
Rua Fernandes Tomás, nºs 76-80
3000-167 Coimbra
Tel.: 239 851 904 · Fax: 239 851 901
www.almedina.net · editora@almedina.net
DESIGN DE CAPA
FBA.
PRÉ-IMPRESSÃO
EDIÇÕES ALMEDINA, S.A.
IMPRESSÃO E ACABAMENTO

Novembro, 2013
DEPÓSITO LEGAL

Apesar do cuidado e rigor colocados na elaboração da presente obra, devem os diplomas legais dela constantes ser sempre objecto de confirmação com as publicações oficiais.
Toda a reprodução desta obra, por fotocópia ou outro qualquer processo, sem prévia autorização escrita do Editor, é ilícita e passível de procedimento judicial contra o infractor.

 GRUPOALMEDINA

BIBLIOTECA NACIONAL DE PORTUGAL – CATALOGAÇÃO NA PUBLICAÇÃO

O Fundo Soberano do Brasil

*Dedico este livro aos meus pais,
Mario e Maria Antonieta Garnero,
que construíram,
dia após dia,
os pilares sobre os quais tudo é possível.*

LISTA DE SIGLAS

ADIA	Abu Dhabi Investment Authority
Anbima	Associação Brasileira das Entidades dos Mercados Financeiro e de Capitais
BBDTVM S.A	Banco do Brasil Gestão de Recursos Distribuidora de Títulos e Valores Mobiliários S. A.
BNDES	Banco Nacional de Desenvolvimento Social e Econômico
CalPERS	California Public Employees Retirement System
CDFSB	Conselho Deliberativo do Fundo Soberano do Brasil
CF	Constituição Federal
CIC	China Investment Corporation
CMB	Casa da Moeda do Brasil
CVM	Comissão de Valores Mobiliários
FFIE	Fundo Fiscal de Investimento e Estabilização
FGF	Future Generation Fund do Kuwait Investment Authority
FMI	Fundo Monetário Internacional
FNDE	Fundo Nacional de Desenvolvimento da Educação
FSB	Fundo Soberano do Brasil
FSI	Fonds Stratégique d'Investissement
GAPP	Generally Accepted Principles and Practices
GIC	Government Investment Corporation
GPF-G	Government Pension Fund - Global
GRF	General Reserve Fund do Kuwait Investment Authority
IFSWF	International Forum of Sovereign Wealth Funds
IWG	International Working Group of Sovereign Wealth Funds
KIA	Kuwait Investment Authority

LIA	Lybian Investment Authority
NWF	National Wealth Fund
OCDE	Organização para a Cooperação e Desenvolvimento Econômico
RF	Russian Reserve Fund
STN	Secretaria do Tesouro Nacional
SWF	Sovereign Wealth Funds
TJLP	Taxa de Juros de Longo Prazo

PREFÁCIO

A obra de Antonio Fernando Prestes Garnero nos fornece uma abordagem inédita do Fundo Soberano do Brasil e dos Sovereign Wealth Funds.

Tive o privilégio de orientar o estudo científico que desaguou no livro que agora nos é presenteado à leitura.

De início, cauteloso com a orientação assumida, preocupou-me a dimensão da pesquisa demandada pelo tema escolhido, necessitariam ser abordadas diversas vertentes ligadas aos Fundos Soberanos existentes no mundo, fazendo o devido contraponto com o Fundo Soberano Brasileiro, igualmente estudado em sua completude. O trabalho, portanto, exigiria muita pesquisa preliminar, base dificultada à escassa bibliografia mundial existente e consideração simultânea não somente de conceitos oriundos de diversas áreas do Direito (Direito Econômico, Constitucional, Regulatório, Administrativo, Do Mercado Financeiro, Teoria Geral do Estado...), mas também de conceitos Econômicos e Políticos que não se dissociam do debate a ser enfrentado. A análise proposta não seria meramente panorâmica, demandava ser crítica e construtiva, garantindo a qualidade do trabalho final e também a preparação para a banca acadêmica que viria na sequência.

As primeiras ideias e textos que debatemos evidenciaram, contudo, que a vontade de explorar o tema e produzir conclusões consistentes era superior às dificuldades que seriam enfrentadas.

A coroação do trabalho veio com a sua aprovação em banca examinadora – composta pelos eminentes Professores Jose Luiz Conrado Vieira e Carlos Eduardo Carvalho – que recomendaram com ênfase a publicação do estudo científico.

Como resultado, passamos a contar com uma excelente fonte de pesquisa e referência sobre o tema, ainda jovem no cenário jurídico brasileiro, mas que já desperta interesse, *v.g.* da organização dos recursos financeiros futuros provenientes da exploração do petróleo encontrado na camada denominada de Pré-sal Brasileiro.

De fato, como bem explorado na obra que se segue, não se concebe no presente momento histórico a existência de economias não providas da salvaguarda de um Fundo Soberano. Também inconcebível no mundo contemporâneo não se otimizar a aplicação dos superávits experimentados, drenando-os, via atuação dos Fundos Soberanos, aos investimentos prioritários de cada nação.

Por intermédio desta obra, Antonio Fernando Prestes Garnero demonstra, baseado em sólidas pesquisas realizadas, a importância dos Fundos Soberanos para a sustentabilidade e desenvolvimento das economias nacional e mundial, sem deixar de lado o estudo de importantes tópicos como a natureza jurídica dos Fundos Soberanos, a sua regulação estatal, a soberania dos Estados face aos preceitos internacionais aplicáveis aos Fundos Soberanos, quais os principais Fundos Soberanos existentes no mundo e suas características, a necessidade de transparência e a adoção de princípios de boa governança corporativa na gestão dos Fundos Soberanos.

Este livro reúne além de rigor acadêmico-científico importantes conclusões pragmáticas que convidam o estudo do leitor, podendo ser, sem receios, qualificado como referência de pesquisa sobre o assunto.

São Paulo, 2013.

Eduardo Montenegro Dotta
Membro do Conselho do Insper Direito

1
Introdução

Com a criação do Fundo Soberano do Brasil (FSB), instituiu-se um novo veículo sem par no cenário jurídico-econômico brasileiro. Este trabalho se presta a esclarecer a natureza jurídica, para entender o enquadramento legal dessa nova figura e, sob tal ótica, analisar a disciplina incidente sobre suas operações e seu funcionamento como veículo de implementação de importantes políticas públicas, com reflexo nas finanças privadas – instrumento de Direito Econômico.

Este estudo também irá abordar importantes discussões ligadas ao tema, como: (a) a submissão do FSB ao estatuto constitucional econômico; (b) suas finalidades legais; (c) a noção de atuação anticíclica; (d) as experiências alienígenas; (e) o Decreto nº 7.055/2008;[1] e (f) o papel do Conselho Deliberativo do Fundo Soberano do Brasil (CDFSB).

A discussão sobre os Sovereign Wealth Funds (SWF) no mundo mostra-se de grande atualidade. É intenso o debate em torno das questões econômicas e de regulação desses veículos de propósito específico, criados por Estados soberanos para atender aos mais variados objetivos – nos planos nacional e estrangeiro.

Há, de fato, grande debate sobre o fundo soberano como um agente econômico de relevância. Recente polêmica nas searas políticas e econô-

---

[1] BRASIL. Decreto nº 7.055, de 28 de dezembro de 2009. Regulamenta o Fundo Soberano do Brasil – FSB, e dá outras providências. *DOU*, Brasília, 29 dez. 2009.

micas do Brasil, por exemplo, versa sobre a gestão do pré-sal e a necessidade de um fundo soberano de recursos.

Nesse sentido, é preciso, ainda que de passagem, enveredar na questão da regulação dos fundos soberanos – matéria atinente ao Direito do Mercado Financeiro e ao Direito Econômico. Assim, é necessário estudar como os fundos soberanos influenciam a política econômica; a que dispositivos constitucionais e legais estão eles submetidos e, além disso, que forma de controle se aplica sobre tais veículos estatais e que órgão realiza tal fiscalização.

É certo que a crise econômica global, que eclodiu em 2007-2008, pareceu substituir, por um momento, os fundos soberanos no palco central dos debates político-financeiros mundiais. Anteriormente à crise, como lembra John Lipsky, demasiada atenção fora concentrada nos objetivos dos fundos soberanos e nas potenciais implicações de suas decisões de investimento. No entanto, apesar da recente crise que a União Europeia enfrenta, aliada à sombra de recessão que paira sobre os Estados Unidos da América, bem como aos sintomas de desaceleração econômica na China, forçoso é admitir que, ainda que a economia mundial não esteja, no momento, em franca recuperação, é inevitável que o interesse pelos fundos soberanos venha novamente à tona, de forma igualmente expressiva. Isso porque, se, por um lado, em um cenário de crise, os investimentos se retraem, por outro, com a tentativa de recuperação econômico-financeira, os fundos soberanos realçam sua importância e justificam seu surgimento e crescimento.[2]

Cumpre reconhecer que, a despeito das crises financeiras que possam se suceder, os fundos soberanos, consoante assevera Eric Anderson, estão aqui para ficar.[3] É certo que a crise de 2008 – de proporções avassaladoras, comparáveis ao desastre financeiro de 1929 – causou perdas enormes a investidores, em todo o mundo. Calcula-se, por exemplo, que alguns fundos soberanos, como o norueguês, tenham visto a perda de seus recursos superar as injeções de capital, no citado ano. A atual crise europeia produzirá igualmente os seus danos. No entanto, os fundos soberanos têm horizontes de investimento de longo prazo, de maneira que muitas perdas havidas em 2008 já foram revertidas, ante a revalorização das posições

---

[2] LIPSKY, John. Preface. In: GAWDAT, Bahgat et al. *The political economy of sovereign wealth funds*. Londres: Palgrave Macmillan, 2010.
[3] ANDERSON, Eric. *Take the money and run*: sovereign wealth funds and the demise of american prosperity. Westport: Prager Security International, 2009. p. 38.

financeiras nos anos subsequentes. Em setembro de 2013 os fundos soberanos detinham sob gestão a quantia de US$ 5.8 trilhões, o que equivale a US$ 1.1 trilhão a mais do que em 2011.[4]

Dessa forma, pode-se afirmar que, coletivamente, os ativos dos fundos soberanos tiveram desempenho nitidamente superior e passaram a crise em melhor estado que grande parte dos outros investidores institucionais. Assim, é previsível que o mesmo cenário se repita na atual conjuntura de crise europeia e desaceleração mundial. Isso porque, dentre outros motivos, os fundos baseados em recursos naturais, como o petróleo, continuarão a crescer robustamente nos anos vindouros e os fundos asiáticos também continuarão a receber enormes fluxos de capitais derivados do superávit de suas balanças comerciais. Verifica-se, então, que, independentemente de a economia global se recuperar rapidamente ou com maior lentidão, as projeções indicam que os fundos soberanos continuarão a crescer, superando a marca de 2013.[5]

Kern, do Deutsche Bank, apud Curzio e Miceli, prevê que, em um cenário conservador, os ativos totais dos fundos soberanos atingirão a casa dos US$ 7 trilhões em 2015, o que corresponde a uma média anual de crescimento da ordem de 11%. No entanto, em um cenário intermediário, a previsão desse economista é de que a quantidade de ativos sob gestão atinja a marca de US$ 10 trilhões, correspondendo a uma média de crescimento anual de 15%. Sob um prisma otimista, Kern anota que, até 2015, os fundos soberanos do mundo poderão ter US$ 14 trilhões sob gestão, perfazendo uma taxa de crescimento de 22% ao ano.[6]

As variações nas previsões de crescimento dos ativos dos fundos soberanos ocorrem em razão do alto nível de incerteza relativa à evolução de certos fatores essenciais nesse cálculo, a saber: (a) a volatilidade dos preços das matérias-primas – e, particularmente, do preço do petróleo –, que vai determinar o tamanho dos fundos ancorados nas *commodities*; (b) a tendência verificada no balanço da conta corrente das principais nações exportadoras, notadamente as asiáticas, que dependem, entre outros fatores, das

---

[4] SOVEREIGN WEALTH FUNDS INSTITUTE, 2013. Disponível em: http://www.swfinstitute.org/fund-rankings/ Acesso em 25 de setembro de 2013
[5] KLITZING, Espen. Demystifying sovereign wealth funds. In: DAS, Udaibir et al. *Economics of Sovereign Wealth Funds*: issues for policymakers. Washington, DC: International Monetary Fund, 2010. p. 8-12.
[6] KERN, 2008 apud CURZIO; MICELI, 2010, p. 40.

taxas de crescimento global, do crescimento dos países exportadores, das políticas de câmbio adotadas e das taxas cambiais prevalecentes nos mercados. Esse fator é importante porque afeta as reservas monetárias, que podem determinar o tamanho dos fundos soberanos. Além disso, não é evidente prever o desejo desses países exportadores de transferir os recursos financeiros de suas reservas para seus respectivos fundos soberanos; e (c) os rendimentos dos mercados financeiros que determinam os retornos efetivos sobre os investimentos dos fundos soberanos, pois, o crescimento que deriva da acumulação e aplicação dos seus ativos. Portanto, é difícil antecipar, com exatidão, a rentabilidade dos fundos soberanos, quer em razão da ausência de transparência de muitos veículos do gênero, quer pelas variações nos ciclos econômicos e sucessões de crises, como a de 2007-2008[7] e a mais recente crise na Zona do Euro, de 2011.

Entretanto, é correto afirmar que os fundos soberanos, a despeito da crise, continuarão sua expansão e permanecerão poderosos, ainda que as épocas de incerteza quanto à economia global os motivem a mudar de perspectiva de investimento, com a natural concentração nos mercados domésticos, de maneira a exercer um papel ativo e estabilizador na economia interna. Assim ocorreu no auge da crise de 2008, quando muitos fundos soberanos mudaram de estratégia, optando pela conservação de caixa e pelo foco no suporte às companhias e aos bancos locais, em vez de manter sua política agressiva de investimento no exterior. Da mesma forma, no cenário atual, assiste-se, por exemplo, ao Central Huijin Investment Ltd., braço do fundo soberano da China, comprar ações de quatro importantes bancos estatais chineses no mercado secundário, de maneira a apoiar e garantir a solidez das principais instituições financeiras nacionais e estabilizar o preço de suas ações.[8]

No entanto, tão logo os efeitos da crise financeira esmaeçam, e, por conseguinte, suas ações anticíclicas tornem-se menos imperiosas, a grande maioria dos fundos soberanos manterá, sem dúvida, em função de sua própria natureza, horizontes de investimento de longo prazo e foco em ativos externos, com a atenção voltada às novas oportunidades de negócio que, decerto, surgirão.

---

[7] Ibid., 2010, p. 42.
[8] CARDOSO, Juliana. Fundo Soberano Chinês compra ações de quatro grandes bancos. *Valor Econômico*, São Paulo, 10 out. 2011.

Este estudo, portanto, além de se concentrar na figura do Fundo Soberano Brasileiro (FSB), deter-se-á, também, nos fundos soberanos estrangeiros, dada a proeminência desses e o estágio avançado em que estão, quer em termos de atuação, propriamente dita, quer em termos de dotação e capacidade econômica, *vis-à-vis* o recém-criado fundo pátrio. Naturalmente, serão objeto de estudo as principais questões que envolvem os fundos soberanos e as preocupações que despertam nos cenários econômico, político e acadêmico mundial.

Assim, esta obra objetiva identificar a estrutura legal e econômica dos fundos soberanos no mundo, estudando o funcionamento e o modelo adotado pelos seus principais atores. Sob uma ótica internacional, este trabalho visará responder a questões como: (a) como e quando nasceram os fundos soberanos?; (b) o que são fundos soberanos?; (c) quais são os principais fundos do gênero no mundo – de onde provém sua riqueza e representatividade, como atuam, e quais regras são a eles aplicáveis?; (d) que efeitos podem ter as suas decisões de investimentos no mercado financeiro mundial – quais são as implicações ligadas à sua atuação?; (e) como reagem os principais governos no mundo diante das preocupações originadas pela presença e atuação dos veículos soberanos dos países emergentes?; (f) quais as possíveis consequências dessas reações?; (g) quais acordos multilaterais orientam a atuação e o funcionamento dos fundos soberanos?; e (h) como podem ser utilizados como instrumento de fomento econômico em momentos de crise financeira e de liquidez, como a atual.

Reserva-se, ao final, capítulo próprio ao principal consenso multilateral sobre o tema; qual seja: o desenvolvimento dos *Princípios de Santiago*. Fruto de um diálogo estruturado em foro internacional entre os diversos atores envolvidos com as matérias concernentes aos fundos soberanos, as balizas erigidas na capital chilena são de fundamental importância.

Analisar os *Princípios de Santiago* é adentrar no cerne da matéria, navegar na essência do tema, em seu contexto internacional, do qual, pontue-se, os veículos soberanos, força de sua própria natureza, jamais se distanciam. É, enfim, tomar conhecimento dos principais esforços empregados para chegar a um consenso relativamente à multiplicidade de questões que o assunto reclama. De modo que, no limite, deter-se apenas nos *Princípios de Santiago* já se mostraria suficiente para que o leitor adquirisse uma visão inteiriça da natureza dos fundos soberanos, da problemática que circunda sua atuação internacional, e, em especial, das melhores práticas recomendáveis aos seus protagonistas.

Ante o exposto, é evidente que, no contexto do Direito do Mercado Financeiro e de Capitais, têm os fundos soberanos notável importância. Ademais, o FSB surge como novo instrumento de Direito Financeiro e Econômico, no contexto jurídico brasileiro, o que confere particular relevância à sua relação com o Direito do Mercado Financeiro e de Capitais brasileiro e com os seus principais agentes.

Verifica-se, de fato, que as principais finalidades legais empregadas na criação do FSB são: (a) promoção de investimentos em ativos no Brasil e no exterior; (b) formação de poupança pública; (c) mitigação dos efeitos dos ciclos econômicos; e (d) fomento de projetos de interesse estratégico do País localizados no exterior. Assim, tais finalidades, erigidas pelo legislador como objetivos exclusivos do FSB, cuidam de matérias pertinentes à seara do mercado financeiro, de capitais e de futuros, tais como aquisições de ativos financeiros, aplicações em depósitos especiais e integralização de cotas de fundo privado, entre outras.

A própria discussão acerca da natureza jurídica do FSB revela inafastável liame com as matérias atinentes ao Direito do Mercado Financeiro. Assim é que a questão da natureza jurídica dos fundos soberanos, em geral, e do FSB, em particular, tramita por definições doutrinárias acerca de conceitos como fundos de investimento, instituições financeiras, firmas ou sociedades de investimento, administração de ativos e condomínio de recursos, entre outras organizações receptoras de investimento coletivo.

Nas últimas décadas, as economias dos países emergentes conheceram um acentuado e crescente acúmulo de reservas em moedas internacionais, o que os motivou a criarem seus próprios fundos soberanos. Segundo o FMI,[9] em 2007, as economias de países em desenvolvimento detinham quase US$ 5 trilhões em ativos externos, o que equivalia na época a, aproximadamente, 80% das reservas globais acumuladas. Países exportadores, na Ásia, e economias exportadoras de *commodities* no mundo têm sido os maiores contribuintes para o crescente acúmulo de ativos, em especial, China, Índia e os exportadores de petróleo, que, juntos, formaram mais

---

[9] Fundo Monetário Internacional: organização internacional composta por 188 países, que tem como objetivo promover a cooperação monetária global, assegurar a estabilidade financeira, facilitar o comércio internacional, promover o nível de emprego e o desenvolvimento econômico sustentável, e reduzir os níveis de nobreza no mundo. *About the IMF*. In: International Monetary Fund, 2012. Disponível em: <http://www.imf.org/external/about.htm>. Acesso em: 25 abr. 2012.

da metade da variação global de reservas internacionais no ano de 2007. Esse movimento deu causa a uma guinada dramática nos mercados financeiros internacionais, já que as economias de países emergentes começaram a ganhar crescente força no seio da economia mundial, como fonte de fluxo de capitais, o que tem se acentuado, tendendo a uma consolidação de tais forças econômicas, ante a atual crise das economias europeia e norte-americana.[10]

Com efeito, os principais gatilhos que dispararam o vultoso e acelerado crescimento dos fundos soberanos podem ser essencialmente identificados como dois motivos distintos, a saber: (a) o excepcional aumento no preço do petróleo, sobretudo nos anos que antecederam a crise financeira de 2008, resultando em altas receitas para as nações exportadoras dessa matéria-prima – *v. g.*, países do Oriente Médio, Noruega e Rússia; e (b) o elevado superávit registrado por diversas economias do mundo, notadamente pelos exportadores asiáticos, e a acumulação sustentada, sem paralelos, de reservas internacionais por essas nações. O Banco Central Europeu calculou, por exemplo, que, já em 2007, a China detinha quantia superior a US$ 1 trilhão em reservas no exterior,[11] e que, no início de 2011, já se somavam US$ 2.85 trilhões.[12]

A acumulação de reservas internacionais foi fomentada, entre outros aspectos, pelo significativo déficit no balanço de pagamentos de importantes economias globais, notadamente os Estados Unidos da América e o Reino Unido. Também contribuiu para esse cenário a política de administração da taxa de câmbio empregada por alguns países asiáticos – em especial, a China –, de maneira a preservar a competitividade de suas exportações, aliada à crescente integração e liberalização do fluxo internacional de capitais. Tais tendências não parecem estar em via de desaparecimento; nesse contexto, é altamente provável que o crescimento sustentado no tamanho e no número dos fundos soberanos continue.[13]

---

[10] ARREAZA, Adriana et al. The coming of age of Sovereign Wealth Funds. In: SCHNEIDMAN, Leonard (Ed.). *Sovereign Wealth Funds – a legal, tax and economic perspective*. New York: Practising Law Institute, 2010. p. 3-4.

[11] MEZZACAPO, Simone. *The so-called "Sovereign Wealth Funds"*: regulatory issues, financial stability and prudential supervision. Brussels: European Commission, 2009. p. 18.

[12] XIAOTIAN, Wang. Foreign exchange reserves hit record high. *China Daily*, 2011.

[13] MEZZACAPO, 2009, p. 19.

Sob uma perspectiva global, os fundos soberanos já são, obviamente, figuras de grande relevância no mercado financeiro internacional. Em 2007, em momento anterior à crise econômica, as estimativas de mercado indicavam que a quantidade de ativos sob gestão dos fundos soberanos oscilava entre US$ 2 trilhões e US$ 3 trilhões, o que já representava quantidade equivalente ao total dos recursos administrados por fundos de *private equity* e *hedge* no mundo. Embora os recursos sob gestão dos fundos soberanos representassem ainda menos de 2% do total de ativos globais, foi acertada a aposta de quem afirmou que esses continuariam a crescer em tamanho e importância, no futuro, em razão, principalmente, como se viu, da constante alta nos preços das *commodities* e do maior acúmulo de reservas internacionais pelos bancos centrais asiáticos.[14]

A importância dos fundos soberanos no contexto global revela-se ainda mais evidente quando se observam os números colhidos pelo FMI, em 2008, que estimou os ativos sob gestão dos veículos soberanos entre US$ 3.222 e US$ 3.809 trilhões, o que representava: (a) quase 6% do PIB global (US$ 60.917 trilhões); (b) cerca de 10% da capitalização dos mercados mundiais de ação (US$ 33.513 trilhões); e (c) mais de 4% do total de títulos de dívida pública e privada no mundo (US$ 83.530 trilhões); 3,6% do total de ativos bancários (US$ 97.381 trilhões); 1,6% do total dos ativos globais – incluindo títulos públicos e privados, ações e ativos bancários – (US$ 214,424 trilhões); 50,7% das reservas monetárias em poder dos bancos centrais (US$ 6.909 trilhões).[15] Ademais, quando se compara esses números especificamente com os dados dos países emergentes, nota-se que os ativos dos fundos soberanos representavam, já em 2008, 17% do PIB dessas economias (US$ 20.606 trilhões) e 10% do total de ativos negociados em seus mercados financeiros (US$ 34.394 trilhões).[16]

Por tudo isso, era inevitável que o crescimento, em tamanho e em capacidade de gestão, dos fundos soberanos acabaria por colocá-los sob os holofotes do mundo das finanças, onde passaram a atrair cada vez mais atenção e a exercer sempre maior influência. Assim ocorreu quando, em 2008, os fundos soberanos capitalizaram algumas das maiores instituições financeiras do mundo – Citibank, Barclays, Merrill Lynch, entre outras, que se

---

[14] Arreaza, 2010, p. 5.
[15] Curzio; Miceli, 2010, p. 37.
[16] Id., 2010, p. 37.

encontravam às voltas com graves complicações financeiras –, o que destacou sua função anticíclica de provedores de recursos indispensáveis ao sistema financeiro mundial.[17]

Os veículos soberanos têm suscitado também relevantes questões relativas à sua administração, bem como aos seus possíveis efeitos no equilíbrio geral das finanças mundiais. Por exemplo, os mercados temem os riscos da participação dos fundos soberanos em instituições financeiras de porte, pois decisões importantes poderiam passar a se basear exclusivamente em razões políticas, em vez do critério monetário e financeiro que deve, em regra, reger a tomada de decisões nessa seara.[18]

Razão adicional de desconforto relativamente à gestão da riqueza soberana é que, se as decisões não forem dirigidas por critérios de eficiência econômica, a alocação de recursos não será otimizada, o que resultará em piores retornos e margens inferiores. A análise empírica tem revelado, contudo, casos como o do Temasek Holdings, em Cingapura, do Fundo de Pensão Norueguês e do Superannuation Fund, da Nova Zelândia, entre outros, que indicam que, com uma administração profissional e com boa governança corporativa, os fundos soberanos podem produzir extraordinária *performance* sobre seus investimentos.[19]

Discute-se muito, também, a falta de transparência e a ausência de regulação que caracterizam as operações de muitos fundos soberanos. Deve-se ressaltar, contudo, que essas preocupações não estão adstritas apenas aos fundos de riqueza soberana, mas também a outros veículos de investimento privados, notadamente os fundos de derivativos.[20]

O debate relativo à atuação dos fundos soberanos e aos seus efeitos possivelmente nocivos vai além, fomentando tendências protecionistas que podem, eventualmente, interromper a corrente global natural em favor da integração financeira, o que pode resultar em perdas para todas as partes.

Assim, a discussão em torno dos fundos soberanos mostra-se de grande relevância não somente para as nações que recebem os recursos oriundos desses fundos, isto é, que são, pelos ativos que possuem, objetos do inves-

---

[17] ARREAZA, 2010, p. 5.
[18] Todavia, forçoso é convir que, na grande maioria dos casos, os fundos soberanos, quando presentes, continuam como acionistas minoritários das instituições financeiras em que investem, sem exercer poder de controle sobre suas decisões corporativas.
[19] ARREAZA, 2010, p. 5-6.
[20] Id., 2010, p. 6.

timento soberano, mas, também, e principalmente, para os países que já têm estabelecido o seu fundo soberano, como é o caso do Brasil, e, ainda, para os que vislumbram a possibilidade futura de criar um fundo soberano. Excedentes de reservas e vantagens econômicas indicam boas oportunidades para economias em desenvolvimento empreenderem investimentos internos. No entanto, se tais investimentos não forem bem planejados e executados e, se desconsiderarem, em sua execução, os objetivos das políticas macroeconômicas, o resultado será o desperdício de recursos em projetos descuidados e apressados, o que pode gerar instabilidade.[21] Há que se considerar, outrossim, o risco de imagem, descrédito e corrupção, na gestão dos fundos, o que exige mecanismos de controles, auditorias e *compliance* em tais estruturas, de modo a favorecer a sua disseminação e aceitação na participação do capital das mais diversas entidades públicas ou privadas.

Este ensaio terá cumprido o seu escopo se, ao final, tiver auxiliado a responder às principais indagações formuladas acerca da atuação, do funcionamento e do regramento dos fundos soberanos e, em particular, do FSB, posicionando adequadamente esse instrumento de política pública nacional no contexto dos veículos soberanos mundiais; definindo sua natureza jurídica, personalidade, regramento legal e jogando luz em seus objetivos legais. Se não pela extrema importância do tema, notável, *per se*, este estudo se justifica pela escassa bibliografia nacional existente sobre os veículos soberanos de investimento, os quais se mostrarão presentes – e de forma cada vez mais acentuada – na realidade jurídica, econômica e social brasileira e global.

---

[21] Id., 2010, p. 6.

2
Evolução Histórica

De acordo com a doutrina de Alberto Curzio e Valeria Miceli, a história dos fundos soberanos de investimento começa em 1953.[22] Nesse ano, foi fundada a Kuwait Investment Authority (KIA), primeira autoridade a dar origem a um fundo soberano. A partir desse ano e dos seguintes, o mundo acompanhou o surgimento e o crescimento de inúmeros fundos soberanos, fundados sobre certos pontos nevrálgicos, a saber: (a) suas origens seriam vinculadas principalmente ao acúmulo e aos superávits de reservas internacionais; (b) Estados soberanos ou órgãos criados por esses seriam seus proprietários e administradores; e (c) seus recursos seriam reservados, principalmente, para propósitos supranacionais.[23]

Entretanto, a despeito de o KIA se proclamar e ser universalmente considerado o primeiro fundo soberano da história, há que ressaltar o fundo de pensão dos funcionários públicos do estado da Califórnia, California Public Employees Retirement System, conhecido como CalPERS, criado em 1932, nasceu com muitas das características comuns a um fundo soberano, apesar de ser um fundo que pertencia a um Estado-membro e não a uma nação. De fato, o CalPERS iniciou suas atividades em 1932, após a Grande Depressão e uma mudança na Constituição do estado da Califórnia. O CalPERS, em princípio, era um fundo com política de investimento

---

[22] CURZIO; MICELI, 2010, p. 3.
[23] Id., 2010, p. 3.

cingida à aquisição de ativos de renda fixa, mas mudanças legislativas permitiram que passasse a investir em ativos imobiliários, em 1953, e, finalmente, no mercado de ações, em 1963.[24]

É interessante notar que o ímpeto que moveu o CalPERS a iniciar investimentos no exterior é de semelhante aos motivos dos primeiros fundos soberanos propriamente ditos, fundados no petróleo, qual seja: o desejo de preservar sua riqueza, ainda se suas economias internas perdessem força e seus produtos (petróleo, notadamente no caso dos primeiros fundos soberanos do Oriente Médio, ou manufaturas, no caso do CalPERS), vantagem competitiva *vis-à-vis* as outras economias do mundo. Com efeito, em 1984, nova alteração legal permitiu ao CalPERS investir diretamente no exterior, graças à influência do então embaixador norte-americano Mike Mansfield e sua célebre afirmação de que, se os consumidores americanos continuassem a comprar os produtos do Japão – notadamente, os eletrônicos –, logo, se demonstrava economicamente racional que os investidores americanos se tornassem sócios dessas companhias japonesas.[25]

Contudo, antes mesmo do CalPERS, a província canadense de Ontário já havia criado, em 1917, o Ontario Teacher's Pension Plans, cuja fonte de financiamento também são as contribuições previdenciárias. Apesar de o fundo investir unicamente em obrigações da própria província de Ontário até o ano de 1990, pode-se afirmar que esse, ao menos no tocante ao critério da anterioridade, foi o primeiro fundo soberano da história, administrando, em 2011, quantia superior a 107 bilhões de dólares.[26]

Frise-se, contudo, que há opiniões divergentes, que caminham no sentido de não considerar o CalPERS, nem tampouco o citado fundo canadense como fundos soberanos propriamente ditos, em razão de certas características intrínsecas relacionadas à maneira como obtêm os seus recursos, bem como às suas obrigações em relação a terceiros; isto é, pensionistas, como adiante se verá, o que faz com que a maioria dos estudiosos defina, de fato, a criação do KIA – sobre cuja natureza não pairam dúvidas – como o primeiro fundo soberano da história.

---

[24] BALDING, Christopher. A portfolio analysis of Sovereign Wealth Funds. In: WHARTON LEADERSHIP CENTRE. *The brave new world of Sovereign Wealth Funds*. University of Pennsylvania, 2010. p. 13.
[25] WHARTON LEADERSHIP CENTRE, , 2010, p. 13-14.
[26] ONTARIO TEACHERS'S PENSION PLANS. [*Home*]. 2011.

De acordo com os estudos de Griffith-Jones e Ocampo,[27] o acúmulo de reservas internacionais e as subsequentes decisões de criar um fundo soberano são tipicamente fundadas nestes quatro motivos:

a) "substituição de riqueza" ou transformação de recursos naturais em ativos financeiros;
b) "superávits permanentes", isto é, constantes excedentes em conta corrente;
c) "anticíclico", de modo a absorver superávits na conta corrente e/ou a disparada nos preços das *commodities*;
d) "seguro", associado à redução de riscos futuros que possam atingir a economia.

Entretanto, os motivos mencionados acima tiveram, nas diferentes fases de desenvolvimento dos fundos soberanos, importância relativa, o que deu causa ao surgimento de diferentes espécies de fundos soberanos, no que diz respeito às origens, aos propósitos, às estratégias de investimentos e naturezas. É indiscutível, não obstante, que a grande maioria dos fundos soberanos recebe seu financiamento inicial dos lucros oriundos da venda de recursos naturais, principalmente, petróleo e gás natural. Tais divisas não são, contudo, sua única fonte primária de recursos.

Truman destaca que um número expressivo de países, que representam cerca de 20% da totalidade das nações detentoras de fundos soberanos, tem sua fonte de financiamento em lucros não derivados da venda dos citados recursos naturais. Os fundos soberanos de pensão, por exemplo, encontram seu financiamento, naturalmente, nas receitas fiscais ou nas contribuições de empregados e empregadores.[28]

Ressalte-se, ademais, que, ainda que parte de seus investimentos ocorra fora dos seus países-sede, os fundos soberanos não são, necessariamente, financiados, em primeira instância, pelas reservas internacionais de seus países. Isso porque o fundo soberano pode receber o financiamento em moeda nacional e usar esse recurso para investir no exterior.[29]

---

[27] GRIFFITH, S. O. Sovereign Wealth Funds: a developing country perspective. In: CURZIO, Alberto Q.; MICELI, Valeria. *Sovereign Wealth Funds*. Petersfield: Harriman, 2010. p. 3.
[28] TRUMAN, Edwin. *Sovereign Wealth Funds*: threat or salvation? Washington, D.C: Peterson Institute for International Economics, 2010. p. 20.
[29] Id., 2010, p. 20.

Cumpre destacar, além disso, que um país que investe no exterior por meio de fundo soberano não precisa, necessariamente, dispor de superávit em conta corrente, embora seja essa a regra para a maioria. Assim, muitos governos – nacionais ou estaduais – detentores de fundos soberanos que investem no exterior são deficitários em conta corrente, a começar pelos Estados Unidos da América. Truman lembra, também, que Austrália, Azerbaijão, França, Cazaquistão, México e Sudão também eram deficitários em conta corrente, no período de 2004-2008, e o governo de Cingapura era também deficitário, quando criou o Temasek Holdings.[30]

Tem-se, de todo modo, no ano de 1953, a criação do KIA. Conquanto não fosse, literalmente, um fundo soberano, mas uma "autoridade" do governo, o KIA nasceu, de fato, com as características intrínsecas aos fundos soberanos, em razão, principalmente, do propósito específico de investir os superávits derivados das receitas com a venda de petróleo, a fim de reduzir a dependência do país dessa matéria-prima, ante sua natureza escassa e finita, de modo a mitigar os efeitos das oscilações nos seus preços. Dessa maneira, a autoridade do Kuwait logrou transformar as receitas derivadas da venda de petróleo em investimentos financeiros, a maior parte dos quais seria constituída de renda fixa e ativos de baixíssimo risco.[31]

Registra-se em 1956 a criação do segundo fundo soberano da história, pela administração colonial britânica das ilhas Gilbert (atualmente, a nação de Kiribati), denominado Kiribati Revenue Equalization Reserve Fund, a fim de capitalizar as receitas da venda de fosfato e investi-las em ativos diversificados no mercado de capitais. Trata-se de um modelo interessante e exitoso, que o FMI classificou como fundo soberano de poupança; ou seja, um veículo soberano constituído com o objetivo de transformar os recursos naturais não renováveis de seu país em investimentos financeiros, para garantir o bem-estar econômico e social dos cidadãos, mesmo após a eventual exaustão da matéria-prima em questão. Assim, a última receita do Kiribati com a venda do fosfato foi no ano de 1979[32] e, hodiernamente, o pequeno país-ilha, de somente 105 mil habitantes e aproximadamente 810 km² de área, tem ativos sob a gestão de seu fundo soberano estimados na ordem de US$ 400 milhões.[33]

[30] Id., 2010, p. 20.
[31] CURZIO; MICELI, 2010, p. 4.
[32] ANDERSON, 2009, p. 15.
[33] TRUMAN, 2010, p. 14.

No entanto, nos anos 1970, a disparada do preço do barril de petróleo, que se mantinha abaixo de US$ 5, atingiu, no início de 1980, logo após a Revolução Iraniana, patamares acima dos US$ 35, possibilitando aos países exportadores a acumulação rápida de riquezas. Esses recursos eram gastos parcialmente no mercado interno, o que resultava em pressão inflacionária na economia local. Consequentemente, as receitas derivadas da venda do petróleo começaram a ser alocadas em investimentos diretos no exterior. Cria-se, assim, um ciclo de acúmulo de ativos internacionais e deflagra-se o processo da criação de fundos soberanos por diversos países. Entre as causas mencionadas para a criação dos veículos soberanos, preponderam, nitidamente, os aspectos da substituição da riqueza e dos motivos anticíclicos. Com efeito, como já observado, o propósito inicial por trás da criação de tais fundos era a produção de fontes diversificadas de receitas, além daquelas que poderiam ser obtidas com a venda do petróleo, de maneira a compensar os possíveis efeitos da escassez dessa matéria-prima finita e da flutuação em seus preços, protegendo ainda o bem-estar da economia doméstica.

Não se pode descartar, contudo, desde o início, o interesse político no estabelecimento dos fundos soberanos nacionais, uma vez que governos das economias emergentes exportadoras de petróleo tinham constante necessidade de manter o controle das riquezas, para se fortalecerem politicamente no próprio país, bem como para obter o apoio dos países desenvolvidos, os quais, evidentemente, demonstravam grande interesse em serem receptores dos investimentos dos chamados petrodólares.[34]

Nessa senda, diversos países e, particularmente, os membros do Conselho de Cooperação do Golfo, cujos recursos petrolíferos são abundantes, decidiram criar o próprio fundo soberano. Assim foi com os Emirados Árabes Unidos e a criação do Abu Dhabi Investment Authority (ADIA), em 1976. O próprio Kuwait criou, no mesmo ano, um segundo fundo soberano denominado Future Generations Fund.

Até mesmo nos países desenvolvidos, a escalada dos preços do petróleo e das matérias-primas de modo geral, no início dos anos 1970, deu ensejo à criação de fundos soberanos, como o Alaska Permanent Fund Corporation e o Alberta's Heritage Fund, ambos fundados, respectivamente, em 1976, pelo estado norte-americano do Alaska e pelo Canadá.[35]

---

[34] Ibid., 2010, p. 5.
[35] Ibid., 2011, passim.

Assim, criou-se uma correlação lógica que se repetiria daquele momento em diante, qual seja: os fundos soberanos baseados na extração e no comércio do petróleo são fundados e estabelecidos pelos seus governos nas épocas em que o preço da matéria-prima está em forte alta.[36]

Foi nesse ínterim que o governo soberano de Cingapura inovou, ao criar um fundo soberano que não se alicerçaria em *commodity* alguma. De fato, em 1974, o governo cingapuriano fundou o Temasek Holdings. Esse fundo soberano condizia perfeitamente com a estratégia de crescimento da cidade-estado insular e foi criado, fundamentalmente, para gerir as participações acionárias e os resultados das empresas ligadas ao governo, aplicando nos mercados interno e externo.[37]

No entanto, em meados dos anos 1980, o mundo assistiu à queda no preço do barril de petróleo para abaixo dos US$ 20, assim permanecendo até o final dos anos 1990, com exceção da disparada quando da invasão do Kuwait pelo Iraque, em agosto de 1990, acontecimento que deflagrou a Guerra do Golfo. Essas flutuações, para baixo, do preço do petróleo reforçaram a ideia, nos governos detentores de fundos soberanos, de que suas fontes de receita não poderiam depender exclusivamente de recursos naturais, como petróleo e gás natural. Assim, viu-se fortalecida a noção de fundo soberano como instrumento de transformação de riqueza, o que, por sua vez, desencadeou uma nova onda de criação de fundos soberanos; notadamente, o State General Reserve Fund, de Oman, em 1980, e o Libyan Arab Foreign Investment Company, em 1981, esse último propulsionado por recursos advindos de gás natural descoberto nos anos 1970 e 1980. Nessa esteira, em 1983, foi também estabelecido o Fundo Soberano de Brunei, sultanato do sudeste asiático, e, em 1984, o Abu Dhabi Internacional Petroleum Investment Company, dos Emirados Árabes Unidos.[38]

Ademais, com a globalização acentuada e a facilidade de movimentação do capital internacional e dos investimentos estrangeiros diretos, verificou-se um crescimento significativo no número de fundos soberanos. Nesse contexto, o ano de 1990 assistiu à criação do norueguês Norwegian Government Pension Fund, atualmente o segundo maior do mundo. Essa iniciativa representou uma clara resposta às necessidades de substituição

---

[36] WHARTON LEADERSHIP CENTRE, 2010, p. 15.
[37] CURZIO; MICELI, 2010, p. 6.
[38] CURZIO; MICELI, 2010, p. 6.

de riquezas e de se ter em mãos instrumentos eficazes contra os movimentos dos ciclos financeiros.[39]

Da criação do KIA, em 1953, até meados dos anos 1990, dezesseis fundos soberanos foram instituídos. Nesse período, suas estratégias de investimento permaneceram conservadoras, com ativos de baixo risco e composto, na maior parte, de títulos do tesouro norte-americano. Esse pode ser considerado o período em que os fundos soberanos mantiveram um perfil contido e discreto, o que fez com que permanecessem praticamente desconhecidos, até mesmo no seio da comunidade financeira internacional.[40]

No entanto, desde os anos 1990, os fundos soberanos cresceram demasiadamente em dimensão e importância, como destacam Carlos Eduardo Carvalho e Ângela Tepassê. Apoiados em Roberto Luís Sias de Azevedo, afirmam os autores que, além da expansão do comércio mundial e das reservas dos países exportadores, reflexo da posição cronicamente devedora dos EUA, podem ser apontados três outros motivos para esse crescimento, quais sejam:

> A inconversibilidade das moedas dos países periféricos, que os estimula a acumular reservas em dólares e outras moedas centrais; o chamado medo de flutuação ("fear of floating"), que estimula muitos países a acumular reservas como forma de proteção contra o risco de flutuações cambiais bruscas; e a chamada desintermediação financeira, em curso desde os anos 1980, com a ampliação dos mercados de capitais em detrimento dos mercados de crédito, o que favorece a aplicação direta dos recursos pelos países credores.[41]

O impressionante acúmulo de reservas internacionais por países emergentes foi um fenômeno característico da primeira década dos anos 2000. Após a crise de câmbio que atingiu as economias dos países emergentes, principalmente na segunda metade dos anos 1990, a maioria dessas nações, especialmente as mais afetadas, começou a, sistematicamente, acumular quantidades enormes de reservas internacionais, muito além do que seria necessário à satisfação de suas obrigações no curto prazo. O sentimento de insegurança foi, decerto, o principal fator que compeliu tais nações a

---

[39] Id., 2010, p. 6.
[40] Ibid., 2010, p. 7.
[41] SIAS DE AZEVEDO, 2008 apud CARVALHO; TEPASSÊ, 2008, p. 5.

acumular recursos. Diante dos custos significativos que estão ligados à manutenção de uma quantidade grande de reservas internacionais, muitos países emergentes decidiram alocar parte de suas reservas em novos veículos de investimento. Nesse cenário, foram estabelecidos o fundo soberano chinês Safe Investment Company, em 1997, o Hong Kong Monetary Authority Investment Portfolio, em 1998, e o Korea Investment Corporation, em 2005.[42]

Todavia, enquanto alguns países asiáticos que acumularam grandes reservas internacionais só recentemente constituíram fundos soberanos e com ativos modestos *vis-à-vis* o tamanho atual de suas reservas, países do Oriente Médio e outros exportadores de petróleo e gás natural optaram pela estratégia oposta, decidindo investir sua riqueza principalmente em veículos de investimento, incluindo os fundos soberanos, em detrimento de suas reservas. Ao mesmo tempo, o crescimento na demanda das economias dos países emergentes, especialmente os asiáticos, pressionou os preços do petróleo de US$ 20 o barril para quase US$ 40, em 2004. Países exportadores, incluindo os membros do Conselho de Cooperação do Golfo, beneficiaram-se sobremaneira dessa valorização, e injetaram ainda mais recursos em seus fundos soberanos. Desse modo, após a virada do século, o número de fundos soberanos, principalmente aqueles baseados em *commodities*, cresceu substancialmente. Entre 1998 e 2004, quinze diferentes fundos soberanos foram criados, incluindo veículos de países como Irã, Azerbaijão, Argélia, Cazaquistão, Nigéria e Rússia.[43]

No ano de 2003, a Nova Zelândia criou seu fundo soberano, denominado Superannuation Fund. A lógica usada pelo governo neozelandês, nesse caso, foi diversa, pois a criação do fundo teve o intuito de atender às necessidades futuras do governo, notadamente aquelas relacionadas às questões previdenciárias do país. Essa mesma intenção guiou a criação, pelo governo australiano, do Australian Government Future Fund, em 2006.[44]

No final desse período, os fundos soberanos no mundo já administravam cerca de US$ 900 bilhões, de acordo com Andrew Rozanov, economista do State Street Global Advisors, que cunhou, em 2005, a ora célebre

---

[42] Ibid., 2008, p. 8.
[43] CURZIO; MICELI, 2010, p. 9.
[44] Id., 2010, p. 9.

expressão anglo-saxônica *"Sovereign Wealth Funds"* que passou a denominar os fundos soberanos do mundo.⁴⁵

Mas foi no período de 2005 a meados de 2008 que os fundos soberanos de fato atingiram seu ápice e se posicionaram no centro do palco econômico e financeiro mundial, capturando o interesse e a atenção dos principais atores no mundo econômico, bem como da opinião pública. Ganhou corpo, então, um crescente consenso de que os fundos soberanos, como principais investidores, teriam enorme influência nos mercados globais.⁴⁶

Atribui-se a diversas causas esse crescimento vertiginoso, em importância e reconhecimento, que conferiu súbita visibilidade global aos fundos soberanos, no período citado. Primeiramente, deve-se considerar o substancial crescimento dos ativos dos fundos soberanos e sua correlação lógica, como se viu, com o aumento dos preços do petróleo, do gás natural e outras matérias-primas. Observa-se, assim, que o petróleo passou de US$ 60 o barril, em agosto de 2005, para US$ 147, em julho de 2008. Igualmente, o crescente acúmulo de quantidades substanciais de reservas internacionais, por parte dos mercados emergentes exportadores, tendência que já havia sido deflagrada no período anterior, também concorreu para por em evidência os fundos soberanos. ⁴⁷

O crescimento da quantidade de fundos soberanos oriundos das economias emergentes é outro fator que contribuiu para a disseminação de tais veículos de investimento. Entre o ano de 2005 e meados de 2008, 19 (dezenove) dos 53 (cinquenta e três) fundos soberanos existentes foram estabelecidos, destacando-se, principalmente em razão do tamanho de seus ativos, os seguintes: o chinês China Investment Corporation (CIC) (2007), os dois fundos russos derivados da divisão do Stabilization Fund of the Russian Federation (2008), o líbio Libyan Investment Authority (2006), o Qatar Investment Authority (2005), o Investment Corporation of Dubai (2006) e o Korea Investment Corporation (2005). ⁴⁸

Além da proliferação dos fundos soberanos no cenário mundial, sua atuação ativa, em termos de investimentos internacionais, particularmente

---

⁴⁵ ROZANOV, Andrew. Long-Term implications of the global financial crisis for Sovereign Wealth Funds. In: DAS, Udaibir et al. *Economics of Sovereign Wealth Funds*: issues for policymakers. Washington, DC: International Monetary Fund, 2010. p. 1-4.
⁴⁶ C̶U̶R̶Z̶I̶O̶; MICELI, 2010, p. 10.
⁴⁷ Id., 2010, p. 10.
⁴⁸ Id., 2010, p. 10.

acentuada do início de 2007 a meados de 2008, também despertou a atenção mundial. Com efeito, mais de dois terços dos investimentos na história dos fundos soberanos se deram entre 1995 e meados de 2008. Ademais, o crescente aumento no tamanho médio das transações e os altíssimos patamares dos valores dos investimentos praticados nesse período concorreram para que a preocupação global aumentasse em relação às aplicações soberanas.[49]

Acresça-se a esses fatores a percepção de que a balança de poder geopolítico e econômico no mundo poderia estar mudando do Ocidente para o Oriente e das economias desenvolvidas para os países emergentes. Ainda, a tendência de muitos fundos soberanos em manter segredo sobre suas atividades e a consequente obscuridade decorrente desse excessivo sigilo imposto por muitos governos sobre seus veículos de investimento tem sido uma das principais razões a acirrar a preocupação global.[50]

Maior alarme ainda soou quando da entrada, no tabuleiro mundial, dos fundos soberanos da China e da Rússia. Tais veículos, pertencentes a nações com regimes políticos nem sempre confiáveis ou alinhados aos princípios democráticos ocidentais, deram causa a inquietações consideráveis, de natureza geopolítica, principalmente nos EUA e na Europa.[51]

O fato de os fundos soberanos representarem uma forma de capitalismo estatal na qual as decisões de investimento têm lógica e motivação diversa daquelas dos agentes econômicos em um sistema liberal clássico, agravou a preocupação em relação a esses veículos, atraindo maior atenção para eles. Conquanto o *laissez-faire* econômico, financeiro e regulatório que um dia foi paradigma, tenha perdido credibilidade, com o advento da crise de 2008, forçoso é convir que, ainda hoje, os fundos soberanos suscitam considerável polêmica, haja vista que seus estímulos são distintos daqueles dos particulares participantes no livre mercado; isto é, têm comportamento próprio, com objetivos que podem ir muito além da busca do lucro econômico-financeiro, o que é motivo concreto de apreensão.[52]

Em conjunto com as causas citadas acima para a crescente percepção da relevância dos fundos soberanos no mundo, há que se destacar uma importante tendência, eminentemente geoeconômica, iniciada discreta-

---

[49] KERN, 2008 apud CURZIO; MICELI, 2010, p. 11.
[50] Id., 2010, p. 11.
[51] Id., 2010, p. 11.
[52] Id., 2010, p. 11.

mente em 2005, mas que ganhou o ímpeto de uma verdadeira avalanche nos últimos anos. Esse movimento se consubstanciou na decisão coletiva dos fundos soberanos de começarem a concentrar seus investimentos, antes dirigidos primordialmente aos países asiáticos, nos Estados Unidos da América e na União Europeia.

Assim é que, de acordo com os números de Kern, expostos por Curzio e Miceli, os fundos soberanos, de 1994 a 2004, investiram cerca de US$ 15 bilhões na Ásia e menos de US$ 1 bilhão em outros lugares do mundo. Já em 2008, até o mês de outubro, somente US$ 3.5 bilhões de recursos dos fundos soberanos teve como destino a Ásia, ao passo que US$ 11 bilhões foram parar na União Europeia, US$ 30 bilhões nos Estados Unidos da América e US$ 1.5 bilhões em outros países. Essa guinada nos investimentos também explica por que, principalmente em 2007, os fundos soberanos lograram chamar tanto a atenção da União Europeia e dos EUA. Vale ressaltar que, em menos de dois anos, aproximadamente US$ 26 bilhões foram investidos na União Europeia e a impressionante quantia de US$ 64 bilhões teve como destino os Estados Unidos da América.[53]

Por fim, outra tendência, dessa vez de natureza fundamentalmente setorial, teve impacto decisivo na atenção que veio a ser destinada aos fundos soberanos, alçando-os à categoria de protagonistas no teatro da economia global, qual seja: a evidente preferência, notadamente nos anos de 2007 e 2008, de concentração de seus ativos nos setores bancários e financeiros. Com efeito, somente no primeiro bimestre de 2008, os fundos soberanos investiram US$ 58 bilhões em instituições financeiras do Ocidente, segundo cálculos de Miracky e Bortolotti. Ademais, considerando todo o ano de 2008, investimentos no setor financeiro representaram 96% do total dos investimentos soberanos no mundo.[54]

A concentração no setor financeiro foi, então, um fenômeno novo. De fato, em 2006, o setor financeiro atraiu menos de um quinto dos investimentos soberanos e quantidade menor ainda nos anos precedentes. Explica-se esse impulso dos fundos soberanos em direção aos papéis emitidos pelas instituições financeiras por uma série de razões, tais como: as expectativas de lucros enormes, em sequência aos resultados positivos obtidos pelo setor financeiro nos anos 2000 a 2006; os preços aparentemente

---

[53] Ibid., 2010, p. 11-12.
[54] MIRACKY; BORTOLOTTI, 2009 apud CURZIO; MICELI, 2010, p. 12.

muito baixos das ações do setor, nos anos 2007 e 2008, considerando que o valor de mercado de muitos bancos de grande porte despencou, entre 20% e 60%, em apenas dezoito meses; o papel estratégico, de maneira geral, que o setor financeiro representa; e também as pressões das instituições financeiras ocidentais e dos operadores financeiros para o salvamento dos bancos ocidentais, após o naufrágio financeiro de 2008.[55]

Deve-se notar, também, o comportamento dos recipientes dos investimentos soberanos, sejam públicos, sejam privados. Nesse sentido, a começar pelo ano de 2007, diversos governos manifestaram preocupação e advertiram que era preciso prudência com os investimentos dos fundos soberanos, sobretudo com aqueles direcionados a companhias tidas como estratégicas para o país. Consequentemente, diversas nações optaram pela introdução ou renovação de regulamentações consideradas prudenciais. Isso porque, em primeiro lugar, os países recipientes passaram a ter em conta a necessidade de ter investidores transparentes, dirigidos claramente pelas forças do mercado, e não por movimentos ocultos. Além disso, razões políticas nortearam tais decisões, já que muitos fundos soberanos são localizados em países não democráticos e, destarte, administrados por regimes desalinhados com os princípios prevalecentes nas principais democracias ocidentais.[56]

Curzio e Miceli destacam outra importante tendência dos recipientes – substancialmente diversa da primeira – que se formou a partir do segundo semestre de 2008, com a progressão da crise econômica mundial. Naquele momento, emergiu, naturalmente, em muitos países do mundo, o desejo de receber investimentos dos fundos soberanos. Muitos foram os governos que enviaram missões internacionais a países detentores de fundos soberanos, a fim de incentivar suas aplicações. Assim, os recursos advindos desses fundos passaram a ser disputados ferrenhamente e seus governos tidos como emprestadores de última instância em um setor financeiro combalido pela crise econômica. Assim, foi de reconhecida importância a contribuição dos fundos soberanos no contexto da crise, ajudando na mitigação de seus efeitos sobre o sistema financeiro internacional e contribuindo para a recapitalização das instituições financeiras ocidentais, em particular.[57]

---

[55] Id., 2010, p. 12.
[56] Ibid., 2010, p. 13.
[57] Id., 2010, p. 13.

Entre os investimentos soberanos mais proeminentes em instituições financeiras ocidentais, no período da crise econômica, destacam-se a compra, pelo Temasek Holdings, de US$ 5 bilhões em ações do banco Merill Lynch, e a aquisição, por Abu Dhabi, de US$ 7.5 bilhões em ações do Citigroup.[58]

Mas é certo que, após a eclosão da crise econômica, os fundos soberanos passaram a ser menos percebidos como uma ameaça. Com efeito, os recursos e investimentos maciços em instituições como Citigroup e Barclays significavam, naquele momento crítico, uma verdadeira linha de crédito, que poderia salvar do desastre aqueles submersos em maiores complicações. Ademais, o valor das posições que os fundos soberanos detinham despencou em pouco tempo, após a realização dos investimentos,[59] o que demonstrou sua vulnerabilidade, em nada diferente dos outros agentes do mercado. Assim, por exemplo, ocorreu com o CIC, que investiu US$ 3 bilhões, em maio de 2007, para comprar 9,3% do fundo norte-americano Blackstone Group e, em menos de um ano, assistiu à perda de mais da metade do valor investido.[60]

Contudo, forçoso é convir que nem todos fundos soberanos perderam com as aplicações nas instituições financeiras ocidentais, no período de crise. Vale lembrar que, um ano após a compra de U$ 3 bilhões em ações do Citibank, o KIA já havia lucrado cerca de US$ 1.1 bilhão com o investimento realizado.[61] Isso porque o investidor soberano tem natureza paciente, com longo horizonte de investimento e não sofre, portanto, na mesma intensidade dos outros investidores, com os fatores cíclicos comuns dos mercados financeiros, de sorte que não ocorre aos veículos soberanos liquidar suas participações assim que os mercados sinalizam com uma baixa. Tampouco estão sujeitos às agruras decorrentes dos saques de cotistas quando se instala a desconfiança no mercado.

Ainda, merece atenção o comportamento das instituições internacionais e da União Europeia em relação aos fundos soberanos e às suas ações. Em 2008, a Comissão Europeia estabeleceu normas para a atuação dos fundos soberanos. Logo após, o FMI, em conjunto com os fundos soberanos,

---

[58] RAMOS, Rita R. Crises reshapes role of Sovereign Wealth Funds. *Asian Investor*, Aug. 21, 2009.
[59] SOVEREIGN WEALTH FUNDS. *New York Times*, Dec. 7, 2009.
[60] ANDERSON, 2009, p. 55.
[61] Id., 2009, p. 55.

lançou regulamentações voluntárias, conhecidas como *Generally Accepted Principles and Practices* (GAPP), ou *Princípios de Santiago*,[62] em homenagem à capital chilena, onde foram firmados, de modo a garantir que as operações dos fundos soberanos fossem equânimes *vis-à-vis* os outros agentes do mercado, atenuando as preocupações que possam suscitar.

Em 1997, havia, no mundo, dezessete fundos soberanos. Esse número inflou para 34, em 2004, e 53, em 2008. Os fundos soberanos administravam ativos da ordem de US$ 500 bilhões, até o ano 1995. Em 2004, os ativos dos fundos soberanos tocavam na casa dos US$ 900 bilhões e, até o final de 2008, esse número subiu, vertiginosamente, beirando os US$ 4 trilhões.[63]

Entretanto, o mundo assistiu a uma redução nos investimentos dos fundos soberanos, a partir de agosto-setembro de 2008, pelos seguintes motivos: (a) perdas acentuadas por todo o ano de 2009, principalmente nas ações dos setores financeiros dos Estados Unidos da América e da Europa; (b) queda no preço do petróleo, que foi de US$ 147 o barril, em 11 de julho de 2008, para US$ 40, no final de dezembro do mesmo ano, até subir novamente a US$ 80, em dezembro de 2009, a US$ 90, em dezembro de 2010, e a US$ 99,87, em meados de julho de 2011;[64] (c) recessão mundial que se seguiu à erupção da crise econômica, contribuindo para o encolhimento no superávit em conta corrente dos países exportadores asiáticos; e (d) risco para as economias domésticas dos países dos fundos soberanos, em razão da crise econômica mundial, o que retraiu suas atividades externas.[65]

É incontestável, reitera-se, que a crise deflagrada no segundo semestre de 2008 afetou fortemente o balanço dos fundos soberanos. Assim, por exemplo, os números colhidos por Kern demonstram que os investimentos dos fundos soberanos no Citigroup, Barclays, Credit Suisse, UBS, Morgan Stanley e Merill Lynch geraram perdas da ordem de 60% a 90%. Estima-se que essas perdas tenham superado os US$ 57 bilhões.[66] No entanto, em razão de sua citada natureza de investidor provido de longo horizonte de investimento, muito das perdas havidas no auge da crise já mitigaram, com a re-estabilização, ao longo do tempo, dos valores das participações de

---

[62] Vide o Anexo A.
[63] CURZIO; MICELI, 2010, p. 13.
[64] CRUDE oil price history. 2011. Disponível em: <http://www.nyse.tv/crude-oil-price-history.htm>. Acesso em: 28 out. 2011.
[65] CURZIO; MICELI, 2010, p. 14.
[66] Id., p. 14.

sua carteira. É inegável, todavia, que a crise desacelerou o ritmo de crescimento e a evolução dos veículos soberanos no mundo, no que não diferem dos demais atores econômicos.

Além disso, durante esse período, os fundos soberanos tiveram, como se viu, de atender às demandas internas de seus países, principalmente os mais afetados pela crise econômica, tendo, assim, de lançar mão de seus recursos para cobrir déficits nos orçamentos e prover pacotes de estímulos em suporte das economias domésticas e das instituições locais, tomando ainda outras medidas anticíclicas. É este o contexto histórico que assiste ao nascimento do Fundo Soberano do Brasil.

3
Fundos Soberanos: Conceito e Natureza

A expressão Sovereign Wealth Funds, ou fundos soberanos de riqueza, conforme se observou, foi cunhada por Andrew Rozanov, em 2005, e passou a ser a expressão mundialmente empregada para identificar tais veículos de investimento. No entanto, esses fundos já existiam há mais de meio século. Eram, portanto, anônimos, à espera de um nome próprio e da atenção global – que, em verdade, só despertou na última década, em razão dos motivos já citados, dentre os quais cumpre destacar o aumento em seu volume de investimentos além-fronteiras, notadamente no setor financeiro ocidental.

Segundo Edwin Truman, não há uma definição única e universalmente aceita para fundos soberanos, preferindo o autor utilizar a expressão "fundo de riqueza soberana" como descritiva de molde a identificar condomínios distintos de ativos de propriedade ou controlados por governos, aí incluídos os ativos internacionais.[67]

Simone Mezzacapo, da Universidade de Perúgia, recorda que o International Working Group of Sovereign Wealth Funds (IWG), do FMI, quando se reuniu para desenhar uma série de princípios recomendáveis para a aplicação, por parte dos veículos soberanos, resultando na edificação dos mencionados *Princípios de Santiago*, adotou a clara definição de fundos soberanos como fundos de investimento de propósito especial de propriedade

---

[67] TRUMAN, 2010, p. 10.

do governo. Assim, criados pelos governos – nacionais ou subnacionais (dos estados ou das províncias, *v. g.*) – para cumprir finalidades macroeconômicas, tais fundos soberanos possuem, dirigem ou administram ativos para atingir objetivos financeiros, empregando, para tanto, um conjunto de estratégias que inclui o investimento em ativos externos. O IWG concordou, ao tratar de fundos soberanos, que se trata de um grupo heterogêneo, com diversas estruturas legais, institucionais e de governança, compreendendo fundos de estabilização fiscal, poupança, desenvolvimento e de pensão, entre outros propósitos. Além disso, são fundos comumente originados do superávit no balanço de pagamentos, de operações com divisas externas, superávits fiscais e/ou receitas oriundas da exportação de *commodities*.[68]

De fato, a definição dos fundos soberanos tecida pelo IWG, conquanto não seja a única, é apropriada, haja vista que foi o resultado do consenso entre diversos atores do mercado mundial, entre os quais os países representantes dos fundos soberanos, das nações recipientes, do próprio FMI, e outros.

Conforme interpretação do texto dos GAPP, as seguintes entidades estariam, em princípio, segundo Mezzacapo, excluídas da definição de fundos soberanos, proposta pelo IWG, a saber: (a) reservas em moeda estrangeira tidas pelas autoridades monetárias para as tradicionais finalidades e necessidades de balanço de pagamentos e/ou política monetária; (b) operações de empresas estatais; (c) fundos de pensão nacionais com obrigações que impedem seu uso para finalidades macroeconômicas gerais; (d) ativos administrados para o benefício de indivíduos; (e) fundos de crédito do governo (em maioria, fundos domésticos); e (f) bancos de propriedade do governo (*e. g.*, bancos de desenvolvimento nacional, nos moldes do Banco Nacional de Desenvolvimento Econômico e Social (BNDES),[69] que não operam com propósitos macroeconômicos, mas com uma função típica

---

[68] INTERNATIONAL WORKING GROUP OF SOVEREIGN WEALTH FUNDS, apud, MEZZACAPO, 2009, p. 8.

[69] Empresa pública federal, é hoje o principal instrumento público de financiamento de longo prazo para a realização de investimentos em todos os segmentos da economia brasileira (BANCO NACIONAL DE DESENVOLVIMENTO SOCIAL E ECONÔMICO). *A empresa*. Rio de Janeiro, 2011. Disponível em: <http://www.bndes.gov.br/SiteBNDES/bndes/bndes_pt/Institucional/O_BNDES/A_Empresa/>. Acesso em: 26 dez. 2011.

de intermediário no sistema financeiro nacional, financiando projetos e empresas no âmbito doméstico.[70]

Segundo estudo da Fundação do Desenvolvimento Administrativo, Fundap, citado por Carvalho e Tepassê, a Organização para a Cooperação e Desenvolvimento Econômico (OCDE) define os fundos soberanos de forma abrangente, sem, contudo, inseri-los em uma classificação precisa, denominando-os como "um conjunto de ativos de propriedade e administração direta ou indireta de governos para alcançar objetivos nacionais variados, cujos recursos provêm das reservas internacionais, da comercialização de recursos naturais escassos, e de receitas tributárias, estando em sua maior parte aplicada em ativos estrangeiros".[71]

Uma clássica distinção encontrada na doutrina acerca dos fundos soberanos diz respeito à origem de seus recursos. Têm-se, assim, os fundos de *commodities*, que derivam seus recursos financeiros da exportação de matéria-prima pertencente ao Estado ou de *royalties* relativos às vendas de tais ativos. Tais fundos são geralmente estabelecidos com propósitos de estabilização da economia doméstica – de sorte a acumular ativos nos tempos de amplas receitas e estar preparados para os períodos de crise – e de distribuição de riqueza para as gerações futuras. Os mais importantes fundos soberanos dessa natureza se concentram no Oriente Médio, em razão, naturalmente, da exportação do petróleo. Contudo, outros países também primam nessa seara, dispondo de fundos soberanos volumosos, destacando-se a Noruega. A *contrariu sensu*, os fundos ditos "*non-commodity*" obtêm seus recursos de outras formas que não a exportação de recursos naturais, sendo tipicamente financiados pela transferência do excesso de ativos advindos de outras áreas, como o superávit no balanço de pagamentos, privatizações e outras receitas fiscais. São expoentes desse grupo os fundos soberanos asiáticos e, principalmente, o da China, com notável superávit em conta corrente.[72]

Em termos de política pública de investimento, os fundos soberanos complementam outros instrumentos do governo, como as reservas oficiais do banco central e as empresas públicas. No entanto, ao contrário das reservas do banco central, os ativos dos fundos soberanos não preci-

---

[70] MEZZACAPO, Simone. *The so-called "Sovereign Wealth Funds"*: regulatory issues, financial stability and prudential supervision. Brussels: European Commission, 2009. p. 8.
[71] Fundos de Riqueza Soberana. Grupo de conjuntura apud CARVALHO; TEPASSÊ, 2008, p. 5.
[72] CURZIO; MICELI, 2010, p. 24.

sam ser inteiramente compostos por moeda estrangeira, nem tampouco ser investidos em ativos com alta liquidez, como dinheiro, ouro ou títulos de dívida pública, o que permite maior exposição ao risco, em busca de maior rendimento, e em um horizonte de tempo mais amplo.[73]

Diferem também os fundos soberanos das empresas públicas, ou seja, das companhias nas quais o governo detém a maioria do capital votante, as quais estão concentradas, geralmente, em setores estratégicos da economia, como infraestrutura, transporte, finanças e telecomunicações, entre outros. Essas empresas estatais, constituídas, organizadas e controladas pelo poder público, têm, contudo, ao lume do Direito brasileiro, personalidade jurídica de direito privado, e suas atividades são regidas pelos preceitos comerciais, conforme recorda Hely Lopes Meirelles.[74]

Dessa forma, os fundos soberanos, além de serem de propriedade do Estado – condição elementar, conquanto não exclusiva a esses – têm, quanto aos seus ativos, algumas características fundamentais, quais sejam: (a) são operacional e legalmente autônomos *vis-à-vis* outros ativos do Estado e outras fontes de riqueza; (b) não integram o arsenal de instrumentos de política cambial e/ou monetária do Estado. Ao revés, os ativos dos fundos soberanos servem a objetivos e a interesses públicos, definidos pelos órgãos políticos, diversamente daqueles diretamente ligados à condução da política monetária e cambial; e (c) não são suscetíveis às responsabilidades comuns a outros ativos do Estado como as reservas. Isso implica, de acordo com Simone Mezzacapo, que os ativos dos fundos soberanos são sujeitos a provisões legais e administrativas específicas, que impedem que as autoridades monetárias exerçam sobre eles um direito de uso ou chamada para satisfazer funções monetárias pontuais ou cambiais típicas, como, *v. g.*, aquelas relativas às necessidades do balanço de pagamentos. Em consequência, os ativos dos fundos soberanos normalmente têm menor liquidez, em comparação às reservas oficiais do governo, não sendo, portanto, prontamente vendáveis. Com efeito, essa característica dos ativos soberanos vai ao encontro de uma primeira definição já adotada pelo FMI quando da elaboração do *6º Manual de balanço de pagamentos*, segundo o qual é determinação-chave no conceito de fundo soberano o fato de haver orientação legal ou administrativa que resulta em seus ativos serem one-

---

[73] Ibid., p. 22.
[74] MEIRELLES, Hely L. *Direito administrativo brasileiro*. 23. ed. São Paulo: Malheiros, 1998.

rados, de modo a impedir que tenham pronta disponibilidade para o uso pelas autoridades monetárias do país.[75]

Noutras palavras, se os ativos externos de um país ficam em um fundo de propósito especial do governo e as autoridades monetárias têm o direito de exercer uma chamada sobre ele, há a presunção legal de que, preenchidos os requisitos, tais ativos são ativos de reserva. Mas se os recursos ficam em um fundo de longo prazo, incorporado separadamente, presume-se que não devem ser incluídos no acervo de ativos de reserva, ao menos, porque o critério da pronta disponibilidade está ausente.[76]

Na mesma linha, Mezzacapo faz referência ao entendimento aceito pela Comissão Europeia, que reconhece que os fundos soberanos são veículos de investimento de propriedade do Estado, que geralmente são financiados pelo acúmulo de reservas internacionais em seus países-sede e administrados separadamente de suas reservas oficiais, o que significa que há maior aceitação de risco em sua gestão, na busca de maior retorno.[77]

Não obstante as diversas definições existentes sobre os fundos soberanos, uma qualidade comum que os distingue de outros investidores institucionais reside em seu regime de propriedade; isto é, os fundos soberanos são tipicamente financiados por seu Estado-sede e administrados – direta ou indiretamente – no interesse e em benefício exclusivo desse.[78]

Segundo a State Street,[79] os fundos soberanos são essencialmente condomínios de ativos de propriedade de um governo soberano, que não são nem fundos de pensão públicos, no sentido tradicional do termo, nem tampouco constituem ativos de reserva para o equilíbrio das moedas nacionais. Nesse sentido, certos ativos de governos soberanos são passíveis de serem classificados como componentes dos fundos de riqueza soberana, desde que observadas as seguintes condições: (a) tais fundos são administrados

---

[75] MEZZACAPO, 2009.
[76] Ibid., 2009, p. 6.
[77] COMMISSION OF THE EUROPEAN COMMUNITIES, 2008 apud MEZZACAPO, 2009, p. 6-7.
[78] Ibid., 2009, p. 115.
[79] State Street Corporation, ou State Street, é uma *holding* norte-americana de serviços financeiros, com sede em Boston, Massachusetts, fundada em 1792, com ativos sob gestão (2011) na ordem de US$ 1 trilhão (STATE STREET). *Corporate Overview*. Disponível em: <http://www.statestreet.com/wps/portal/internet/corporate/home/aboutstatestreet/corporateoverview/history/!ut/p/c4/04_SB8K8xLLM9MSSzPy8xBz9CP0os3i_0CADCydDRwP_IGdnA-08Tc38fINvY3dFEPzg1Lz40WL8g21ERABezIio!/>. Acesso em: 26 dez. 2011.

– direta ou indiretamente – com o objetivo de consecução dos interesses públicos diversos daqueles referentes às políticas monetárias e cambiais, bem como das políticas previdenciárias do governo; e (b) seus recursos não representam reservas monetárias; ou seja, não são mantidos pelos bancos centrais ou pelas autoridades monetárias, por razões de cautela, para suprir eventual necessidade pontual de política pública.[80]

Acentue-se, neste ponto, que a citada concepção de fundo soberano como condomínio de ativos difere, em essência, da tradicional acepção civilista, em que há necessidade de pluralidade de titulares da propriedade. Com efeito, sob esse prisma, no que respeita aos fundos soberanos, inexiste copropriedade final, porquanto a propriedade é única e exclusiva do ente governamental. Trata-se, em suma, de uma espécie de "guarda-chuva" de ativos, de forma a compor um condomínio desses, sem, contudo, deixar de haver um único proprietário. O condomínio, portanto, é representado pelo conjunto de propriedades e não de proprietários.

No entanto, a regra da propriedade exclusiva dos ativos do fundo soberano pelo Estado-proprietário, unânime até a presente data, pode estar em vias de sofrer significativa alteração por força das circunstâncias e das rápidas transformações que se processam nos mercados financeiros contemporâneos, com a interminável criação e a mutação de instrumentos financeiros, de sorte a assegurar a continuidade de fluxos de capitais, necessária à promoção dos investimentos e ao abastecimento da rede financeira internacional. Com efeito, o Temasek Holdings, fundo soberano de Cingapura, anunciou, em 2009, a criação da Seatown Holdings, fundo de sua propriedade, administrado, contudo, de forma independente, e que contemplaria, em um futuro próximo, a abertura de seu capital para o coinvestimento de investidores privados.[81]

Ora, a possibilidade de o Fundo Soberano de Cingapura criar um veículo para facilitar o coinvestimento privado em suas atividades revoluciona o conceito – e a própria prática, diga-se – dos fundos soberanos, que pressupõe a propriedade única do ente governamental dos ativos sob sua gestão. No caso em tela, entretanto, os ativos do Temasek permanecerão sob a propriedade exclusiva deste, sendo a Seatown uma subsidiária do fundo soberano cingapuriano, implementada, decerto, à guisa de diversificação, de modo a se

---

[80] STATE STREET, 2008 apud MEZZACAPO, 2009, p. 7.
[81] Vide Capítulo 5 – Os principais fundos soberanos do mundo.

adaptar às constantes necessidades ditadas pelos mercados financeiros e de capitais, sinalizando para uma eventual futura permissão da copropriedade em seus ativos, por parte de certos atores da iniciativa privada.

O caso em estudo, todavia – ainda que não se tenha por ora materializado –, não desfigura a noção de fundo soberano. É dizer: não importa, para os fins de caracterização do instrumento como fundo soberano, o fato de possibilitar a participação de investidores privados no corpo de suas subsidiárias, coligadas, afiliadas ou até mesmo em seu próprio capital, o que não é de todo impossível de prever para um futuro não tão remoto – bastando, para tanto, edições legislativas que transformem o veículo soberano, notadamente em sua estrutura e natureza. Imprescindível, no entanto, que o fundo soberano seja criado pelo Estado e que seja por esse controlado, a fim de buscar a realização dos seus objetivos. A propriedade dos ativos, portanto, frise-se, não necessita ser absoluta, total, *erga omnes*, bastando seja a palavra final do Estado. É nesse sentido que deve ser entendida a ideia de propriedade do Estado sobre os seus veículos soberanos, a saber, o poder, sobre esses, de controle e direção.[82] Dono é quem manda. É essa, de resto, a interpretação que se depreende da definição de fundos soberanos dada acima por Edwin Truman.

Outro marco distintivo dos fundos soberanos, conforme sublinham Beck e Fidora, 2008 apud Mezzacapo, 2009, é que esses não têm responsabilidade resultante da aplicação de seus ativos – desde que justificada a estratégia de investimento –, ou, no mínimo, é essa sobremodo limitada e de longa maturidade, o que permite a busca de uma série de objetivos macroeconômicos, principalmente por meio de uma vasta gama de estratégias de investimento, com uma escala de tempo de médio a longo prazo, de maior assunção de risco e de investimentos externos.[83]

Essa falta da chamada *liability*,[84] supramencionada, é uma característica que, segundo Kern, 2008 apud Mezzacapo, 2009, diferencia, fundamentalmente, os fundos soberanos dos fundos públicos de pensão e das

---

[82] Cuida-se, no caso, do que Eros Grau (*A ordem econômica na Constituição de 1988*. São Paulo: Malheiros, 2010. p. 279) denomina de "controle efetivo da empresa", ou seja, a titularidade direta ou indireta de, no mínimo, 51% do capital com direito a voto e o exercício, de fato e de direito, do poder decisório para gerir suas atividades.

[83] BECK; FIDORA, 2008, apud MEZZACAPO, 2009, p. 9.

[84] A palavra não tem tradução literal na língua portuguesa, que a define restritivamente como "responsabilidade". Seu real sentido, contudo, é mais amplo, a significar "ser responsável,

empresas públicas, haja vista que esses últimos possuem responsabilidades predefinidas e explícitas quanto às obrigações de remunerar, o que significa um fluxo contínuo e regular de pagamentos a fazer (*v. g.*, benefícios previdenciários). Ao contrário, os fundos soberanos tipicamente não têm tais obrigações imediatas de pagar, o que faz com que as consequências de uma desvalorização de seus ativos, na hipótese de uma crise nos mercados, sejam menos severas do que no caso dos outros investidores institucionais (*v. g.*, empresas estatais e fundos de pensão).[85]

De fato, os fundos soberanos se caracterizam pela ausência de saques de curto prazo, como aqueles necessários para remunerar os beneficiários da seguridade social, e por longos horizontes de investimento. Salientam Curzio e Miceli que, em regra, os veículos soberanos também possuem um baixo nível de passivos, apesar de muitos, atualmente, adotarem uma postura mais agressiva *vis-à-vis* o endividamento financeiro, investindo em fundos de *hedge* e *private equity*, assim como em instituições financeiras altamente alavancadas.[86] Complementam essa informação Miracky e Barbary, lembrando que, tradicionalmente, quanto ao estilo de investimento, os fundos soberanos têm se portado de maneira similar às universidades norte-americanas, na administração de suas dotações, com diversificação e portfólio de risco relativamente baixo, mas que, no entanto, uma grande quantidade de fundos soberanos modernos tem se espelhado nos fundos de *private equity*, trazendo, em sua atuação, maior aceitação ao risco.[87]

Frise-se, demais disso, que o funcionamento dos fundos soberanos, consoante denotado, independe das reservas oficiais dos bancos centrais, sendo certo que os veículos soberanos são administrados com critério diverso, de sorte a se preferir um retorno mais robusto no longo prazo à pronta liquidez, com a consequente aceitação de maiores níveis de risco. Assim, a busca de rendimento, além dos ativos considerados livres de risco, é considerada parte integrante da atuação dos veículos de riqueza soberana. Esses devem

---

perante outrem", isto é, ter "a responsabilidade de responder para um terceiro pelos atos praticados". Assim, o termo pode ser entendido também no sentido de dever, de prestar contas.
[85] KERN, 2008 apud MEZZACAPO, 2009, p. 9.
[86] CURZIO; MICELI, 2010, p. 20.
[87] MIRACKY, William; BABARY, Victoria. Sovereign Wealth Fund Investment Behavior. In: SCHNEIDMAN, Leonard (Ed.). *Sovereign Wealth Funds – a legal, tax and economic perspective*. New York: Practising Law Institute, 2010. p. 154.

investir, ainda segundo Curzio e Miceli, em ativos de longo prazo, com relação equilibrada de risco e retorno e consistentes com seus objetivos. [88]

Dessa forma, conclui Mezzacapo que os fundos soberanos têm as seguintes características: (a) são condomínios de ativos domésticos e estrangeiros pertencentes a uma pessoa jurídica de Direito Público; (b) são legal, financeira e operacionalmente isolados de outros ativos e responsabilidades do Estado, separação que pode se dar por meio de medidas como a criação de entidades legais distintas ou estruturas de propriedade separadas, além de arranjos financeiros e contábeis e da implementação, no seio do fundo soberano, de um sistema de barreiras de informações, também conhecido como Chinese Walls; e (c) permanecem à disposição dos órgãos políticos – mas não das autoridades monetárias –, para buscar uma série de objetivos públicos, outros que aqueles diretamente relacionados à condução das políticas monetária e cambial e à administração de regimes de pensão públicos, como a proteção da economia do excesso de volatilidade, a construção de poupança para as futuras gerações ou o uso dos recursos para o desenvolvimento econômico e social.[89]

Truman, no entanto, também classifica os fundos de pensão, de propriedade do governo ou controlados por ele, como fundos soberanos, na medida em que administram ativos comercializáveis no mercado. Ademais, fundos de pensão governamentais, lembra o autor, levantam muitas das mesmas questões suscitadas pelos tradicionais fundos soberanos, em matéria de política pública, tanto em seus países como nas nações hóspedes, não havendo por que estabelecer diferença entre os veículos de investimento, ambos sob o controle e direção do governo. Do mesmo modo, não há que se distinguir, ainda segundo Truman, os fundos soberanos nacionais dos ditos subnacionais; isto é, aqueles pertencentes a estados ou províncias.[90]

Com efeito, sendo os fundos soberanos de propriedade de governos, aí se incluem também as entidades ditas subnacionais, como os estados norte-americanos do Alaska, Wyoming, Novo México e Alabama, bem como a província canadense de Alberta. No entanto, mais complicada é a questão da distinção entre os fundos soberanos e os fundos de pensão, especialmente aqueles de pensão pública. Há que se diferenciar, no caso em tela,

---

[88] Curzio; Miceli, 2010, p. 21.
[89] Mezzacapo, 2009, p. 10.
[90] Truman, 2010, p. 10.

consoante explicação da Organização para a Cooperação e Desenvolvimento Econômico (OCDE), os fundos públicos de pensão, que pertencem ao sistema nacional de seguridade social do país – como ocorre com o Instituto Nacional de Seguridade Social (INSS), no Brasil –, dos fundos soberanos de pensão de reserva. Nos primeiros, o fluxo de capital deriva das contribuições dos empregados ou empregadores e há distribuição periódica dos benefícios, o que sempre requer liquidez suficiente. Ademais, tais fundos podem estar calcados inteiramente em moeda nacional e, além disso, devem sempre primar pela transparência, no que diz respeito às suas operações financeiras e aos seus objetivos.[91]

Todavia, os fundos de pensão de reserva são estabelecidos pelos governos como entidades autônomas, separadamente do sistema nacional de seguridade social, de sorte que seus recursos proveem de transferências diretas do governo, com o objetivo de lidar com os futuros déficits do sistema previdenciário. Outrossim, tais fundos de reserva não têm a responsabilidade de realizar distribuições periódicas. Dessa forma, o FMI houve por bem incluir os fundos de pensão de reserva no rol dos fundos soberanos, excluindo, por suas inerentes diferenças, os fundos públicos pertencentes ao sistema previdenciário nacional. Assim, consideram-se fundos soberanos entidades como o fundo de pensão norueguês Government Pension Fund-Global (GPF-G), o chinês National Social Security, o francês Fonds de Resérve pour les Retraites, o neozelandês Superannuation Fund, entre outros. Também sob essa lógica, Curzio e Miceli excluem do conceito de fundo soberano entidades como o CalPERS, bem como os fundos de pensão canadenses e japoneses. Além disso, os fundos soberanos, de acordo com definição adotada por alguns estudiosos, devem investir ao menos uma parcela de seus recursos em moeda estrangeira, e não são conhecidos por sua propensão à ampla transparência nem tampouco são obrigados em relação a tal prática.[92]

O citado argumento – reforçado pela definição dos veículos soberanos proposta pelo IWG quando da elaboração dos princípios que norteariam a matéria – de que a carteira dos fundos soberanos deva ser necessariamente composta de investimentos em moeda estrangeira, excluiria, por óbvio, os fundos inteiramente nacionais desse conceito, como, por exem-

---

[91] CURZIO; MICELI, 2010, p. 23.
[92] Id., p. 23.

plo, o Development Fund, de Taiwan – com investimentos exclusivamente domésticos, para o auxílio na estabilização do mercado de capitais nacional e o Fonds Strategique d'Investissement (FSI) francês, forjado, essencialmente, para a proteção e o fortalecimento da indústria nacional.[93] Fiechter aponta que o IWG formulou seu conceito, notadamente restritivo, tendo em vista que os investimentos governamentais, quando concentrados no mercado doméstico, não seriam aptos a despertar o mesmo grau de preocupação internacional quanto às incursões além-fronteiras, razão pela qual a definição conteve-se a essas últimas.[94]

Cumpre admitir, no entanto, que tais veículos – semelhantes, em tudo, aos demais veículos de investimento soberanos estatais, afora o fato de serem dedicados exclusivamente ao mercado doméstico – devem constar no rol dos fundos soberanos, quer seja pela interdependência dos mercados globais, quer pelas preocupações relativas ao protecionismo nos países hóspedes, e também ante a possibilidade de influência desses no mercado, de modo geral, e, principalmente, nos agentes da iniciativa privada. Com efeito, é inegável, por exemplo, a influência que o investimento do FSI, para elevar sua posição acionária na ordem de 10% na companhia francesa de componentes elétricos Carbone Lorraine,[95] tenha *vis-à-vis* os seus concorrentes. Seja como for, Truman não diferencia os fundos de Taiwan e França dos demais fundos soberanos,[96] nem tampouco estão esses excluídos do elenco do Sovereign Wealth Fund Institute,[97] o que reforça o caráter prescindível dos fundos soberanos de terem ao menos parte de seus investimentos alocados no estrangeiro.

Consoante se ressaltou, os fundos soberanos podem ter uma série de objetivos definidos. Contudo, na prática, a maior parte dos fundos tem objetivos mistos, que se modificam com o passar do tempo e das condições econômicas e financeiras do país. Assim, um fundo soberano destinado à

---

[93] Ibid., 2010, p. 20.
[94] FIECHTER, Jean-Rodolphe. The french strategic investment fund. a creative approach to complement SWF'S regulation or mere protectionist? *The Journal of Applied Economy*, v. 3, p. 59-77, 2010.
[95] SWF INSTITUTE. *Strategic Investment Fund*. 2009. Disponível em: <http://swfinstitute.com/fund/france.php>. Acesso em: 22 set. 2011.
[96] TRUMAN, 2010.
[97] Organização global destinada ao estudo dos fundos soberanos. Disponível em: <http://swfinstitute.com/>. Acesso em: 20 maio 2012.

estabilização da economia doméstica pode se transformar em um fundo de poupança, dado o possível acúmulo de ativos, no decorrer de sua existência, para além de sua necessidade primária.[98]

O FMI propõe uma classificação dos fundos soberanos de acordo com seus principais objetivos, a saber: (a) fundos de estabilização desenhados para proteger o orçamento ou a economia contra volatilidades nos preços das matérias-primas. Estes fundos se distinguem, conforme ressalta Carlos Eduardo Carvalho, por estarem mais voltados a objetivos ligados à condução das políticas macroeconômicas, em especial a atenuação dos efeitos das elevadas receitas de exportações sobre a renda interna e sobre o gasto público;[99] (b) fundos de poupança para as gerações futuras, constituídos, geralmente, por meio da transformação de recursos naturais não renováveis (petróleo, gás, minérios, *v. g.* em investimentos financeiros); (c) fundos de investimento em reservas, estabelecidos como uma entidade legal separada das autoridades monetárias, para administrar as reservas do país, também de forma independente da administração das reservas oficiais, de modo a buscar maior rentabilidade, com investimentos diversificados. Os ativos dessa espécie de fundos soberanos podem ser compostos por parte das próprias reservas internacionais; (d) fundos de desenvolvimento organizados para atingir diversos objetivos sociais e econômicos, por meio do financiamento de projetos com finalidade socioeconômica estratégica ou da promoção de políticas industriais específicas e projetos prioritários, como de infraestrutura, por exemplo; e (e) fundos de reserva de pensão, para que seus investimentos diversificados possam oferecer alternativas às remunerações oriundas das estruturas previdenciárias, fornecendo guarida ao sistema contra os problemas ocasionados pelos constantes déficits na previdência pública.[100] Tais fundos, como esclarece Gustavo Loyola,

---

[98] TRUMAN, 2010, p. 10-11.

[99] "Trata-se de evitar que o afluxo excepcional de recursos, em momentos de auge exportador, modifique a taxa de câmbio real e a demanda doméstica de forma desfavorável ao crescimento equilibrado da economia ou de forma insustentável nos momentos de retração dos mercados internacionais. De forma simplificada, a criação destes fundos pretende repassar os recursos em momentos de bonança e liberá-los em momentos de retração, permitindo ao setor público atuar de forma anticíclica". CARVALHO, Carlos Eduardo; TEPASSÊ, Ângela Cristina. O Fundo Soberano Brasileiro e a crise financeira internacional. *Papéis Legislativos*, ano 2, n. 4, out.2008, p. 2. Disponível em: <http://www.opsa.com.br/images/pdf/papeis/16_papeislegislativos_PL_n_4_out_2008.pdf>. Acesso em: 3 maio 2012.

[100] MEZZACAPO, 2009, p. 12-13.

servem para o custeio futuro de passivos fiscais de longo prazo, como os relativos à previdência social.[101]

No que tange, precisamente, à diferenciação entre os fundos de pensão tradicionais e os fundos de pensão de reserva, há que se concordar, ante as razões expostas, com o entendimento do FMI, em linha com o pensamento da OCDE e da doutrina prevalecente,[102] no sentido de que somente esses últimos devem ser tidos como fundos soberanos. Isso porque, conquanto a linha de distinção possa parecer sobremodo tênue, o fundo soberano, em razão de sua própria natureza, não se confunde com os fundos de pensão tradicionais, pois esses têm inextricável liame com o sistema nacional previdenciário, com claros limites de atuação e obrigações imediatas, no sentido de prover a remuneração dos pensionistas públicos por eles protegidos, não podendo ser utilizados para fins alheios, sob pena de ter desvirtuada sua função precípua. Ao contrário, os fundos de pensão de reserva têm os olhos no futuro, no bem-estar e no seguro social de cidadãos que, por vezes, nem sequer nascidos são, de forma que, desobrigados da responsabilidade de realizar distribuições periódicas e financiados diretamente por transferência do ente governamental, para o cumprimento de seus objetivos, possuem a autonomia necessária para escolher a aplicação que melhor atenda às gerações do porvir, qual necessidade efetiva e premente nas sociedades modernas, especialmente no contexto de crescente expectativa de vida impulsionada pelo avanço científico e tecnológico.

Interessante questão diz respeito à natureza jurídica dos fundos soberanos. Em primeiro lugar, merece destaque, conforme ressalta Mezzacapo, a definição adotada pelo Fundo Monetário Internacional, na 6ª edição de seu *Manual de balanço de pagamentos*, segundo a qual os fundos de riqueza soberana não são, necessariamente, "fundos", na acepção jurídica do termo, nem tampouco podem ser considerados "fundos de investimento".[103]

O FMI ressalta que os fundos de investimento têm natureza coletiva, compondo-se de estruturas de investimentos que reúnem ativos financeiros, por meio da emissão de ações ou cotas ao público.[104] Dessa forma, de acordo com a Instrução CVM nº 409/2004, o fundo de investimento é uma

---

[101] LOYOLA, Gustavo. Fundo soberano aumenta o risco macroeconômico. *Valor Econômico*, 1º Caderno, 10 dez. 2007.
[102] Nesse sentido, vide: Curzio; Micelli, e Mezzacapo, entre outros.
[103] MEZZACAPO, 2009, p. 10.
[104] INTERNATIONAL MONETARY FUND, 2011 apud MEZZACAPO, 2009, p. 10.,

comunhão de recursos, constituída sob a forma de condomínio, destinada à aplicação em ativos financeiros. Desse modo, fica nítida a natureza jurídica de condomínio dos fundos de investimento; ou seja, de uma comunhão de recursos dividida em cotas ideais, pertencentes ao público investidor. É esse também o entendimento da Associação Brasileira das Entidades dos Mercados Financeiro e de Capitais (ANBIMA)[105] sobre o tema.[106]

Assim, não cabendo a definição de fundo de investimento aos veículos de riqueza soberana, o FMI houve por bem aclarar o conceito afirmando que tais "fundos do governo de propósito especial", ditos fundos soberanos, parecem se encaixar, com maior facilidade, em uma classificação de instituição financeira cativa, dada a natureza de suas responsabilidades – certamente mais tênues que as de uma instituição financeira, mas com a qual guarda semelhança. Isso porque um fundo, ou uma instituição cativa, é aquela que obtém seus recursos e presta serviços somente a um proprietário.

Ora, os fundos soberanos, ao menos até o presente momento, e eventual confirmação da abertura do Seatown Holdings para investidores privados, desempenham suas atividades no interesse exclusivo de seus Estados-proprietários, que não possuem sócios com quem partilham as cotas desses veículos. Essa característica faz com que Mezzacapo afirme, com fundamento no artigo 4º da diretriz da União Europeia, *Markets in Financial Instruments Directive 2004*,[107] que os fundos soberanos têm natureza de firmas de investimento, funcionando em benefício único de Estado patrocinador e prestando um ou mais serviços de investimento e atividades; em especial, a administração de portfólio. Vêm à baila, em suporte a esse argumento,

---

[105] A Anbima representa as instituições que atuam nos mercados financeiros e de capitais. São mais de 340 instituições, dentre bancos comerciais, múltiplos e de investimento, *asset managements*, corretoras, distribuidoras de valores mobiliários e consultores de investimento. Atuando como agente regulador privado, a Anbima criou e supervisiona o cumprimento das regras de seus *Códigos de regulação e melhores práticas*, atuando conjuntamente com as instituições públicas brasileiras para regular as atividades das entidades que atuam nos mercados financeiros e de capitais. (ASSOCIAÇÃO BRASILEIRA DAS ENTIDADES DOS MERCADOS FINANCEIRO E DE CAPITAIS [*Home*]). Disponível em: <http://www.anbima.com.br/_aanbima/>. Acesso em: 26 dez. 2011.

[106] ALVES, Soraya. *Fundos de investimento*: histórico e natureza jurídica. Rio de Janeiro: Anbima, 2011.

[107] MARKETS IN FINANCIAL INSTRUMENTS DIRECTIVE. *Definitions*. Disponível em: <http://www.markets-in-financial-instruments-directive.com/Article4.htm>. Acesso em: 28 out. 2011.

as considerações do Banco Central Europeu de que, nitidamente, no que tange ao estilo de investimento, os fundos soberanos são de todo comparáveis aos modernos gestores de ativos privados.[108]

Posto isso, vale destacar que a forma legal pela qual os fundos soberanos são estabelecidos difere muito de um país para outro. No entanto, uma pesquisa realizada pelo FMI, quando da elaboração dos *Princípios de Santiago*, revelou que aproximadamente metade dos fundos soberanos no mundo é estabelecida como entidade legal separada do Estado ou do banco central, tendo personalidade jurídica estabelecida por lei constitutiva específica ou sob as vestes de uma corporação privada instituída pela lei societária pertinente. Por sua vez, a outra metade dos fundos, conquanto muitos também sejam regulamentados por lei constitutiva específica, não é estabelecida como entidade legal separada do Estado, pertencendo, ao contrário, ao conjunto de ativos de propriedade do governo, geralmente controlada pelo Ministério das Finanças ou por órgão similar do governo – *v.g.*, Ministério da Fazenda, no caso do Fundo Soberano o Brasil – e gerido, operacionalmente, por uma de suas agências ou pelo banco central.[109]

Considerando-se, dessa feita, a miríade de formas jurídicas sob as quais os fundos soberanos podem se constituir, nota-se que a expressão "fundos soberanos" ou "fundo de riqueza soberana" designa um amplo leque de entidades de investimento governamentais de propósito especial, as quais, de acordo com a classificação do Citibank, encontram-se em um espaço delimitado entre os bancos centrais/autoridades monetárias e as empresas estatais, não se confundindo, contudo, com nenhuma dessas entidades.[110]

Com efeito, nenhum fundo soberano é perfeitamente idêntico a outro: cada qual é diferente em tamanho, idade, estrutura, meio de financiamento, governança, objetivos, perfis de risco, horizontes de investimento, ativos sob gestão, entre outras características, formando uma categoria não homogênea de agentes investidores atuantes nos mercados globais, segundo recorda, com toda propriedade, a State Street.[111]

Existe, portanto, um quadro de grande variedade de objetivos e de características dos fundos, a ponto de ser possível afirmar, como fazem

---

[108] MEZZACAPO, 2009, p. 11.
[109] INTERNATIONAL WORKING GROUP OF SOVEREIGN WEALTH FUNDS. *Current Institutional and Operational Practices*, p. 11-12, Sep. 2008.
[110] CITI, 2008 apud MEZZACAPO, 2009, p. 91.
[111] STATE STREET, apud MEZZACAPO, 2009, p. 12.

Carlos Eduardo Carvalho e Ângela Tepassê, que cada caso está vinculado às necessidades de cada país em um contexto específico. Esse é um enfoque adequado para a análise da criação do Fundo Soberano do Brasil, sublinham os autores, de maneira que as referências a outros países são relevantes e devem ser estudadas, com o objetivo maior, contudo, de situar as possibilidades e restrições que iniciativas desse tipo apresentam.[112]

---

[112] CARVALHO; TEPASSÊ, 2008, p. 2.

4
O Fundo Soberano do Brasil

4.1. Antecedentes

O Ministério da Fazenda, órgão ao qual o FSB se vincula por lei, elencou, à época de sua criação, as condições fáticas que o justificavam, a saber: (a) nível de reservas internacionais e posição credora do País, considerando-se a perspectiva de exploração das reservas petrolíferas derivadas da recém--descoberta camada do pré-sal, o forte fluxo de entrada de recursos externos no País e a situação da dívida externa líquida brasileira que, segundo dados de março de 2008, era negativa em R$ 15 bilhões; (b) política fiscal consistente, consubstanciada em um resultado nominal superavitário, levando-se em conta que o superávit nominal havia atingido 0,45% do PIB no primeiro trimestre de 2008, e o déficit nominal em doze meses era o menor, desde o início da série (1,64% do PIB); e (c) o grau de investimento[113] concedido ao País pelas principais agências de classificação de risco.[114]

---

[113] A agência Standard & Poors foi a primeira a conceder o título de grau de investimento ao Brasil, em 30 de abril de 2008. Em 29 de maio do mesmo ano, foi a vez da Fitch's consignar que investir no País era seguro para os investidores internacionais. A Moody's, por seu turno, concedeu o título ao Brasil em 22 de setembro de 2009. O Brasil também é considerado na categoria de Investment Grade pela canadense Dominion Bond Rating Service, e pelas japonesas Rating and Investment Information e Japan Credit Rating Agency (TESOURO NACIONAL. *Brazil becomes investment grade by Moody's*). Disponível em: <http://www.tesouro.fazenda.gov.br/english/hp/downloads/Nota_Investment_Grade.pdf>. Acesso em: 27 dez. 2011.
[114] BRASIL. Ministério da Fazenda. *Fundo Soberano do Brasil (FSB)*. 2008. Disponível em: <http://www.fazenda.gov.br/portugues/documentos/2008/maio/a130508.pdf>. Acesso em: 28 out. 2011.

Não há como negar que o Brasil vivia uma situação excepcional, em termos econômicos, na época em que se tomou a decisão política da criação de seu fundo soberano. Nesse sentido, destacam-se fatores determinantes, como a notável melhora na estrutura do endividamento do setor público e a condução responsável das políticas monetária e fiscal do País nos últimos anos. Além disso, a agência de *rating* Moody's também destacou a ótima *performance* brasileira durante a crise econômica de 2007-2008, registrando que a turbulência no mercado foi capaz de revelar o fortalecimento estrutural do País nos anos pregressos, fazendo-o resistir solidamente aos testes impostos pela crise. O Brasil, dentre os países que sofreram com a recessão em razão da crise, foi o que demonstrou o maior índice de crescimento do PIB no segundo bimestre de 2009 – em comparação com o primeiro.[115]

Embora a economia nacional apresentasse bom estado, a criação do FSB foi questionada como opção de política macroeconômica, porque, entre outros motivos, reservas elevadas só significariam verdadeira riqueza se fossem o resultado de preços elevados das *commodities* de propriedade do governo ou de resultado nominal positivo no balanço de pagamentos.[116]

Já em 2007, a proposta apresentada pelo governo de criação de um fundo soberano foi recebida com desconfiança e críticas, consoante recordam Carlos Eduardo Carvalho e Ângela Cristina Tepassê, ligadas a restrições decorrentes da posição cambial e fiscal do país, tidas como pouco favoráveis à iniciativa. A confirmação das vultosas reservas na camada do pré-sal contribuiu para ampliar a dimensão fiscal da polêmica, envolvendo a destinação dos recursos a serem obtidos pelo setor público, recordam os autores.[117]

No mesmo sentido, especialistas como Gustavo Loyola já alertavam contra a criação de um fundo soberano brasileiro, afirmando que:

> Tudo indica que se trata de uma péssima ideia que trará desnecessários e graves riscos nas órbitas fiscal, monetária e cambial, sem atender os melhores interesses das empresas brasileiras [...] ocorre que há circunstâncias específicas, principalmente no campo fiscal, que desaconselham o estabelecimento

---

[115] Ibid., passim.
[116] TAVARES, Flávio L. et al. *Fundo Soberano do Brasil, Fundo Fiscal de Investimento e Estabilização (PL 3.674/2008)*. Brasília: Biblioteca Digital da Câmara dos Deputados; Consultoria de Orçamento e Fiscalização Financeira Câmara dos Deputados, 2008. p. 7.
[117] CARVALHO; TEPASSÊ, 2008, p. 1.

de um fundo de tal natureza no Brasil, sem contar com o fato de que os objetivos colimados pelo governo se afiguram distintos daqueles perseguidos pela maioria dos países que se utilizam desse tipo de veículo para investimento de parte de suas reservas em moeda estrangeira [...] Ora, o pressuposto basilar para a criação dos fundos soberanos, qualquer que seja seu enquadramento na classificação acima, é que seus recursos sejam originários de superávits fiscais, não sendo condição suficiente apenas a existência de superávit no balanço de pagamentos. No caso do Brasil, ao contrário, há uma situação de déficit nominal com uma ainda elevada relação entre a dívida pública total e o PIB. Nesse contexto, os recursos (em reais) para a compra de moeda estrangeira para o fundo soberano terão necessariamente como contrapartida a emissão adicional de dívida pública. [...] Por causa disso, o fundo soberano tornar-se-ia em mais um empecilho à queda das taxas reais de juros no Brasil, que continuam sendo das mais elevadas no mundo. O Banco Central teria menor grau de liberdade na condução da política monetária, tendo em vista os limites impostos pelo grande tamanho relativo da dívida pública. Assim, ao contrário do que pensa o governo, as empresas brasileiras estariam mais bem atendidas com a queda sustentável dos juros reais do que com a proliferação de mecanismos de crédito estatal a juros favorecidos, como o pretendido fundo soberano.[118]

O fato, todavia, é que a sinalização do Governo Federal não foi de todo uníssona, de tal sorte que não se sabia ao certo a qual finalidade exata seria destinado o fundo soberano pátrio a ser criado. Loyola, por exemplo, entendeu que o objetivo do fundo, tal como estava sendo divulgado no final de 2007, era gerar recursos para aquisição, no exterior, por meio do BNDES, de obrigações de empresas brasileiras que estivessem investindo fora do Brasil, o que o encaixaria, *mutatis mutandi*, na categoria dos fundos de desenvolvimento, segundo classificação do FMI.[119]

No mesmo período, o Ministro da Fazenda, Guido Mantega, em entrevista ao periódico *Financial Times*, declarou que o Brasil almejava a criação de seu fundo soberano para facilitar a intervenção no mercado cambial, a fim de reduzir a oferta de dólares no mercado doméstico e evitar a apreciação demasiada do real.[120]

---

[118] LOYOLA, 2007, passim.
[119] Ibid., passim.
[120] ANDERSON, 2009, p. 82.

Mais adiante, em maio de 2008, Mantega reiterou a necessidade de criação de um veículo soberano nacional, cujos recursos seriam usados para intervir no mercado cambial, acrescendo, no entanto, que o fundo soberano também auxiliaria a competitividade das empresas nacionais no mercado externo, bem como serviria para aliviar os períodos de crise econômica. O foco do governo no uso do fundo para a contenção da apreciação da moeda brasileira deu causa imediata a críticas. Nesse sentido, Claudio Loser, ex-diretor do FMI para o Departamento do Hemisfério Ocidental, sugeriu que a criação do FSB era, na verdade, uma forma velada de subsidiar as empresas nacionais, à revelia das melhores práticas comerciais, afirmando, além disso, que tal propósito colidiria frontalmente com toda a filosofia que orienta os fundos soberanos no mundo, notadamente quanto a seus objetivos de diversificação de risco. [121]

A proposta de criar o Fundo Soberano do Brasil, recordam Carlos Eduardo Carvalho e Ângela Tepassê, surgiu com o desconforto gerado pelos baixos rendimentos das elevadas reservas externas acumuladas nos anos precedentes, aplicadas em sua maioria em títulos do governo dos EUA, enquanto o Tesouro e o setor produtivo pagavam juros muito altos em reais, acrescendo-se a isso o escopo de redução na oferta de dólares no mercado interno, de maneira a conter a valorização cambial. Na origem da proposta, portanto, "havia objetivos de natureza macroeconômica, aos quais foram acoplados objetivos de política de desenvolvimento, com o anúncio de que recursos do fundo seriam destinados à internacionalização e ao financiamento externo de empresas brasileiras". [122]

Esse interesse em aumentar as receitas dos recursos, considerando os juros reduzidos pagos pelos títulos dos EUA e os rendimentos maiores obtidos no mercado de capitais internacionais, seria, na opinião de Serrano apud Carvalho e Tepassê, uma reprodução do que sempre foi praticado pelos próprios EUA. Assim:

> Com a captação de recursos de curto prazo em títulos de Tesouro de curto prazo, e a aplicação em IED e em títulos longos e em ações em outros países, o rendimento excepcional daí decorrente constitui o chamado "privilégio exorbitante" de que goza o país emissor da moeda mundial. **A diversificação da carteira dos fundos soberanos seria a forma de outros países desfruta-**

---

[121] Id., p. 82.
[122] CARVALHO; TEPASSÊ, 2008, p. 2.

rem de parte dos altos rendimentos oferecidos nos mercados mundiais nos últimos anos. [grifo nosso] [123]

A Exposição de Motivos do Projeto de Lei nº 3.674/2008,[124] de todo modo, revelou os benefícios que o governo considerou quando da criação do seu fundo soberano de riqueza, a saber: (a) possibilidade de diversificar as aplicações do País em ativos em moeda estrangeira no exterior; (b) obtenção de maiores rendimentos nas aplicações de recursos em moeda estrangeira; (c) estabilização de receitas fiscais; (d) mitigação dos efeitos de eventuais excessos de divisas sobre a taxa de câmbio, a dívida pública e a inflação; e (e) maior transparência na gestão de reservas internacionais.[125]

O FSB foi, então, como destacam Flávio Tavares, José Tavares e Márcia Moura,[126] visto como solução para as questões resultantes da acumulação excessiva de reservas internacionais, com efeitos indesejados sobre a taxa de câmbio e a competitividade internacional dos produtos brasileiros, principalmente após sucessivos superávits na balança comercial, ingresso significativo de capitais estrangeiros e redução dos passivos em moeda estrangeira. De fato, as reservas internacionais brasileiras evoluíram de US$ 52 bilhões, em média, em 2003-2005, para US$ 85,8 bilhões em 2006, US$ 180,3 bilhões em 2007 (todos em fim de período), e US$ 200,8 bilhões em fim de junho de 2008. Assim, lembram os citados autores que, não obstante as intervenções pontuais do Banco Central, o processo de valorização cambial, que teve início em 2003, conduziu o dólar a R$ 1,56, em 1º de agosto de 2008.[127]

---

[123] Ibid., 2008, p. 10.
[124] BRASIL. *Projeto de Lei 3674/2008*. Cria o Fundo Soberano do Brasil – FSB, dispõe sobre sua estrutura, fontes de recursos e aplicações, e dá outras providências. *DOU*, Brasília, 3 jul. 2008b.
[125] TAVARES et al., 2008, p. 7.
[126] Ibid., 2008, p. 6.
[127] TAVARES et al., 2008, p. 6, sugerem que o governo brasileiro acelerou a criação do Fundo Soberano do Brasil em razão da importância da atuação desses veículos contra a chamada doença holandesa, e explicam, *in verbis*: "Na Holanda, entre os anos [19]70 e 80, o aumento do preço internacional do gás fez disparar as receitas com suas exportações, apreciando o florim, moeda da época, e derrubando a produção dos demais bens batavos. A expressão 'doença holandesa' designa então a associação entre o vigoroso influxo de capitais externos, principalmente pela exportação de recursos naturais, e a apreciação da moeda local, tornando

A citada Exposição de Motivos sublinhou, com efeito, que os sucessivos superávits no balanço de pagamentos contribuíram para a redução da vulnerabilidade externa do País, o que se traduziu, por exemplo, na melhoria dos indicadores que refletem o risco-país. No entanto, o texto também ponderou que tais circunstâncias trazem desafios à gestão da política macroeconômica, especialmente no que diz respeito aos efeitos sobre a taxa de câmbio e a competitividade internacional.

Além disso, o Ministro da Fazenda, em sua exposição, considerou que:

[...] observando as melhores práticas, a gestão das reservas internacionais do Brasil obedece a direcionamento que prioriza liquidez e segurança dos ativos, trabalhando com aplicações mais conservadoras, de menor risco [...] contudo, a atual situação externa brasileira permite afirmar que parte do volume de divisas poderia ser eficientemente canalizada para a aplicação em ativos no exterior, bem como no fomento a investimentos estratégicos no exterior prestando, assim, maiores serviços aos interesses nacionais.[128]

A reflexão foi concluída no sentido de que as circunstâncias econômicas justificavam a criação do fundo soberano brasileiro, principalmente ante os fatos ressaltados acima, a saber: no setor externo, o País havia se fortalecido, caminhando para uma posição de credor líquido internacional; no quesito fiscal, igualmente, o Brasil se mostrava no bom rumo, haja vista a geração de superávits primários que permitiram a constante redução da dívida líquida do setor público; o resultado nominal positivo do primeiro trimestre de 2008 confirmava os compromissos com uma política econômica responsável e sustentada; e, finalmente, a elevação do Brasil à condição de grau de investimento, que pavimentaria um ambiente propício aos investimentos e ao crescimento econômico.

Destarte, o Governo Federal imprimiu velocidade à criação do FSB, considerando também, como o fazem Tavares et al., que os fundos soberanos são vistos como ferramentas das economias emergentes para estampar sua importância e representatividade no palco financeiro global.[129]

---

a indústria interna menos competitiva com relação às importações, chegando ao ponto de promover o processo de desindustrialização".
[128] BRASIL, 2008b.
[129] TAVARES et al., 2008, p. 4.

No entanto, a crise econômica deflagrada no final de setembro de 2008 mudou o enfoque de uma série de questões e enfraqueceu sobremaneira a necessidade da urgência defendida por muitos na criação do veículo soberano brasileiro.[130] Isso porque, como argumentado em Carvalho e Tepassê:

> As oscilações no mercado de câmbio provocaram forte e surpreendente desvalorização do real [...] o cenário externo passou a incorporar um grau de risco bem maior, e, portanto, recomendando a manutenção de reservas externas líquidas também em nível mais elevado. A revisão de expectativas fortaleceu a tese de que o fundo é inadequado porque o volume de reservas externas líquidas não é suficiente para oferecer proteção ao país e permitir aplicações em ativos de maturação longa e menor liquidez [...] Além disso, a crise alterou a profundidade de preços e as expectativas de retorno dos ativos a que poderiam se destinar os recursos do fundo, como se verifica com a busca de segurança nos títulos do Tesouro dos EUA, o que enfraquece muito a tese de que o fundo poderia remunerar melhor os recursos do país.[131]

Não obstante, foi nesse contexto de crise internacional que o Projeto de Lei nº 3.674/2008 se transformou na Lei ordinária nº 11.887/2008,[132] que criou o FSB. Cuida-se de texto sucinto e despido da clareza recomendada frente à importância da matéria. Convinha, no caso, uma normatização exaustiva, que expusesse objetivamente e livre de dúvidas as principais questões que circundam o fundo de riqueza soberana nacional. Por derradeiro, mercê de dúvidas quanto aos propósitos do veículo soberano brasileiro, como as levantadas por Gustavo Loyola, aprovou-se um amplo espectro de objetivos para suas atividades, como vastas também foram as fontes de recursos previstas e as alternativas de aplicações nos mercados financeiros doméstico e internacional.[133]

---

[130] CARVALHO; TEPASSÊ, 2008, p. 15.
[131] Ibid.
[132] BRASIL. Lei nº 11.887, de 24 de dezembro de 2008. Cria o Fundo Soberano do Brasil – FSB, dispõe sobre sua estrutura, fontes de recursos e aplicações e dá outras providências. *DOU*, Brasília, 2008a.
[133] TAVARES et al., 2008, p. 7.

4.2. A criação do Fundo Soberano do Brasil (Lei nº 11.887/2008)

O Fundo Soberano do Brasil entrou em vigor em 24 de dezembro de 2008, pela Lei Federal nº 11.887, que dispõe sobre sua estrutura, fontes de recursos e aplicações, além de outras providências. Essa norma legal vinculou, em seu artigo 1º, expressamente, o FSB ao Ministério da Fazenda.

O aporte inicial ao recém-criado FSB foi realizado em 30 de dezembro de 2008, por intermédio da emissão de 10.201.373 (dez milhões, duzentos e um mil, trezentos e setenta e três) títulos de emissão do Tesouro Nacional, totalizando R$ 14.243.999.592,36 (quatorze bilhões, duzentos e quarenta e três milhões, novecentos e noventa e nove mil, quinhentos e noventa e dois reais e trinta e seis centavos), a preço de mercado, conforme disposto na Portaria do Tesouro Nacional nº 736, de 30 de dezembro de 2008.[134]

O artigo 1º da lei criadora definiu quatro objetivos para o FSB, que se faz mister reiterar, a saber: (a) a promoção de investimentos em ativos no Brasil e no exterior; (b) a formação de poupança pública; (c) a mitigação dos efeitos dos ciclos econômicos; e (d) o fomento a projetos de interesse estratégico do País localizados no exterior. Frise-se que os recursos do FSB deverão ser utilizados exclusivamente para investimentos e inversões financeiras nas finalidades previstas no artigo 1º, delas jamais podendo se desviar, sob pena de ilegalidade, consoante artigo 2º, *caput*.

Conforme se sublinhou, amplos foram os objetivos estabelecidos pelo legislador para a atuação do FSB, o que faz com que esse se encaixe, em teoria, em diversas categorias de fundos soberanos estabelecidas pela doutrina. Tudo indica que foi precisamente essa a intenção do ente estatal na criação do fundo soberano; ou seja, de não limitar, em princípio, as suas finalidades, quer para manter as opções em mesa para melhor atender ao interesse coletivo no evolver da realidade econômica brasileira e mundial, quer porque realmente não se sabia, ao certo, qual seria a finalidade precípua do Fundo, o que explicaria as sinalizações desconexas emitidas anteriormente à sua criação.

Levou-se em conta, evidentemente, a perspectiva de exploração do reservatório de petróleo na camada do pré-sal – fator determinante, consoante se viu, na criação do FSB – cujas receitas chegaram a ser estimadas pelas autoridades econômicas do país em até R$ 300 bilhões para o ano

---

[134] TESOURO NACIONAL. *Fundo Soberano do Brasil*. Brasília, 2010. Disponível em: <http://www.stn.fazenda.gov.br/fundo_soberano/index.asp>. Acesso em: 26 dez. 2011.

de 2013, em um cenário econômico favorável, o que tornaria o Fundo um verdadeiro instrumento de poder em mãos do Estado brasileiro para a consecução de seus propósitos de política pública. O FSB se classificaria, então, na categoria dos fundos de *commodities*,[135] que derivam seus recursos da exportação de matéria-prima pertencente ao Estado ou de *royalties* pagos por empresas em razão das vendas de tais ativos.[136]

Essa análise precipitada, que resultou na ideia, no mínimo inexata – porquanto não foram sopesados os efeitos de uma possível e acentuada desaceleração econômica mundial, tal como se verificou, o que resultou na paralisação dos investimentos destinados à extração nas reservas inicalmente demarcadas – de uma prosperidade nacional iminente, decorrente das receitas advindas do pré-sal, estimulou, decerto, a decisão de estabelecer o FSB, com fundamento nos motivos já estudados por Griffith e Ocampo, a saber: (a) a substituição de riqueza, consubstanciada na transformação do petróleo brasileiro em ativos financeiros; (b) os superávits permanentes; ou seja, os valores excedentes em conta corrente que a situação de bonança econômica providenciaria, com a exportação à rédea solta da matéria-prima; (c) o fator anticíclico, de modo a absorver superávits na conta corrente e/ou a alta nos preços das *commodities* e servir aos momentos de incerteza ou turbulência econômica; e (d) o quesito do seguro, associado à redução de riscos futuros que poderia afligir a economia nacional.[137]

A despeito das receitas previstas no pré-sal não terem se viabilizado conforme se esperava, prosseguiu-se, de toda forma, com o FSB, aproveitando-se dos outros fatores apontados como propícios à sua imediata construção. Este fato fez com que o Fundo Soberano do Brasil se tornasse, essencialmente, um fundo *non*-commodity, porquanto independente das receitas advindas da exploração de recursos naturais brasileiros. É esta, portanto, a classificação do FSB de acordo com o *Sovereign Wealth Funds* Insitute.[138]

A primeira meta legal do Fundo consubstanciou-se na promoção de investimentos no Brasil e no exterior. Ora, há que se admitir que, bastava essa finalidade expressa, para abarcar, força de sua generalidade, prati-

---

[135] TAVARES et al., 2008, p. 7.
[136] Vide Capítulo 2 – Fundos soberanos: conceito e natureza.
[137] GRIFFITH, 2008, p. 3.
[138] SOVEREIGN WEALTH FUNDS INSTITUTE. Disponível em: ww.swfinstitute.org/swfs/sovereign-fund-of-brazil/ Acesso em. 25 de setembro de 2013

camente todos os demais propósitos do fundo soberano. Com efeito, a amplitude de escopo parece permitir ao veículo soberano as mais variadas atividades em suas operações em favor do interesse coletivo.

Assim, também se considera o FSB em linha com a classificação proposta pelo FMI,[139] como um fundo de investimento de reservas, qual entidade legal separada das autoridades monetárias do País e administrada de forma independente dessas, com o escopo, esclarece Loyola, de reduzir o custo de carregamento das reservas internacionais, por meio da diversificação da aplicação da moeda estrangeira para categorias mais rentáveis de ativos.[140] Ademais, o vasto espectro de atuações, que podem se relacionar com o propósito de promover investimentos em ativos no Brasil e no exterior, faz com que o Fundo integre também a categoria dos fundos de desenvolvimento, os quais são organizados para atingir diversos objetivos sociais e econômicos, por meio da alocação de recursos para projetos prioritários.[141]

O segundo objetivo expresso do FSB é a alocação de poupança pública, o que o transporta, também, à categoria dos fundos de poupança. Tal escopo é característica marcante dos fundos baseados em *commodities*, de sorte que acumulam riqueza nas épocas de amplas receitas advindas da exportação de certa matéria-prima para distribuí-la, posteriormente, às gerações futuras. O objetivo precípuo dos fundos de poupança, portanto, como lembra Gustavo Loyola, com fundamento na classificação já exposta do FMI, é a transferência de riqueza entre gerações, principalmente quando essa riqueza se fundamenta em recursos não renováveis,[142] como é o caso do petróleo oriundo da camada do pré-sal, qual matéria finita, cuja comercialização espera-se que robusteça o fundo soberano pátrio. Nota-se, assim, que se conferiu ao FSB roupagem típica, no que toca aos seus objetivos, de um fundo de *commodities*, à espera, decerto, das receitas futuras da exploração do pré-sal.

Propósito importante na atuação do Fundo Soberano do Brasil é, também, sua função anticíclica, que o texto legal denomina de mitigação dos efeitos dos ciclos econômicos. Tal característica é típica dos fundos denominados de estabilização da economia doméstica, em regra fundados em

---

[139] Vide Capítulo 2 – Fundos soberanos: conceito e natureza.
[140] LOYOLA, 2007, passim.
[141] Ibid., passim.
[142] Ibid., passim.

commodities, acumulando ativos nos tempos de amplas receitas, a fim de se preparar para os períodos de crise. O caráter anticíclico dos fundos soberanos é largamente aclamado, em nível internacional, como uma das principais qualidades que fundamentam sua existência, pelo que socorrem o mercado em momentos de dificuldade econômica, provendo a liquidez necessária para sobreviver às crises.

A natureza anticíclica dos fundos soberanos evidenciou-se, com maior saliência, na crise de 2007-2008. Com efeito, com a piora do quadro econômico mundial, muitos veículos soberanos recuaram de sua proeminente atuação internacional, de maneira a se concentrar no auxílio às companhias e instituições financeiras domésticas. Desempenhar um papel ativo na economia doméstica nos momentos de crise, isto é, cumprir uma função anticíclica, inclui tomar medidas como a provisão de liquidez a bancos e companhias no País, a recapitalização de instituições financeiras domésticas, o investimento no mercado de ações nacional, e o financiamento do déficit no orçamento ou dos pacotes de estímulos fiscais.[143]

Desse modo, durante a já citada crise financeira, as injeções de capital dos fundos soberanos nas principais instituições ocidentais em dificuldade foram vistas como estabilizadoras dos mercados financeiros das economias industriais, sendo recebidas com satisfação e até mesmo incentivadas. Nesse período, reporta-se que os fundos soberanos investiram cerca de US$ 80 bilhões nos setores financeiros norte-americano e europeu, o que representou, segundo dados do FMI, aproximadamente 50% do total de investimento soberano para o ano de 2008.[144]

Os elementos anticíclicos constam nas finalidades de muitos fundos soberanos no mundo. No Chile, por exemplo, já em 2001, editou-se norma a fim de permitir ao governo poupar nas épocas de fartura, quando recebe receitas significativas da exportação do cobre, de modo a evitar a necessidade de aperto fiscal drástico durante os momentos de piora no quadro econômico, estabilizando, portanto, o crescimento dos gastos públicos ao longo do tempo, independentemente de eventuais flutuações nas recei-

---

[143] Lu, Yinquiu et al. From reserves accumulation to Sovereign Wealth Fund: policy and macrofinancial considerations. In: DAS, Udaibir et al. *Economics of Sovereign Wealth Funds*: issues for policymakers. Washington, DC: International Monetary Fund, 2010. p. 19.

[144] KOZACK, Julie et al. The macroeconomic impact of Sovereign Wealth Funds. In: DAS, Udaibir et al. *Economics of Sovereign Wealth Funds*: issues for Policymakers. Washington, DC: International Monetary Fund, 2010. p. 193.

tas do Estado causadas por movimentos cíclicos, oscilações no preço do cobre e outras variáveis que determinam a receita fiscal.[145] O fundo soberano chileno, Social and Economic Stabilization Fund, de estabilização da economia, foi fundado em 1985, para se capitalizar com as exportações de cobre e conta com ativos atuais na ordem de US$ 28.1 bilhões.[146]

Dessa forma, financiar o orçamento do país é o objetivo de grande parte dos fundos que possuem o mandato de estabilização da economia doméstica, de modo que seus ativos sejam resgatados nos períodos de recessão. É o que se verifica no caso brasileiro, ao se prever a função anticíclica do FSB como um dos seus objetivos legais e, por expressa disposição do artigo 5º da Lei nº 11.887/2008, informar que os recursos decorrentes de resgates do Fundo atenderão exclusivamente a essa finalidade e serão destinados conforme disposto na lei orçamentária anual.

Ademais, as políticas de investimento de muitos veículos soberanos impõem o investimento de parte dos seus ativos no mercado interno, como ocorre com o australiano Australia's Future Fund e o fundo do estado norte-americano do Alaska, o Alaska Permanent Fund Corporation.[147] Veda-se, todavia, por disposição taxativa do artigo 5º, parágrafo 2º, da Lei nº 11.887/2008, no caso do FSB, a vinculação, de qualquer modo, dos recursos decorrentes de resgates para atender à sua finalidade anticíclica, bem como sua aplicação em despesas obrigatórias e de caráter continuado. Também os recursos do FSB, quando integralizados no Fundo Fiscal de Investimento e Estabilização (FFIE), podem, quando o interesse coletivo demandar, ter como destino o mercado interno, para lograr seus efeitos anticíclicos.

Yinquiu Lu et al. observam, contudo, que há que se ter atenção no uso dos fundos soberanos para necessidades de liquidez, especialmente em moeda estrangeira, haja vista que essa é tipicamente função das reservas externas oficiais do país. De forma que, chamadas de capitais frequentes podem obstacularizar o fundo soberano na busca de seus objetivos no longo prazo e forçá-lo a deter ativos sempre com um elevado grau de liquidez. Nos casos em que determinado fundo soberano tiver que prover suporte à

---

[145] PARRADO, Eric. Managing Chile's SWFs beyond the global financial crisis. In: DAS, Udaibir et al. *Economics of Sovereign Wealth Funds*: issues for Policymakers. Washington, DC: International Monetary Fund, 2010. p. 262.
[146] SOVEREIGN WEALTH FUNDS INSTITUTE. [*Fund Rankings*]. 2011.
[147] Ibid., passim.

economia na forma de liquidez, deve ser praticada uma política de investimento transparente e balizada por regras e procedimentos publicamente divulgados, de maneira a resguardar o valor dos ativos do Fundo.[148] Nessa linha, no que atine ao escopo anticíclico do FSB, reza o parágrafo 1º, do artigo 5º, da Lei nº 11.887/2008 que, para a sua consecução, o Conselho Deliberativo do FSB elaborará parecer técnico demonstrando a pertinência do resgate ante o cenário macroeconômico vigente, o que demonstra o compromisso do Fundo brasileiro com as melhores práticas.

Posto isso, é natural, em um contexto de crise financeira global, que os fundos soberanos sejam convocados para empregar internamente parte de seus ativos acumulados, em apoio à economia interna. É o que ocorreu, notadamente, durante o citado período de crise deflagrada no final de 2007. Rozanov recorda que, ainda que muitas das medidas anticíclicas empregadas, durante a crise, pelos fundos soberanos tenham tomado forma de estímulos fiscais e financiamento do orçamento público, os fundos, em muitas oportunidades, foram instruídos, por seus proprietários, a investir diretamente nos mercados e instituições domésticas, o que, em muitos casos, requereu mudanças em suas políticas de investimento e nas regras relativas aos seus ativos-alvo. Em certos casos, como na Irlanda, foi necessária até mesmo uma mudança legislativa, que permitiu o uso de aproximadamente US$ 9.1 bilhões do National Pension Reserve Fund para a recapitalização dos bancos nacionais.[149]

Também o francês FSI foi anunciado, em 2008, pelo presidente Sarkozy, como uma arma de combate à crise financeira, capitalizado em aproximadamente US$ 26 bilhões, a fim de suportar, durante a crise, as companhias nacionais de pequeno e médio porte e aquelas consideradas de importância estratégica. O Kuwait Invesment Authority, por sua vez, repatriou parte dos seus ativos externos e os depositou em instituições financeiras domésticas, para prové-las com liquidez. Igualmente, no Cazaquistão, cerca de US$ 10 bilhões foram resgatados do National Fund of Kazakhstan para a implantação de uma série de medidas estabilizadoras nos mercados, o que incluiu a compra de ações dos bancos locais e a aquisição de créditos imobiliários. Na Rússia, Vladimir Putin também determinou que parte da riqueza do National Wealth Fund (NWF) fosse investida, durante o

---

[148] Lu et al., 2010, p. 20.
[149] Rozanov, 2010, p. 252.

período de crise, na bolsa de valores local. Outros exemplos florescem, como os casos de Quatar, Arábia Saudita, Nova Zelândia, Coreia e Emirados Árabes Unidos.[150]

A natureza anticíclica do Fundo Soberano do Brasil explicaria, em teoria, por exemplo, a razão pela qual o Governo Federal houve por bem resgatar, em 31 de dezembro de 2012, R$ 12,4 bilhões de recursos do FSB, que estavam depositados no Fundo Fiscal de Investimentos e Estabilização (FFIE), do qual o FSB é cotista único. A citada operação de resgate, que consumiu a maior parte dos recursos do FFIE e reduziu na época o patrimônio do FSB para R$ 2.85 bilhões, foi uma ação do Governo para reforçar o superávit primário – a economia feita para pagar as despesas com juros da dívida pública -, aumentado suas receitas de sorte a cumprir a meta fiscal pretendida. A medida, contudo, foi reportada por parte da mídia nacional como uma gigantesca manobra contábil-financeira para garantir o superávit primário à revelia da credibilidade da política fiscal do país.[151]

O derradeiro objetivo legal do FSB, previsto no artigo 1º, *caput*, da Lei nº 11.887/2008, é o fomento a projetos de interesse estratégico do País localizados no exterior. Com essa finalidade legal, o FSB adquire feições também de um fundo soberano de desenvolvimento, estruturado para atingir diversos objetivos sociais e econômicos, por meio do apoio financeiro a projetos com finalidade socioeconômica estratégica ou da promoção de políticas industriais específicas.

Em contraste com a finalidade de mitigar os efeitos dos ciclos econômicos, o escopo de fomentar projetos de interesse estratégico do País revela, consoante explica Loyola, forte natureza pró-cíclica, porquanto financiaria empresas privadas até mesmo em momentos de alta liquidez internacional, desde que sejam projetos localizados no exterior e de interesse estratégico.[152] Esse aspecto desenvolvimentista do Fundo Soberano do Brasil é claramente o que mais tem suscitado preocupações, no sentido de ser o veículo pátrio usado indevidamente por motivações de alegado interesse político-estratégico, em prejuízo de seus recursos e para a concessão de privilégios indesejados, em detrimento, até mesmo, de sua perpetuidade como instrumento de peso para a promoção das políticas públicas.

---

[150] Ibid., 2010, p. 257.
[151] FERNANDES. Adriana. Governo faz manobra para levantar R$ 16 bi e cumprir meta fiscal de 2012. *O Estado de S. Paulo*, 3 de jan. 2013.
[152] LOYOLA, 2007.

Ademais, com o advento da crise financeira internacional de 2008 e o decorrente desaquecimento econômico que o mundo vivencia desde então, notadamente nos países do bloco europeu, discute-se sobre a alegada necessidade de constituir o fundo como instrumento de apoio às empresas no exterior. Conforme argumentado por Carvalho e Tepassê, as ações do BNDES e do Banco Central do Brasil, havidas diante o agravamento da crise, demonstram que o país já dispõe de instrumentos e recursos para atender a demandas dessa natureza.[153]

É amplamente difundida, contudo, no meio acadêmico, a noção de que o investimento direto no exterior, por meio da internacionalização das atividades de companhias nacionais, auxiliando-as a se "multinacionalizar", de sorte a se tornarem competitivas no mercado externo, é uma das alavancas que propulsionam o desenvolvimento interno da nação. Cita-se, nesse passo, Coutinho, Hiratuka, Sabbatini, entre outros.[154] Foi esse, sem dúvida, o espírito da norma que determinou ser escopo do FSB a promoção de projetos estratégicos do País localizados no exterior.

Ao cabo do quanto se expôs, e, em linha com a classificação proposta pelo FMI, o FSB pode ser identificado, concomitantemente, como um fundo soberano de poupança, de investimento, de reserva de investimento e de desenvolvimento, o que revela sua natureza dinâmica, aberta e flexível, de molde a permitir a acomodação de múltiplas políticas de investimento, para o atendimento de uma série de propósitos públicos. Com efeito, o único grupo, entre aqueles elencados pelo FMI, a que o veículo soberano nacional parece não se integrar é ao dos fundos de pensão de reserva; pois não há qualquer referência, no texto da lei, à finalidade do custeio de passivos previdenciários futuros.

De outra banda, o artigo 2º da Lei nº 11.887/2008 dispõe que os recursos do FSB serão utilizados exclusivamente para o investimento em suas finalidades legais, sob as seguintes formas: (a) aquisição de ativos financeiros externos: (i) mediante aplicação em depósitos especiais remunerados em instituição financeira federal; ou, (ii) diretamente, pelo Ministério da Fazenda ou; (b) por meio da integralização de cotas do FFIE. O dispositivo legal é taxativo, significando que os recursos do FSB não poderão, em hipótese alguma, ter utilização diversa daquelas previstas no artigo 1º, *caput*, da

---

[153] CARVALHO; TEPASSÊ, 2008.)
[154] TAVARES et al., 2008, p. 16.

Lei nº 11.887/2008, quedando-se inelutavelmente adstritos aos seus objetivos legais, e que qualquer investimento que não seja a aquisição de ativos financeiros externos deve, forçosamente, ser realizado por meio do FFIE.

Dito isso, o parágrafo 4º, do artigo 2º, dispõe que os ativos decorrentes de aquisições diretas pelo Ministério da Fazenda – portanto, ativos financeiros externos –, quando se referirem a ativos de renda fixa e de renda variável internacionais, permanecerão custodiados em instituição financeira federal no exterior, em contas específicas, abertas diretamente em nome do FSB, e, em se tratando de moeda estrangeira, deverão igualmente ser depositados em instituição financeira federal no exterior, até a realização do investimento necessário ao cumprimento de suas finalidades.

Entretanto, esse comando normativo também prevê, em seu parágrafo 2º, que as despesas relativas à operacionalização do FSB serão por ele custeadas. Essa disposição, de todo compreensiva, especialmente ante a elevada quantidade de recursos à disposição do Fundo, gera para ele uma espécie de autossustentabilidade, de modo a permitir que, a partir da dotação inicial que lhe foi consignada – sem prejuízo a adicionais fontes futuras de recursos –, possa trabalhar com certa independência patrimonial, uma vez que seus ativos são os responsáveis pela manutenção de sua operacionalidade. É esse formato também, naturalmente, que rege o Fundo Fiscal de Investimento e Estabilização, consoante art. 23 de seu regulamento, que versa acerca dos encargos incidentes sobre suas operações, entre os quais figuram taxas, impostos e demais contribuições federais, estaduais e municipais, além de despesas de toda sorte relacionadas às suas atividades (*v. g.*, registro, impressões, expedições de documentos), honorários advocatícios, pagamentos de auditores, comissões, entre outros.

Versa o artigo 4º, da Lei nº 11.887/2008, essencialmente sobre os bens que poderão constituir o FSB, tendo o fundo pátrio autorização, em síntese, para receber recursos das seguintes fontes: (a) do Tesouro Nacional, correspondentes às dotações que lhe forem consignadas no orçamento anual, inclusive aquelas decorrentes da emissão de títulos de dívida pública; (b) de ações de sociedade de economia mista federal, excedentes ao necessário para a manutenção de seu controle pela União ou outros direitos com valor patrimonial; (c) de resultados de aplicações financeiras à sua conta; e (d) de títulos da dívida pública mobiliária federal, ficando a União autorizada a emiti-los, a valor de mercado, sob a forma de colocação direta em favor do FSB (artigo 4º, parágrafo 2º) ou a resgatá-los, antecipadamente, quando lhe aprouver, também a valor de mercado, na forma do parágrafo 3º do artigo em comento.

A União também está autorizada, por força da Medida Provisória nº 513, de 2010,[155] que incluiu os parágrafos 4º e 5º ao artigo 4º da lei em questão, a permutar com o FSB ativos de renda fixa, no que se incluem os títulos da Dívida Pública Mobiliária Federal, e de renda variável e moeda estrangeira, a valor de mercado ou observada a equivalência econômica, sendo certo que os ativos de renda fixa ou variável domésticos, recebidos diretamente pelo FSB, deverão permanecer custodiados em contas específicas, abertas diretamente em seu nome, em instituição financeira federal. A autorização legal de permuta conferida à União se estende, também, em sua relação, inclusive por meio do FSB, ao FFIE, consoante parágrafo 7º, do artigo 7º da Lei nº 11.887/2008.

Em homenagem à transparência e à ampla divulgação, a Lei nº 11.887/2008 estabelece, em seu artigo 9º, que as demonstrações contábeis e os resultados das aplicações do FSB serão elaborados e apurados semestralmente, nos termos previstos pela Secretaria do Tesouro Nacional (STN).[156] Determina-se, além disso, que o Ministério da Fazenda encaminhe, trimestralmente, ao Congresso Nacional, relatório de desempenho dos ativos investidos (artigo 10º).

O artigo 7º da Lei nº 11.887/2008 tem pronunciada importância no contexto do FSB, haja vista que é o comando normativo que dá origem ao FFIE, veículo essencial para as atividades de administração dos recursos soberanos, do qual se cuidará adiante com maior profundidade. Cumpre, todavia, neste ponto, ressaltar que é o FFIE fundo de natureza privada, dotado de patrimônio próprio separado do patrimônio da União – sua cotista exclusiva – e sujeito a direitos e obrigações próprias. Ademais, é o FFIE o único veículo que detém a incumbência legal de realizar, por conta e ordem da União, em favor do FSB, os investimentos em ativos no Brasil e em ativos não financeiros no exterior, porquanto ao FSB a citada lei somente faculta a aquisição de ativos financeiros externos, nos termos do seu artigo 2º e incisos.

O Fundo Soberano do Brasil registrou em 2013 US$ 5.3 bilhões de ativos, o que o coloca na quadragésima quinta colocação entre os maiores fundos soberanos do mundo, tomados quanto ao tamanho dos seus ati-

---

[155] BRASIL. Medida provisória nº 513, de 26 de novembro de 2010. **DOU**, Brasília, 26 nov. 2010.
[156] BRASIL, 2008.

vos sob gestão. No quesito da transparência, o FSB recebe uma excpecional nota nove, pelo índice de Linaburg Maduell [157], do *Sovereign Wealth Funds Institute,* [158] o que revela uma estrutura clara, um arcabouço jurídico e de governança compreensível e a disposição de se proceder à divulgação pública das matérias que concernem o veículo soberano nacional, notadamente aquelas relativas aos seus ativos e investimentos, os quais, por serem oriundos de recursos públicos, devem estar sempre sujeitos ao escrutínio popular.

4.3. A regulamentação do Fundo Soberano do Brasil

A Lei nº 11.887/2008, que trouxe à luz o FSB, previa, já em seu artigo 3º, que o Fundo seria regulamentado por decreto que estabeleceria, inclusive: (a) diretrizes de aplicação, fixando critérios e níveis de rentabilidade e de risco; (b) diretrizes de gestão administrativa, orçamentária e financeira; (c) regras de supervisão prudencial, respeitadas as melhores práticas internacionais; e (d) outros dispositivos visando o adequado funcionamento do fundo.

O Decreto nº 7.055 veio à tona em 28 de dezembro de 2009,[159] regulamentando o FSB e dando outras providências. Esse ato normativo delegou à Secretaria do Tesouro Nacional do Ministério da Fazenda (STN) as seguintes obrigações: (a) realizar as operações, praticar os atos que se relacionem com o objeto do FSB e exercer os direitos inerentes aos bens e direitos integrantes do Fundo, podendo adquirir e alienar títulos dele integrantes, observados os dispositivos legais e estatutários e as determinações do CDFSB; e (b) assessorar o CDFSB e o Ministro da Fazenda nos assuntos relacionados à operação do FSB, prestando-lhe as informações solicitadas.

Na prática, isso significa que a compete à STN a administração cotidiana dos recursos do FSB. Nessa administração, a STN deverá agir de forma judiciosa e na defesa exclusiva dos direitos e interesses da União, conforme mandamento do artigo 2º, parágrafo único, do citado decreto.

---

[157] Índice de transparência, baseado em uma pontuação de 0 a 10, desenvolvido por Carl Linaburg e Michael Maduell, cofundadores do Sovereign Wealth Funds Institute.
[158] SOVEREIGN WEALTH FUNDS INSTITUTE, 2013. Disponível em: ww.swfinstitute.org/swfs/sovereign-fund-of-brazil/ Acesso em: 25 de setembro de 2013.
[159] BRASIL, 2009.

Deve-se destacar, contudo, que, desde a publicação do Decreto nº 6.764, de 10 de fevereiro de 2009, a Secretaria do Tesouro Nacional já era formalmente responsável pela gestão do FSB, pela coordenação da administração do FFIE, de que trata a Lei nº 11.887, de 2008, e por apoiar o CDFSB, de que trata o artigo 6º dessa lei.[160] Todavia, posteriormente, o citado decreto foi revogado em sua totalidade.

Destarte, coube ao Decreto nº 7.055/2009 redefinir as responsabilidades da STN na condução da administração do FSB. As balizas referentes à rentabilidade das aplicações do FSB vêm previstas no artigo 3º do decreto e ditam, entre outras referências, que suas aplicações serão realizadas por instrumentos financeiros emitidos por entidades que detenham grau de investimento atribuído, por, no mínimo, duas agências de risco (inciso III).

Esse ato legislativo estabelece também normas de controle e transparência a serem observadas na condução dos assuntos do Fundo. Assim é, por exemplo, que o FSB terá suas contas auditadas pelos órgãos de controle da administração pública federal (artigo 5º); suas demonstrações financeiras divulgadas semestralmente contendo notas explicativas sobre o valor de mercado de seus ativos, informações sobre os gastos com a taxa de administração do Fundo, seus percentuais em relação ao patrimônio líquido médio semestral e informações sobre as despesas relativas à sua operacionalização (artigo 7º, I, II, III).

A Secretaria do Tesouro Nacional é também responsável, consoante o artigo 8º do decreto regulamentador, pela elaboração semestral do relatório de administração do FSB, que deverá conter elementos de informação com a descrição pormenorizada das operações realizadas, o que inclui o detalhamento dos objetivos empregados, da quantidade investida e da origem dos recursos, das receitas auferidas, assim como da rentabilidade apurada no período. Outras responsabilidades da STN, no tocante ao relatório de administração que deve elaborar, incluem a prestação de informações acerca das diretrizes de investimentos aprovadas pelo CDFSB (inciso II), da rentabilidade nos últimos quatro semestres (inciso IV), da relação dos encargos debitados aos FSB (inciso V), bem como da elaboração de parecer sobre a conjuntura econômica do segmento do mercado financeiro em que se encontrarem as operações do FSB (inciso III, "a").

---

[160] TESOURO NACIONAL, 2010.

O relatório da administração referente ao 1º semestre de 2011, o mais recente disponível ao público, reúne dados importantes sobre o FSB. Assim, por exemplo, reporta-se que, durante o 1º semestre de 2011, os recursos do FSB permaneceram integralmente aplicados em cotas do FFIE que, por sua vez, manteve a alocação em ações do Banco do Brasil, da Petrobras e em operações compromissadas junto ao Banco Central do Brasil. O documento demonstra, ademais, que o FFIE encerrou o 1º semestre de 2011 com rentabilidade acumulada de −9,92% e valor dos ativos de R$ 16.902.469.826,92, em 30/06/2011, ante R$ 18.764.558.019,74, em 31/12/2010, o que significa que houve perda de riqueza soberana no período.[161] Não obstante, as ações constantes na carteira do FFIE renderam no período apurado pelo relatório, dividendos e juros sobre capital próprio no montante de R$ 288.624.240,64, que foram reinvestidos em operações compromissadas.[162]

4.4. O Conselho Deliberativo do Fundo Soberano do Brasil

Em 19 de fevereiro de 2010, por meio do Decreto nº 7.113, foi instituído o CDFSB. A figura de um conselho, como órgão supremo de decisão acerca dos investimentos dos fundos soberanos é marcante nos principais fundos soberanos do mundo.[163] Evidentemente, no entanto, diferem entre si os conselhos dos diversos fundo soberanos, cada qual com características específicas quanto à sua estrutura, suas deliberações, responsabilidades, bem como quanto à identidade e ao número de membros e demais competências relativas ao ofício.

No caso brasileiro, o CDFSB tem formação tríplice, que inclui o Ministro da Fazenda, o Ministro do Planejamento, Orçamento e Gestão e o Presidente do Banco Central do Brasil, conforme o artigo 2º do decreto em estudo. O Conselho tem as suas competências elencadas no artigo 3º, entre as quais merecem destaque as seguintes funções: (a) orientar a aplicação e o resgate dos recursos do FSB (inciso I); (b) aprovar projetos de interesse estratégico nacional (inciso III); (c) definir os limites de exposição das aplicações do FSB (inciso V); e (d) aprovar a contratação de agentes operadores do FSB, atendendo ao que prevê o parágrafo 2º do artigo 6º da Lei nº 11.887/2008, no sentido de que a União poderá, a critério do Conse-

---

[161] Vide discussão a respeito no Capítulo 6, item 6.2 – Mau uso da riqueza nacional.
[162] SECRETARIA DO TESOURO NACIONAL. *Fundo Soberano do Brasil – Relatório de administração e demonstrações financeiras*: 1º semestre de 2011. Brasília, 2011.
[163] Vide Capítulo 5.

lho Deliberativo, contratar instituições financeiras federais para atuarem como agentes operadores (inciso VII); aprovar o relatório de administração e as demonstrações financeiras do FSB (inciso X); e, aprovar, por unanimidade, o seu regimento interno (inciso XI).

Afora o dispositivo legal supracitado, que requer o voto favorável da unanimidade dos Conselheiros, para a aprovação do seu regimento interno, o CDFSB delibera, em regra, por meio de resoluções que dependerão da aprovação de pelo menos dois de seus membros, consoante artigo 4º do Decreto nº 7.113/2010. Trata-se, portanto, de decisões que demandam a aprovação por maioria simples de votos. No âmbito do processo de tomada de decisões, poderá o CDFSB instituir câmara consultiva técnica, composta por representantes dos Ministérios da Fazenda e do Planejamento, Orçamento e Gestão e do Banco Central do Brasil, com o objetivo de assessorar, discutir e propor resoluções pertinentes (artigo 6º). Desde sua criação, o CDFSB já aprovou cinco resoluções, que cuidaram da confirmação de seu regimento interno, das aplicações de recursos para as destinações previstas em lei, bem como da aprovação dos *Relatórios de administração e demonstrações financeiras do FSB*. A íntegra das resoluções está, de acordo com os ditames da transparência, disponível ao público.[164]

Portanto, o CDFSB é a autoridade máxima na gestão das riquezas do FSB, representando seu corpo dirigente, na forma da taxonomia proposta pelo FMI quando da elaboração dos *Princípios de Santiago*,[165] porque define a estratégia e as políticas direcionadas à consecução dos objetivos do fundo soberano, sendo o principal responsável por seu desempenho. A Secretaria do Tesouro Nacional, por sua vez, está em escala imediatamente abaixo, representando a administração do Fundo Soberano, ou seja, o órgão responsável por suas operações diárias, exercendo autoridade sobre as operações e os atos que se relacionem com o objeto do veículo soberano. Dessa forma, cabe à STN observar as determinações do CDFSB, nos moldes do artigo 2º, do Decreto nº 7.055/2009.

Assim é que, por exemplo, o *Relatório de administração e demonstrações financeiras*, referente ao 1º semestre de 2011, conduzido pela Secretaria do Tesouro Nacional, justifica a concentração dos ativos do FSB no FFIE, nos

---

[164] BRASIL. Decreto nº 7.113, de 19 de fevereiro de 2010. Institui o Conselho Deliberativo do Fundo Soberano do Brasil – CDFSB, e dá outras providências. *DOU*, Brasília, 22 fev. 2010.
[165] Vide Capítulo 7, item 7.3 – Quadro institucional e estrutura de governança.

seguintes termos: "não houve orientação do CDFSB no sentido de realocar recursos do FFIE para o FSB e, por essa razão, o Fundo Soberano continua a investir integralmente em cotas do FFIE",[166] o que bem evidencia a ordem de comando no seio da estrutura do FSB.

Em 2 de setembro de 2013 publicou-se no Diário Oficial da União uma regulamentação que institui a Câmara Consultiva Técnica do Fundo Soberano do Brasil e a Câmara de Planejamento de Investimentos, os quais deverão, em conjunto, assessorar o FSB. O Tesouro esclareceu, contudo, que a criação das duas citadas câmaras tem caráter operacional, completando a estrutura de governança do FSB. A Câmara Consultiva teria, portanto, função de assessoramento ao passo que a Câmara de Planejamento seria dotada de atribuição operacional.[167]

Entre as atribuições da Câmara Consultiva Técnica estão: manifestar-se previamente sobre a política de investimentos e suas revisões; sobre as propostas de investimentos; acompanhar a execução da política de investimentos; acompanhar o nível geral de exposição a riscos do Fundo, bem como a adequação de suas políticas de mitigação e sugerir ajustes na composição de carteiras efetivas. A Câmara Consultiva Técnica seria também responsável, no âmbito da política de competências do FSB, por garantir o alinhamento da estratégica executiva pelo Tesouro Nacional, gestor do Fundo, a quem cumpre executar a Política de Investimentos aprovada pelo Conselho Deliberativo. A Câmara de Planejamento de Investimentos, por sua vez, deverá assessorar o CDFSB e o ministro da Fazenda em assuntos relacionados à operação do Fundo Soberano.[168]

4.5. A submissão do Fundo Soberano do Brasil à Constituição Federal de 1988

O FSB é mais um instrumento de política econômica criado pelo Estado para atuar, como agente econômico, em área da titularidade do setor privado, de modo a buscar a concreção dos seus objetivos de política pública. Destina-se, logo, ao atendimento do interesse coletivo. Pertence, por conseguinte, o FSB, ao campo do Direito Econômico, cuja existência é afirmada,

---

[166] SECRETARIA DO TESOURO NACIONAL, 2011.
[167] Disponível em: http://epocanegocios.globo.com/Informacao/Acao/noticia/2013/09/duas-camaras-vao-assessorar-conselho-do-fundo-soberano.html. Acesso em 21 de setembro de 2013
[168] Idem. Ibid.

em sede constitucional, pelo artigo 24, I, da Constituição de 1988,[169] que o reconhece expressamente ao confirmar a competência da União, dos estados e do Distrito Federal para, concorrentemente, sobre ele legislarem.[170]

Trata-se, precisamente, de inovação do Direito Econômico, ramo do Direito que, segundo doutrina de Washington Peluso Albino de Souza, 1980, apud Eros Grau, 2010, é composto por um conjunto de normas de conteúdo econômico e tem por objeto regulamentar as medidas de política econômica referentes às relações e aos interesses individuais e coletivos, harmonizando-as com a ideologia adotada na ordem jurídica.[171] Destina-se, portanto, à instrumentalização, mediante ordenação jurídica, da política econômica do Estado.[172]

A Constituição de 1988 põe o Direito Econômico a serviço da conformação da ordem econômica, recorda Grau, porque "a ordenação normativa através do Direito Econômico viabiliza a fluente implementação de políticas públicas cuja realização constitui dever do Estado e direito reivindicável pela sociedade".[173] É nesse sentido que o legislador introduziu o FSB na realidade fática e jurídica nacional, a fim de que desempenhasse suas funções de política pública em benefício do interesse público.[174]

Ao mesmo tempo corolário e ferramenta desse Direito Econômico – desdobramento do citado artigo 24, I, e instrumento para materialização dos escopos públicos –, o FSB também se caracteriza por ter sido criado, entre outros motivos, para atender ao objetivo fundamental de garantir o

---

[169] BRASIL. Constituição da República Federativa do Brasil de 1988. *DOU*, Brasília, 5 out. 1988.
[170] GRAU, Eros R. *A ordem econômica na Constituição de 1988*. 14. ed. São Paulo: Malheiros, 2010. p. 150.
[171] GRAU, 2010, p. 152.
[172] Ibid., p. 153.
[173] Ibid., p. 263.
[174] Não se afirma aqui que o FSB seja o mais adequado – pois certamente não é o único – instrumento para a realização das políticas públicas para as quais foi criado e cuja reivindicação pela sociedade está constitucionalmente amparada. Este é tema para outra discussão, futura, quando o FSB estiver consolidado e seus resultados, no longo prazo, puderem ser aferidos e comparados às alternativas disponíveis. Dito isto, este ensaio apresenta elementos que autorizam a sustentação de argumentos a favor e contra o emprego dos fundos soberanos de modo geral, e do FSB em particular, para a administração da riqueza nacional. Não obstante, importa, aqui, ter o Fundo Soberano do Brasil como tradução normativa de instrumento de política econômica criado pelo Estado.

desenvolvimento nacional da República Federativa do Brasil, assim exposto no artigo 3º, II, da Lei Maior.

Garantir o desenvolvimento nacional, função para a qual se apresenta, supõe que o FSB deva não apenas contribuir para o crescimento econômico, mas, ainda na formulação de Eros Grau, também para a elevação do nível econômico e cultural-intelectual comunitário.

> Daí porque a noção de crescimento pode ser tomada apenas e tão somente como uma parcela da noção de desenvolvimento. O desenvolvimento, como já apontava Schumpeter, se realiza no surgimento de fenômenos econômicos *qualitativamente* novos – isto é, **de inovação** – consequentes à adoção de novas fontes de matéria-prima, de novas formas de tecnologia, de novas formas de administração [...] embora o dado econômico apareça como extremamente relevante em todos os conceitos de desenvolvimento, ainda assim é forçoso observar que *o conceito de desenvolvimento não é apenas econômico* [...] é inerente à ideia de desenvolvimento a de mudança; não apenas mudança econômica, mas, amplamente, sobretudo, mudança social [...] garantir o desenvolvimento nacional, portanto, é realizar políticas públicas cuja reivindicação, pela sociedade, encontra fundamentação neste artigo 3º, II. O papel que o Estado tem a desempenhar na perseguição da realização do desenvolvimento, na aliança que sela com o setor privado, é, de resto, primordial.[175] [grifo nosso]

É nesse diapasão que o Fundo se confirma como um instrumento econômico de inovação para o desenvolvimento quantitativo e qualitativo nacional. Ademais, é o aspecto qualitativo desse desenvolvimento que o orienta a almejar objetivos que não sejam exclusivamente econômicos,[176] conferindo ao seu administrador a faculdade de "adotar uma linha de *maior vantagem*"[177] para o interesse público, nas suas decisões de investimento. Vale dizer, trata-se, em uma acepção administra clássica, do poder discricionário de decidir, conforme os critérios de conveniência e oportunidade

---

[175] GRAU, 2010, p. 218.
[176] Sobre a atuação do FSB à revelia do lucro econômico se cuida adiante no item 4.6 – Natureza jurídica e personalidade. É importante considerar, neste momento, que o desenvolvimento meramente quantitativo, ou seja, o crescimento econômico, pura e simplesmente, compreende uma parcela – importante – da noção de desenvolvimento, mas não a única. Isso significa, todavia, tanto que não é possível falar em desenvolvimento sem crescimento econômico, quanto que o desenvolvimento sem o aspecto qualitativo é essencialmente incompleto.
[177] GRAU, 2010, p. 152.

– ou seja, segundo o mérito administrativo –, o melhor investimento que atenderá ao objetivo fundamental de garantir o desenvolvimento nacional. Não é por outra a razão que um dos escopos do FSB é fomentar projetos de interesse estratégico do País localizados no exterior. Leia-se, aí: estimular projetos estratégicos para o desenvolvimento quantitativo, mas, sobretudo, qualitativo, do País, de molde a se alçar à altura dos comandos previstos no artigo 3º, II, da CF. É matéria de somenos importância, frise-se, que tais projetos estratégicos estejam necessariamente localizados no exterior, porquanto também o desenvolvimento nacional é atingido por meio do incremento da capacitação e da competitividade internacional dos projetos e das empresas nacionais, com evidentes reflexos benéficos de ordem interna.

O FSB também se fundamenta no princípio da soberania nacional, o primeiro dos princípios enunciados pelo artigo 170, I, da Carta Magna, entre aqueles a serem observados, de modo que a ordem econômica realize sua finalidade de assegurar a todos existência digna, conforme os ditames da justiça social. A Constituição cogita, nessa hipótese, de *soberania nacional econômica*, como pontifica Eros Grau, que não supõe o isolamento econômico, mas, antes, pelo contrário, a modernização da economia – e da sociedade – e a ruptura de qualquer situação de dependência em relação às demais sociedades.[178] Dessa forma:

> Afirmar a *soberania econômica nacional* como instrumento para a realização do fim de assegurar a todos existência digna e como objetivo particular a ser alcançado é definir programa de políticas públicas voltadas à viabilização da sociedade nacional, em condições de igualdade, no mercado internacional. Ao contrário do que se tem sustentado, pois, essa afirmação conduz não ao isolamento econômico, porém precisamente àquela viabilização.[179]

Logo, o FSB se propõe a ser um novo instrumento de política pública apto a contribuir para a afirmação da soberania econômica nacional, que pressupõe igualdade às condições competitivas em nível internacional, em conformidade com o artigo 170, I, da Constituição de 1988. Não é outro o motivo pelo qual, entre seus diversos objetivos, encontram-se a promoção de investimentos no Brasil e no exterior e, particularmente, também

---

[178] Ibid., 2010, p. 230.
[179] Ibid., 2010, p. 234.

nessa hipótese, o fomento a projetos de interesse estratégico do País, localizados no exterior.

Ao emergir como arma para a inovação – e transformação – do Direito Econômico brasileiro, o FSB se posiciona, portanto, em reconhecimento ao citado artigo 3º da CF/1988, que fundamenta a reivindicação, pela sociedade, do direito a realização de políticas públicas que importam o fornecimento, pelo Estado, de prestações positivas à sociedade.[180] Essas prestações positivas restam consubstanciadas nas próprias finalidades legais do fundo soberano, cujas consequências de sua perseguição devem, necessariamente, redundar em favor da soberania econômica nacional e do desenvolvimento do País.

De outra banda, o artigo 173 da CF prescreve que, "[r]essalvados os casos previstos nesta Constituição, a exploração direta da atividade econômica pelo Estado só será permitida quando necessária aos imperativos da segurança nacional ou a relevante interesse coletivo, conforme definidos em lei". Dessa feita, apenas nas citadas hipóteses, e quando expressamente definida em lei, a exploração direta de atividade econômica em sentido estrito é admitida; isto é: (a) quando for necessária aos imperativos da segurança nacional; ou (b) em atenção a relevante interesse coletivo.

Ora, dúvidas não pairam de que o FSB pertence à administração direta do Estado, consoante se estenderá a respeito em breve trecho.[181] Cuida-se, desta forma, do Estado explorando diretamente a atividade econômica, sem o auxílio de intermediários para perseguir os objetivos de política pública. O respaldo constitucional está, por óbvio, no próprio artigo 173 da CF e a justificativa, mercê de questões de segurança nacional, não é outra que o relevante interesse coletivo, consubstanciado na consecução pelo governo dos objetivos legais do FSB, ou seja, a formação de poupança pública, as medidas anticíclicas, os investimentos em ativos no País e no estrangeiro e o fomento a projetos de interesse estratégico da nação– leia-se: de <u>relevante interesse coletivo</u>.

Nesse caso, a lei que definiu o relevante interesse coletivo – pois imprescindível sua presença esclarecedora, nos termos do referido artigo 173, *in fine* – foi a própria Lei Federal nº 11.887/2008, que deu origem ao insti-

---

[180] Ibid., 2010, p. 217.
[181] Vide item 4.6 – Natureza jurídica e personalidade.

tuto, e o interesse coletivo, reitere-se, resta consubstanciado nas próprias finalidades do FSB, previstas no artigo 1º, *caput*, da citada norma criadora.

A afirmação do relevante interesse coletivo deve ponderar uma série de princípios que guiam a Constituição, principalmente no tocante à ordem econômica.[182] A União assim o faz, no uso da competência a ela atribuída pelo artigo 24, I, da Carta Magna, com a criação do FSB, na expectativa de cumprir, direta ou indiretamente, determinados preceitos fundamentais para a República e para o regime democrático, entre os quais vale destacar: a sujeição da ordem econômica à soberania nacional (artigo 170); a garantia do desenvolvimento nacional como um dos objetivos fundamentais da República Federativa do Brasil (artigo 3º, II); a integração do mercado interno ao patrimônio nacional (artigo 219); a busca do pleno emprego (artigo 170, VII); a construção de uma sociedade livre, justa e solidária (artigo 3º, II) e, no limite, a própria dignidade da pessoa humana como fundamento da República Federativa do Brasil (artigo 1º, III) e como fim da ordem econômica (mundo do ser) (artigo 170, *caput*).[183]

Já se abordou, acima, o FSB como instrumento para a viabilização da soberania – econômica – nacional e para a garantia do desenvolvimento nacional. Todavia, consoante exposto, a atuação do fundo soberano nacional vai além, e deve buscar concreção, ainda que de maneira indireta, a princípios outros, igualmente previstos na Lei Maior. Assim, por exemplo, a integração do mercado interno ao patrimônio nacional é escopo do FSB, especialmente quando investe em ativos localizados no mercado doméstico, na medida em que a Constituição o toma como expressão da soberania econômica nacional, de maneira a viabilizar o desenvolvimento cultural e socioeconômico, o bem-estar da população e a autonomia tecnológica do País.[184]

Do mesmo modo, o FSB, em sua atuação, deve ter em conta, como diretriz, o imperativo constitucional do pleno emprego (artigo 170, VII). Isso significa que a política econômica da administração, na condução do FSB, deve necessariamente conduzir a investimentos que contribuam para a expansão das oportunidades de emprego, ou que, pelo menos, não a prejudique, sob pena de inconstitucionalidade. Assim recorda Grau, é a lição

---

[182] GRAU, 2010, p. 286.
[183] Ibid., 2010, p. 195.
[184] Ibid., 2010, p. 260.

de Celso Antônio Bandeira de Mello, para quem a política econômica que conduz, cientemente, à retração na oferta de emprego produtivo, implica frontal contradição à Constituição, uma vez que esta expressamente subordina a ordem econômica ao princípio do pleno emprego.[185]

É evidente, também, neste compasso, ora sob um ângulo generalista, que não se faculta ao veículo soberano brasileiro atuar em desafio a princípios como a construção de uma sociedade livre, justa e solidária (artigo 3º, II) e, especialmente, à dignidade da pessoa humana (artigo 1º, III), que é o próprio fim da ordem econômica,[186] de modo que assume pronunciada relevância, visto comprometer todo o exercício da atividade econômica com o programa de promoção da existência digna de que todos devem gozar.[187] Destarte, traça a Constituição princípios incontornáveis ao condutor do FSB, os quais, concomitantemente, justificam a sua existência e balizam o seu funcionamento.

Acentua-se, além disso, que, no caso do FSB, o interesse coletivo materializado por lei federal não somente autorizou sua criação, como determinou que sua exploração direta fosse empreendida pelo Estado em regime de monopólio. E, de fato, não poderia ser diferente, uma vez que não se concebe a existência de fundo soberano concorrente ao do Estado, já que somente este detém o poder da soberania, que se caracteriza por ser exclusiva, porque só o Estado a possui, conforme leciona Dalmo de Abreu Dallari, e una, pois, "seja ela poder incontrastável, ou poder de decisão em última instância sobre a atributividade das normas, é sempre poder superior a todos os demais que existam no Estado, não sendo concebível a convivência de mais de um poder superior no mesmo âmbito".[188]

Assim, em matéria de soberania, não se cogita que o FSB tenha concorrente dentro do seu território, ainda que se possa, eventualmente, questionar a exploração direta da atividade econômica, em regime de monopólio, conquanto assertiva desta natureza não mereça acolhida quando a exploração resultar efetivamente necessária a relevante interesse coletivo, conforme definido em lei[189] – como o caso do FSB. Trata-se, de fato, de

---

[185] MELLO, 2010 apud GRAU, 2010, p. 259.
[186] Art. 170, *caput*: "A ordem econômica, fundada na valorização do trabalho humano e na livre iniciativa, tem por fim assegurar a todos existência digna [...]" (BRASIL, 1988).
[187] GRAU, 2010, p. 198.
[188] DALLARI, Dalmo A. *Elementos da teoria geral do Estado*. 23. ed. São Paulo: Saraiva, 2002. p. 81.
[189] GRAU, 2010, p. 289-290.

instrumento único de Direito Econômico para a concreção do relevante interesse coletivo; como única também é a soberania do seu proprietário. Não há, todavia, impedimentos para o nascimento de mais de um fundo soberano pertencente ao Estado e no âmbito de sua soberania, desde que o relevante interesse coletivo reclame e a lei o prestigie.

Isso, naturalmente, não significa que o FSB não tenha concorrência soberana alhures (*v. g.*, outros fundos soberanos no mundo) e privada, nos mercados interno e externo. Ao contrário, em suas atividades diárias, o FSB encontrará a corriqueira concorrência dos mercados, à semelhança de qualquer outro investidor, em busca de seus objetivos. Veda-se, portanto, ao ente governamental fazer uso da força – econômica e política – do FSB para colocá-lo em posição de privilégio e, pois, desigualdade, *vis-à-vis* os demais agentes no mercado, porquanto o combate ao abuso do poder econômico, consubstanciado na dominação dos mercados, na eliminação da concorrência ou no aumento arbitrário dos lucros, é de rigor, nos termos do parágrafo 4º do artigo 173 da CF/1988.

Daí se entende porque a existência, *per se*, do FSB não ameaça direitos individuais fundamentais, notadamente aqueles concernentes à ordem econômica, como, por exemplo, a livre concorrência. De fato, criou-se, concomitantemente ao FSB, o FFIE, este expressamente de natureza privada, com independência patrimonial e sujeito a direitos e obrigações próprias, o que decerto facilitará a compreensão de sua atividade investidora. O FFIE, ademais, é o único que detém autorização legal para investir a riqueza soberana no mercado nacional – pois o FSB está adstrito, como se viu, à aquisição de ativos financeiros externos – nos termos do artigo 2º e incisos da Lei nº 11.887/2008, sendo regido por seu regulamento e pelas demais disposições legais e regulamentares aplicáveis aos fundos de investimento (artigo 1º do Regulamento do FFIE), o que o conforma aos princípios que norteiam a iniciativa privada na economia de mercado.

Em suma, pode-se afirmar que o intervencionismo econômico no mercado praticado pelo Estado brasileiro com a criação do FSB – fruto de relevante interesse coletivo definido em lei – não se faz contra o mercado, mas a seu favor, o que o distancia do dirigismo – este, sim, repudiado pela Constituição – consoante máxima de Tércio Sampaio Ferraz Júnior.[190] Essa intervenção encontra amparo constitucional, conforme se expôs, e representa, sobretudo, um "novo desenho do perfil assumido pelo Estado enquanto

---

[190] FERRAZ Júnior, 1989 apud GRAU, 2010, p. 187.

agente econômico", força das tensões entre interesses e de inúmeras motivações, no evolver da realidade[191] econômica nacional e mundial, na qual o Estado brasileiro procura ser protagonista.

4.6. Natureza jurídica e personalidade

À luz do ordenamento nacional, a natureza jurídica – afinidade que o instituto tem, em diversos pontos, com uma grande categoria jurídica, podendo nela ser incluído o título de classificação[192] – do FSB é de fundo especial de natureza contábil e financeira, revelando preponderante natureza de Direito Público relativamente ao ramo do direito ao qual se subordina.

Em primeiro lugar, cumpre notar que não há, no mundo – ao menos até o presente momento –, um fundo soberano sequer que contemple a efetiva participação de uma entidade privada em sua estrutura societária.[193] Também não encontra o FSB amparo legal para tanto, à luz do direito pátrio, o que acentua o regime jurídico de Direito Público ao qual é submetido. William Miracky e Victoria Barbary lembram, contudo, que muitos fundos soberanos, agindo com o objetivo de acelerar o desenvolvimento de sua economia local, ingressam em modelos de parcerias com companhias estrangeiras, para aportar o investimento em conhecimento e capital (financeiro e humano) a seus países.[194] Entretanto, isso, por óbvio, não significa que a empresa privada seja sócia do fundo soberano na estrutura de seu capital, mas, antes, somente parceira deste – ou sócia – em determinado(s) projeto(s), em que a união de seus esforços restou comumente decidida.

Já se acordou nos tribunais brasileiros que, para se caracterizar a natureza jurídica de um ente administrativo, é necessário estudar não a composição atual de seu capital, mas verificar se este pode conter contribuição de outras entidades privadas ou públicas não federais.[195] Assim, essa composição potencial seria o fator determinante de sua natureza, de modo que,

---

[191] GRAU, 2010, p. 291.
[192] DINIZ, Maria Helena. *Natureza jurídica*. 2001. Disponível em: <http://www.tvdoconselhotutelar.com.br/documentos/17_11_10/george/NATUREZA_JURIDICA_DO_CONSELHO_TUTELAR.pdf>. Acesso em: 27 nov. 2011.
[193] Há, no entanto, sinalização neste sentido, fruto das constantes transformações na realidade econômica e nos mercados mundiais. Vide Capítulo 5, item 5.5, Cingapura: Temasek Holdings e Government Investment Corporation.
[194] MIRACKY; BARBARY, 2010, p. 154.
[195] TRF-CNJ 1.200 (PE) – 17/06/1971 – RTFR, v. 31.

não podendo ter em seu capital a participação privada, há que se reconhecer a natureza de Direito Público do veículo soberano.

E, de fato, a iniciativa privada não tem autorização, à míngua de lei permissiva, para integrar o quadro societário do FSB. Cuida-se, em tela, da aplicação do princípio da legalidade no Direito Administrativo, tal qual previsto no artigo 37 da CF.[196] Tal postulado, diretriz fundamental da conduta dos agentes da Administração Pública, implica, segundo ensinamento de Celso Antônio Bandeira de Mello, a "subordinação completa do administrador à lei [...]", de maneira que "[...] todos os agentes públicos, desde o que lhe ocupe a cúspide até o mais modesto deles, devem ser instrumentos de fiel e dócil realização das finalidades normativas".[197] Assim, não há lei que permita ao Estado abrir parte do capital de seu fundo soberano à iniciativa privada, restando que esse será irremediavelmente público, em sua integralidade, em homenagem ao dito princípio da legalidade, que, na comparação de Hely Lopes Meirelles, faz com que, enquanto os indivíduos no campo privado podem fazer tudo o que a lei não veda, o administrador público só pode atuar onde a lei autoriza.[198]

Outro fator que aponta para a natureza jurídica de Direito Público do FSB diz respeito ao início de sua personalidade jurídica. Nesse sentido, pode-se considerar que, fosse o FSB pessoa jurídica de direito privado, sua existência legal começaria com a inscrição, no registro próprio, de seus contratos, atos constitutivos ou estatutos, a teor do que informa o artigo 45 do Código Civil Brasileiro. Ao contrário, para as pessoas jurídicas de Direito Público, a regra tem estreita conexão com o princípio da legalidade, visto que, sendo criadas por lei, têm o início de sua existência no mesmo momento em que se inicia a vigência da lei criadora.[199] É, portanto, com o início da vigência da lei criadora que tem início a personalidade jurídica do FSB.

O FSB, vinculado, de forma inextricável, ao Ministério da Fazenda, pertence, portanto, à administração direta, que, segundo recorda Carvalho Filho, é o conjunto de órgãos que integram as pessoas federativas aos

---

[196] Art. 37 da CF/1988: "A administração pública direta e indireta de qualquer dos poderes da União, dos Estados, do Distrito Federal e dos Municípios obedecerá aos princípios da legalidade, impessoalidade, moralidade, publicidade e eficiência [...]" (BRASIL, 1988).
[197] Mello apud Carvalho Filho, 2008, p. 17.
[198] Meirelles, 1998, p. 83.
[199] Ibid., p. 442.

quais foi atribuída a competência para o exercício, de forma centralizada, das atividades administrativas do Estado. Nas palavras de Madeira, isso significa que "a Administração Pública é, ao mesmo tempo, a titular e a executora do serviço público".[200] Nesse sentido, na esfera federal, a administração direta da União, no Poder Executivo, se compõe da Presidência da República e dos Ministérios, os quais, contam, em sua estrutura interna, com centenas de outros órgãos, como as secretarias, os conselhos, as inspetorias, os departamentos e as coordenadorias, entre outros, cabendo aos ministros auxiliar o Presidente da República na direção da administração, consoante artigo 84, II, da Carta Magna.[201]

De modo que, cuida-se, no caso em tela, do Estado executando seus objetivos de promover investimentos em ativos no Brasil e no exterior, formar poupança pública, mitigar os efeitos dos ciclos econômicos e fomentar projetos de interesse estratégico do País localizados no exterior, por intermédio do Ministério da Fazenda e, particularmente, do FSB.

Questão de grande complexidade diz respeito à personalidade jurídica do FSB. Ora, o legislador, não qualificou o tipo de personalidade jurídica que se atribui à figura do FSB, limitando-se a dizer que se trata de um fundo especial de natureza contábil e financeira, expressamente vinculado ao Ministério da Fazenda, nos termos do artigo 1º de sua lei criadora (artigo 1º da Lei nº 11.887/2008).

Diversamente, por exemplo, do que se fez com a Casa da Moeda do Brasil (CMB), a qual, por meio do Decreto nº 2.122/1997, que aprovou seu Estatuto, se declarou, no artigo 1º, que, a despeito de ser expressamente vinculada ao Ministério da Fazenda – como sói ocorrer com o FSB –, é uma empresa pública, dotada de personalidade jurídica de direito privado, com patrimônio próprio e autonomia administrativa,[202] no caso do FSB, não houve tal contemplação por parte do legislador pátrio.

Nessa senda, há que se considerar, em consonância com o princípio de hermenêutica jurídica, já presente nos cânones romanos, de que não se presume, na lei, palavras inúteis, que, se o legislador não conferiu ao FSB personalidade jurídica de direito privado, patrimônio próprio e/ou auto-

---

[200] MADEIRA, apud CARVALHO Filho, 2008, p. 426.
[201] CARVALHO Filho, José S. *Manual de direito administrativo*. 20. ed. Rio de Janeiro: Lumen Juris, 2008. p. 428.
[202] BRASIL. Decreto nº 2.122, de 13 de janeiro de 1997. Aprova o Estatuto Social da Casa da Moeda do Brasil (CMB). *DOU*, Brasília, 14 jan. 1997.

nomia administrativa, é porque, nitidamente, não o quis – quiçá em razão de sua eminente natureza estratégica para os interesses nacionais e, notadamente, da vultosa quantidade de recursos à sua disposição. Com efeito, à luz do citado provérbio *verba cum effectu, sunt accipienda*, todas as palavras contidas na lei têm força obrigatória e nenhum conteúdo da norma legal pode ser esquecido, ignorado ou tido como sem efeito, sem importância ou supérfluo, recorda Alberto Marques dos Santos.[203] Com efeito, devem-se compreender as palavras da lei como tendo alguma eficácia, segundo ensina Carlos Maximiliano.[204]

Destarte, difere expressamente o FSB do conjunto de entidades pertencentes à administração indireta do Estado – autarquias, empresas públicas, sociedades de economia mista e fundações públicas –, todas com personalidade jurídica firmadas em lei, conquanto também sejam vinculadas à administração direta.

Assim, por exemplo, no caso da autarquia, o Decreto-lei nº 200/1967 atribuiu-lhe personalidade jurídica, com patrimônio e receita própria, ao passo que o Código Civil, relacionando as pessoas jurídicas de Direito Público, inseriu, expressamente, as autarquias em seu elenco (artigo 41, IV). Nesse sentido, o Fundo Nacional de Desenvolvimento da Educação (FNDE) – fundo especial dotado de personalidade jurídica – é uma autarquia federal vinculada ao Ministério da Educação.[205] Já o Decreto-lei nº 900/69 também foi claro no tocante à natureza jurídica da empresa pública e da sociedade de economia mista, definindo a primeira como entidade dotada de personalidade jurídica de direito privado com patrimônio próprio e, a última como entidade dotada de personalidade jurídica de direito privado, cujas ações com direito a voto pertencem, em sua maioria, à União ou à entidade da administração indireta.

Lúcia Valle Figueiredo, baseando-se em Celso Antônio Bandeira de Mello, elenca, segundo Maimoni, as seguintes características básicas que, em regra, definem as pessoas de Direito Público: origem por vontade esta-

---

[203] SANTOS, Alberto Marques dos. *Regras científicas da hermenêutica*. Disponível em: <http://albertodossantos.wordpress.com/artigos-juridicos/regras-da-hermeneutica/>. Acesso em: 17 dez. 2012.
[204] MAXIMILIANO, 1993 apud SANTOS, 2011.
[205] FUNDO NACIONAL DE DESENVOLVIMENTO DA EDUCAÇÃO. *Missão e valores*. Brasília, 2009. Disponível em: <http://www.fnde.gov.br/index.php/inst-missao-e-objetivos>. Acesso em: 15 dez. 2011.

tal, pública, por meio de lei ou norma criadora equivalente expedida pelo ente governamental; ausência de liberdade na fixação ou modificação das finalidades – relacionada ao princípio da legalidade – e obrigação de cumprir seus objetivos definidos; fins não lucrativos; preponderância do interesse público, isto é, coletivo; impossibilidade de se extinguirem em razão de sua própria vontade; prerrogativas ditas autoritárias, típicas do poder público; imunidade tributária, foro privilegiado, prazos especiais nos processos judiciais; impenhorabilidade e imprescritibilidade dos seus bens e direitos.[206]

No entanto, as pessoas de direito privado se caracterizariam, em regra, pelos seguintes fatos: criação em razão de vontade particular; finalidade lucrativa e de interesse particular; liberdade para definir, alterar, continuar ou deixar de prosseguir seu objetivo estabelecido; liberdade para se extinguir; sujeição ao controle negativo do Estado ou à simples fiscalização; ausências das citadas prerrogativas inerentes às pessoas de Direito Público.[207]

Ante o exposto, saltam à vista as seguintes considerações: (a) o elo de vinculação do FSB com a administração é direto, desempenhando o Estado, nessa hipótese, atividade centralizada, diversamente do que ocorre com as demais entidades da administração indireta, para as quais o Estado delega a execução de certos ofícios de interesse público; e (b) o FSB tem subordinação ao regime de Direito Público, uma vez que são predominantemente presentes características elementares dessa natureza como, *inter alia*, criação por vontade do Estado, preponderância do interesse coletivo e ausência de liberdade no cumprimento dos seus objetivos, sujeitando-se à estrita legalidade. Assim é que, por exemplo, à STN cumpre agir, invariavelmente, no único e exclusivo benefício da União (artigo 2º, I e parágrafo único), o que pronuncia o caráter público do veículo soberano.

Além disso, o FSB encontra uma série de limitações de ordem pública, que o distinguem de outras figuras jurídicas de direito privado, como as sociedades e os fundos de investimento. É vedada, por exemplo, ao FSB, direta ou indiretamente, a concessão de garantias, nos termos do artigo 2º, parágrafo 1º, da Lei nº 11.887/2008, restrição impensável aos agentes da iniciativa privada.

---

[206] FIGUEIREDO, 1998, p. 115 apud MAIMONI, 2004.
[207] MAIMONI, 2004, passim.

Com efeito, ao criar o FSB, o Estado Legislador, ciente de sua importância em termos de escopo e valores, da singularidade do projeto, qual instrumento único na história do país, de sua repercussão nacional e mundial, e, sobretudo, atento ao interesse coletivo que tal veículo necessariamente atenderia – declarado em seus objetivos legais, o quis expressamente pertencente à seara de Direito Público, com os privilégios daí decorrentes, de maneira a atender diretamente aos anseios do ente governamental.

Dessa forma, o FSB revela-se como verdadeiro instrumento da consecução dos objetivos de política pública. Pergunta-se, no entanto, acerca da legitimidade de se utilizar tal fundo estatal para objetivos outros que não a maximização dos resultados econômicos decorrentes de suas aplicações. Ou seja: o FSB é instrumento de fomento de riqueza e maximização de retorno ou seria legítima sua utilização para outras finalidades, estando a lucratividade apenas alocada como meio para atingi-las? Tal indagação, bastante controversa, é extensiva, naturalmente, aos demais fundos soberanos no mundo.

Contudo, no caso do FSB, dada sua natureza jurídica de Direito Público, bem como a clareza do texto legal insculpido no ordenamento jurídico, a afirmativa é de rigor, de sorte a confirmar a legitimidade do emprego dos recursos do fundo para fins extraeconômicos, desde que relacionados com os objetivos legais do veículo soberano.

De modo que, nitidamente, tudo que seja relacionado à atuação do FSB deverá ser visto como meio para a consecução dos citados escopos de política pública. Isso implica, na prática, que, no confronto entre as diversas alternativas de investimento, o FSB deverá optar por aquela que melhor atender aos seus propósitos legais, mesmo que seja essa menos lucrativa. Incabível, no caso, salvo maior juízo, hermenêutica diversa.

É de se esperar, todavia, que, sendo essa a linha adotada – a escolha do investimento menos lucrativo como meio de melhor alcançar determinado objetivo de relevante interesse público, o ente governamental divulgue publicamente, em homenagem ao princípio constitucional da publicidade, os motivos que o levaram a preterir a racionalidade econômico-financeira. Esse postulado, consoante ensina Celso Antônio Bandeira de Mello, surge em decorrência da necessidade de transparência nos atos da Administração Pública, em razão de, *verbis*:

[...] exigência inderrogável da Democracia e do Estado Democrático de Direito, pelo qual se reconhece que o Poder emana do povo e em seu nome é exercido (artigo 1, parágrafo único, CF), uma vez que seria inadmissível sigilo que afastaria o cidadão de exercer o seu direito de fiscalização sobre a Administração Pública.[208]

Essa orientação vai ao encontro do que restou estabelecido pelo Princípio 19 dos *Princípios de Santiago,* a reconhecer que, não obstante o objetivo de maximização dos retornos financeiros seja a regra, os fundos soberanos podem excluir os critérios meramente econômicos e financeiros como as razões para suas decisões de investimento, desde que divulguem publicamente os motivos da exclusão. Isso porque a consecução do lucro é, claramente, um componente de primeira importância no fundo soberano, mas não o único, frise-se, a fazer parte de sua complexa engrenagem de utilidade pública.

O que parece injustificável, contudo, é a desconsideração completa do propósito econômico na aplicação dos recursos soberanos. Isso porque um eventual desapego à lucratividade pode representar verdadeiro obstáculo ao alcance dos objetivos legais do Fundo Soberano. Nesse sentido, difícil compreender como se poderia, *v. g.,* mitigar os efeitos de ciclos econômicos ou formar poupança pública com aplicações que geram prejuízo? Ao contrário, é evidente premissa dos citados objetivos a colheita do lucro, quer para gerar liquidez e fazer frente às intempéries cíclicas de natureza econômica, quer para amealhar recursos com vistas às gerações futuras. Tampouco é concebível a ideia de promover investimentos em ativos no Brasil e no exterior com a prévia aceitação do prejuízo ao erário. Negligenciar o lucro, nessas hipóteses, significaria real afronta ao princípio constitucional da eficiência, insculpido no artigo 37, *caput,* da Constituição de 1988, em virtude da Emenda Constitucional nº 19/1998. Tal postulado implica, nas palavras de Maria Sylvia Zanella di Pietro, que, relativamente à forma de atuação da administração e do agente público, espera-se o melhor desempenho possível de suas atribuições, a fim de obter os melhores resultados.[209] Demais disso, em xeque estariam, também, por razões óbvias, o interesse público e o reconhecido princípio de sua supremacia.

---

[208] MELLO, 2003, p. 104-105 apud MARRA, 2006, p. 196.
[209] DI PIETRO, 1998 apud LINDEMBERG, s.d.

Não fossem as razões acima expostas, suficientes, *per se*, para inviabilizar o desapego completo ao lucro nas atividades do FSB, desprendimento dessa natureza esbarraria, inevitavelmente, no artigo 3º do Decreto nº 7.055/2009, que regulamentou o FSB e previu taxativamente que as aplicações do fundo em ativos financeiros no exterior terão rentabilidade mínima equivalente à taxa Libor[210] (London Interbank Offered Rate) de seis meses (artigo 3º, I), ao passo que as aplicações em ativos financeiros no Brasil – conduzidas, necessariamente pelo FFIE, por força do artigo 2º e incisos da Lei nº 11.881/2008 – deverão ter rentabilidade mínima equivalente à Taxa de Juros de Longo Prazo (TJLP), fixada pelo Conselho Monetário Nacional.

Essa exigência de rentabilidade, contudo, parece ter acentuada natureza de princípio, de sorte a firmar valores, comandos, aos quais, na realidade, não se pode garantir cumprimento. Isso porque toda aplicação financeira envolve riscos, que podem, no limite, acarretar perda do próprio patrimônio investido. Ora, não é outra a razão pela qual o Regulamento do FFIE, a despeito da exigência legal de rentabilidade mínima equivalente à TJLP para as aplicações em ativos financeiros no Brasil, dispõe, em sua política de investimento, que o fundo se sujeita ao risco de perda substancial de seu patrimônio (artigo 7º, parágrafo 17º), e que sua rentabilidade é função do valor de mercado dos ativos que compõem sua carteira, que, portanto, apresentam alterações de preços, o que configura a possibilidade de ganhos, mas, também, de perdas. Dessa forma, "poderá haver perda do capital investido, não cabendo à Administradora nem ao Fundo Garantidor de Crédito – FGC, garantir qualquer rentabilidade ou o valor originalmente aplicado" (artigo 8º).[211]

Assim, cuida-se, no caso, do estabelecimento de índices de referência, pelo legislador, a fim de balizar as aplicações da riqueza soberana nacional, evitando, destarte, conceder a seu administrador uma margem decisória tão grande a ponto de se poder desviar completamente dos objetivos quantitativos do fundo; isto é, daqueles de ordem puramente econômica. Ao revés, está o administrador das riquezas do FSB, legalmente confinado ao cumprimento de uma expectativa de rentabilidade prevista na própria lei, que deverá, no mínimo, garantir a preservação – e a rentabilidade –

---

[210] Taxa de Londres usada mundialmente como referência nas operações interbancárias de crédito, equivalente à taxa CDI brasileira.
[211] BRASIL, 2009.

dos recursos necessários para atingir as metas que justificaram sua criação. Isso, contudo, parece ter natureza vinculativa somente na hipótese da efetiva transação dos ativos.

De maior complexidade, no entanto, é a questão relativa à finalidade de fomentar projetos de interesse estratégico do País localizados no exterior. Com efeito, aqui é possível cogitar uma posição de política pública que, deliberadamente, descure do aspecto lucrativo de determinado projeto, para privilegiar outros fatores de maior proeminência e interesse estratégico nacional, assim considerados pela administração, no uso de seu poder discricionário, como, *v. g.*, o fortalecimento de empresas nacionais no exterior com o avigoramento de suas atividades para aumentar a fatia de mercado que ocupa em seu segmento. Assim é que o próprio Ministério da Fazenda faz da internacionalização das empresas brasileiras um dos principais fundamentos do FSB, o que evidencia que tal propósito pode ser conduzido, ainda que à mercê do imediato lucro econômico-financeiro.[212]

A ideia não é aberrante, haja vista a importância, para o interesse público, de que empresas nacionais cresçam e ocupem posições de liderança em um mundo globalizado. Diversos são os países que incentivam suas indústrias e companhias em sua expansão internacional e, no caso brasileiro, não poderia ser diferente.[213] Importa, contudo, que, em algum momento, o patrocínio do FSB redunde em benefício econômico, pois, do contrário, estar-se-ia diante de desperdício de dinheiro público, em detrimento do interesse coletivo, e em afronta aos princípios da eficiência e da razoabilidade.

Em todo caso, cabe à STN e ao CDFSB realizar o controle interno, de modo que os atos que se relacionem com o objeto do FSB sejam pratica-

---

[212] TESOURO NACIONAL, 2010.

[213] Nos EUA, por exemplo, Eros Grau (2010, p. 235-236) recorda lei sancionada pelo presidente Ronald Reagan, em 1983, que proibiu a importação de certas motocicletas para proteger a norte-americana Harley Davidson das concorrentes japonesas. Além deste fato, ressalta a aliança do governo dos EUA com 13 (treze) empresas nacionais, entre as quais a IBM, visando o desenvolvimento e a produção de *chips* para computadores. Essa iniciativa, que resultou na constituição da Sematech, foi reivindicada pelo Centro de Tecnologia Política e Desenvolvimento do MIT, de molde a fortalecer os grandes grupos industriais norte-americanos. Conquanto tais exemplos não estejam diretamente relacionados ao fomento de projetos estratégicos localizados no exterior, não deixam, contudo, de exemplificar o estímulo concedido às empresas nacionais, favorecendo-as *vis-à-vis* seus concorrentes e, assim, contribuindo, ainda que indiretamente, para suas ambições internacionais.

dos e se orientem a aplicação e o resgate dos seus recursos, de maneira a cumprir seus objetivos. Externamente, toca ao Congresso Nacional, com o auxílio do Tribunal de Contas da União, realizar tal controle, por força do artigo 71 da CF[214] e, em última instância, ao próprio Poder Judiciário.

Nesse sentido, e em cumprimento à ordem constitucional prevista no artigo 70 da Carta Magna,[215] em maio de 2012, o Ministério da Fazenda e a Secretaria do Tesouro Nacional elaboraram o *Relatório de Gestão do exercício de 2010*, que foi apresentado aos órgãos de controle interno e externo como prestação de contas ordinárias anual.

No que atine ao controle judicial das operações do FSB, faz-se necessário, ainda que de passagem, resgatar as noções relativas ao poder discricionário do agente administrativo. Poder discricionário, nas palavras de Carvalho Filho, é a prerrogativa concedida aos agentes administrativos de elegerem, entre várias condutas possíveis, a que traduz maior conveniência e oportunidade para o interesse público. É sabido, nesse sentido, que não é permitido ao Judiciário substituir o juízo de valor do administrador pelo seu próprio, invadindo o mérito administrativo, em virtude do princípio da separação de poderes, previsto no artigo 2º da Carta Magna. Assim, é vedado ao Poder Judiciário compelir a tomada de decisão que entende, por exemplo, ser de maior grau de eficiência, ou controlar a conduta do administrador sob a mera alegação de que não a considerou razoável.[216]

É que o controle judicial, nessas hipóteses, sofre limitações e só pode incidir quando se tratar de comprovada ilegalidade, de maneira que fica a lição de Celso Antônio Bandeira de Mello, para quem a liberdade do administrador de escolher a melhor opção no atendimento ao interesse coletivo é "liberdade dentro da Lei, vale dizer, segundo as possibilidades nela comportadas", acrescentando que uma providência desarrazoada – ou flagrantemente ineficiente, *v. g.*, – "não pode ser havida como portada pela lei. Logo, é ilegal; é desbordante dos limites nela admitidos".[217]

---

[214] Art. 71. O controle externo, a cargo do Congresso Nacional, será exercido com o auxílio do Tribunal de Contas da União [...] (BRASIL, 1988).
[215] Art. 70. A fiscalização contábil, financeira, orçamentária, operacional e patrimonial da União e das entidades da administração direta e indireta, quanto à legalidade, legitimidade, economicidade, aplicação das subvenções e renúncia de receitas, será exercida pelo Congresso Nacional, mediante controle externo, e pelo sistema de controle interno de cada Poder (BRASIL, 1988).
[216] CARVALHO Filho, 2008.
[217] MELLO, 2010, p. 55.

No entanto, forçoso é convir que o desapego à lucratividade, por parte do FSB, à luz do direito pátrio, é tecnicamente possível, mesmo porque o conceito de lucro não consta expressamente no texto legal, em referência às atividades e aos objetivos do FSB. Vale dizer: a lei não o privilegia, de maneira explícita. Ao revés, encontra-se sobremodo em evidência a figura do interesse estratégico do País, que, por sua própria natureza, confere à administração, ou ao CDFSB, no caso, liberdade para escolher, dentre as oportunidades de investimento, aquela que considera melhor atender ao citado objetivo. O lucro, todavia, consoante se afirmou, não deixa de ser o principal e mais eficiente meio para que se alcancem os objetivos definidos na legislação pertinente ao FSB.

Frise-se, além disso, que descurar do aspecto lucrativo, principalmente em seus investimentos no exterior, considerados estratégicos para a Nação, revela-se possivelmente perigoso para a própria reputação do FSB e contraproducente *vis-à-vis* a realização de suas metas. Isso porque, o paradigma de que os fundos soberanos devam se ater à racionalidade econômico-financeira em seus investimentos é reconhecido internacionalmente, alçado, inclusive, em nível de princípio, como de crucial importância para tranquilizar as nações recipientes dos investimentos soberanos, de modo a se evitar a exacerbação do protecionismo e uma rejeição aos investimentos fundada na desconfiança quanto aos critérios adotados nas suas decisões, bem como no temor de motivações políticas. Convém, portanto, alertar aos condutores do FSB das possíveis consequências negativas de uma política desabrida na busca do interesse nacional, quer pela previsível reação dos países recipientes, quer pela reputação do Fundo Brasileiro.

A utilização do FSB – bem como de seu desdobramento legal, o FFIE –, portanto, para finalidades meramente políticas, ainda que remotamente relacionadas aos seus objetivos legais, é desaconselhada, conquanto nitidamente possível.[218]

Comparativamente, em sede internacional, o Fundo Soberano da Noruega, aclamado como o fundo soberano de grande porte com maior transparência no mundo, expressamente atua fundado não só em critérios

---

[218] Não se desconsidera, neste sentido, que, na prática, também em inúmeras oportunidades a Administração lança mão de suas empresas públicas e sociedades de economia mista, ambas pertencentes à disciplina do direito privado, para a acomodação de interesses políticos não diretamente relacionados aos seus objetivos legais predeterminados. Desnecessário dizer que não se trata da melhor técnica.

econômicos, mas, também, em função de razões políticas, consubstanciadas em diretrizes que o proíbem de realizar investimentos em companhias que, direta ou indiretamente, violam os direitos humanos, afrontam os direitos individuais em situações de guerra ou conflito, causam dano ao meio ambiente, praticam corrupção ou violam outras normas éticas consideradas fundamentais. Baluartes éticos tais fizeram, por exemplo, com que, em junho de 2006, o Fundo Soberano da Noruega anunciasse o desinvestimento na empresa norte-americana Walmart, em função de suas práticas trabalhistas apuradas no México, o que causou discussões acalentadas, notadamente por parte da diplomacia dos EUA, em relação à natureza política das ações do fundo nórdico.[219]

Isso não deixa de produzir certa ambiguidade, consoante ressalta Curzio, porquanto, se, por um lado, o fundo declara operar nos moldes de um perfeito investidor privado – e, nesse sentido, é amplamente considerado como referência mundial de atuação transparente –; por outro, ele, conscientemente, persegue objetivos políticos direcionados a projetar os valores noruegueses ao mundo. Assim, o caso norueguês demonstra que os veículos soberanos, ainda que absolutamente transparentes e organizados sobre os fundamentos dos investidores privados, estão sempre inclinados a um comportamento típico dos sujeitos políticos. Com efeito, ao procurar influenciar companhias, segmentos da economia e até mesmo países, pode-se argumentar que a administração do Fundo Soberano da Noruega é tão financeira quanto política – conquanto nitidamente com finalidades louváveis, à luz dos princípios humanos que guiam os povos esclarecidos.[220]

Não obstante, em linha com o argumento expedido acerca da necessidade de fundamentação dos motivos que orientam o investimento soberano, principalmente quando esses extrapolam a lógica precípua da rentabilidade econômico-financeira, é verdadeiramente imprescindível que, existindo outros motivos além dos financeiros, sejam esses publicamente divulgados, que, certamente, é o caso com o Fundo Norueguês. Inadmissível, dessa forma, é o segredo, a dissimulação, o obscurantismo, o uso dos recursos soberanos para uma finalidade velada, a pretexto de buscar o retorno econômico-financeiro e o interesse coletivo.

---

[219] TRUMAN, 2010, p. 42.
[220] CURZIO; MICELI, 2010, p. 95.

De volta ao FSB, cumpre consignar que o poder discricionário do seu administrador para promover os investimentos no Brasil e no exterior também não há de ser visto como um cheque em branco para sua intervenção no domínio econômico, em prejuízo dos agentes privados e do regular funcionamento dos mercados. Tratando-se de pessoa jurídica de Direito Público, com objetivos de interesse coletivo definidos em lei, o FSB está, naturalmente, em posição privilegiada frente aos demais investidores da iniciativa privada, principalmente ante a imensidade de recursos à sua disposição, os quais, diga-se, têm origem na contribuição dos próprios cidadãos. Assim, afrontaria a lógica e, sobretudo, a CF que o FSB utilizasse recursos oriundos do próprio povo/contribuinte, de quem todo poder emana, para prejudicá-los em sua condição de agentes livres no mercado.

Assim é, por exemplo, que a intervenção estatal na economia possui limites no princípio constitucional da liberdade de iniciativa, consoante já decidiu o Supremo Tribunal Federal, em relatório do Ministro Carlos Velloso.[221] De fato, os limites para a atuação do FSB se encontram na Constituição e nas normas infraconstitucionais, bem como em acordos internacionais.

Por fim, cabe uma interessante questão, qual seja: não seria o FSB um ente despersonalizado, isto é, desprovido de personalidade jurídica, tal como os fundos especiais? Os fundos especiais são instrumentos de desconcentração da administração, isto é, de repartição interna de competências dentro de uma pessoa jurídica de Direito Público, constituindo uma universalidade de receitas vinculadas a finalidades específicas, administradas pelos órgãos públicos indicados na lei e sujeitos ao controle externo do Tribunal de Contas de União (TCU). São, nas palavras de Torres, instrumentos meramente contábeis para a consecução de objetivos administrativos e políticos do Estado.[222] Certos fundos dessa espécie são criados por lei, como, *e. g.*, o Fundo Nacional da Criança e do Adolescente, instituído pela Lei nº 8.242/1991 regulamentada pelo Decreto nº 1.196/1994, que tem como receita, dentre outras fontes, o resultado de aplicações no mercado financeiro (artigo 6º da Lei nº 8.242/1991). Tal fundo é vinculado ao Conselho Nacional dos Direitos da Criança e do Adolescente.

---

[221] RE n 422942-DF, 2ª Turma, Rel. Min. Carlos Velloso, 21.5.2005 apud CARVALHO Filho, 2008.

[222] TORRES, Ricardo L. *Os fundos especiais*. São Paulo: ABMP. Disponível em: <http://www.abmp.org.br/textos/228.htm>. Acesso em: 27 dez. 2011.

Os fundos especiais têm como característica o fato de não estarem subordinados ao princípio de unidade da tesouraria, insculpido no artigo 56 da Lei nº 4.320/1964,[223] por isso seus recursos podem ser mantidos independentemente do caixa único do governo. Isso ocorre, no caso do FSB, por óbvio, na hipótese de seus recursos já estarem destinados às finalidades previstas no artigo 1º da Lei nº 11.887/2008, a teor do artigo 4º, parágrafo 1º da citada norma. Frise-se, todavia, que os recursos do FSB, enquanto não destinados às suas metas legais, permanecem depositados na Conta Única do Tesouro Nacional, o que o submete, de fato, ao princípio da unidade de tesouraria.

Ora, são inúmeras as semelhanças entre tais fundos especiais e o FSB e, de fato, parece merecer guarida a tese de que o FSB é desprovido de personalidade jurídica, ou seja, da qualidade jurídica que permite adquirir e exercer direitos e contrair obrigações, nas palavras de Marcello Caetano.[224]

Nesse passo, Bento José Bugarin, com amparo em Caio Tácito, descreve os fundos especiais de gestão como um hábil processo de gestão administrativa, que possibilita, com adequada flexibilidade e unidade programática, a manipulação de recursos em benefício do estímulo planejado à economia nacional. Anota, ainda, que tais entes, instituídos em lei, são dotados de caráter contábil e natureza financeira, com a atribuição de sua gestão a órgãos preexistentes na organização dos serviços públicos, isolados ou agrupados em organismos colegiados. Observa, por derradeiro, que se trata de um modelo de desconcentração, a liberar, em benefício de órgãos locais, certos poderes de decisão administrativa, sem, contudo, chegar à descentralização, cuja característica essencial é a outorga de personalidade jurídica ao ente administrativo.[225]

Vale salientar que o FSB não realiza contratos, não tem funcionários próprios e também não participa dos polos de eventual relação jurídica processual, devendo, nesses casos, figurar a União – pessoa jurídica de Direito Público interno. Com efeito, tem total aplicabilidade, no caso do

---

[223] Art. 56. O recolhimento de todas as receitas far-se-á em estrita observância ao princípio de unidade de tesouraria, vedada qualquer fragmentação para a criação de caixas especiais (BRASIL. Lei nº 4.320, de 17 de março de 1964. Estatui Normas Gerais de Direito Financeiro para elaboração e controle dos orçamentos e balanços da União, dos Estados, dos Municípios e do Distrito Federal. *DOU*, Brasília, 23 mar. 1964).

[224] CAETANO, 1990, p. 176 apud MAIMONI, 2004.

[225] BUGARIN, Bento J. Fiscalização dos fundos federais. *Revista Igualdade*, n. XIV, 2009.

FSB, a lição de Caio Tácito, recordada por Bugarin, a respeito dos fundos públicos, a saber:

> A representação ativa e passiva do fundo caberá ao órgão gestor designado em sua norma instituidora, que poderá, no âmbito das finalidades do fundo, assumir obrigações e praticar atos em nome e por conta do representado. Como porém, o fundo não dispõe de personalidade jurídica, os atos dos administradores, validamente praticados, obrigam à União Federal, que por eles afinal responderá, dentro das forças do fundo contábil, ou civilmente, se for o caso, na forma do direito comum, sem prejuízo da eventual responsabilidade administrativa e penal – ou, regressivamente, a responsabilidade civil – dos gestores do fundo, como agentes da administração pública.[226]

Isso porque, não obstante o FSB estar vinculado ao Ministério da Fazenda, tampouco esse é dotado de personalidade jurídica. É que o Ministério é mero órgão integrante da União Federal, desprovido de personalidade jurídica própria e, portanto, sem aptidão para figurar como contratante ou como parte em demanda judicial. Pessoa jurídica, sim, é a União Federal,[227] sendo o FSB mero instrumento de desconcentração da atividade administrativa direta.

Assim, *mutatis mutandi*, podem-se extrair características comuns entre o FSB e os fundos públicos especiais, dentre as quais merecem destaque: (a) constituição de receitas especificadas, próprias ou transferidas, cuja aplicação vincula-se, por lei, à consecução de certos objetivos definidos em sua criação;[228] (b) possibilidade de ter normas peculiares de aplicação, controle, prestação e tomada de contas fixadas em sua lei criadora. Assim

---

[226] Ibid., 2009, passim.
[227] CARVALHO Filho, 2008, p. 431.
[228] Ressalte-se aqui, consoante já se cuidou no capítulo relativo à Lei nº 11.887/2008, que a vinculação, no caso dos fundos soberanos, é adstrita aos seus objetivos, consubstanciados nas finalidades de promover investimentos em ativos no Brasil e no exterior, formar poupança pública, mitigar os efeitos dos ciclos econômicos e fomentar projetos de interesse estratégico do País localizados no exterior. Note-se, porém, novamente, que o parágrafo 2º, do art. 5º daquela norma legal veda expressamente a vinculação dos recursos usados a pretexto de mitigação dos efeitos dos ciclos econômicos, bem como sua aplicação em despesas obrigatórias de caráter continuado. É dizer, resta proibida a vinculação dos recursos do FSB a determinado tipo de ativo ou a este ou aquele setor da economia, pois seus recursos decorrentes de resgates deverão atentar ao cenário macroeconômico vigente, preservando-se a eficácia de sua função anticíclica no evolver da realidade econômica interna e internacional.

é que, *v. g.*, o legislador houve por bem determinar normas particulares de aplicação ao FSB como aquela insculpida no artigo 3º, III, do Decreto nº 7.055/2009, a exigir que suas aplicações sejam realizadas, consoante se viu, em instrumentos financeiros emitidos por entidades que detenham grau de investimento atribuído por, no mínimo, duas agências de risco; (c) necessidade de autorização legislativa para existir e funcionar; e (d) necessidade da aplicação das receitas que os constituem ser efetuada por meio de dotações consignadas na lei orçamentária.[229]

Além disso, os fundos públicos, como ressalta a STN, apesar de possuírem natureza jurídica, não têm personalidade jurídica e estão subordinados a um órgão da administração direta ou indireta definido na sua lei de criação.[230] Igualmente, no caso específico do FSB, esse deverá, necessariamente, pertencer à administração direta e permanecer subordinado ao Ministério da Fazenda, sob o comando gestor da STN do Ministério da Fazenda, observadas as determinações do CDFSB, conforme inteligência da Lei nº 11.887/2008, combinada com o regulamentador Decreto nº 7.055/2009.

De maneira que o FSB, assim como os fundos públicos, não necessita constituir estrutura própria de pessoal para executar suas atividades, podendo utilizar a estrutura administrativa que o ente – União, via Ministério da Fazenda e sua STN – possui. Como acontece nos órgãos da administração direta, os servidores contratados pelo ente podem ser lotados para trabalhar nos fundos, não havendo necessidade de que o fundo contrate pessoal próprio.[231] E, de fato, é o que ocorre presentemente com o FSB, que não tem quadro próprio, como evidencia seu Relatório de Gestão relativo ao exercício de 2010, apresentado aos órgãos de controle interno e externo, nos termos do artigo 70[232] da CF.[233]

---

[229] TESOURO NACIONAL. *Fundos Públicos*. Disponível em: <http://www.tesouro.fazenda.gov.br/contabilidade_governamental/download/relatorios/Fundos_Publicos_material_GT.pdf>. Acesso em: 15 dez. 2011.

[230] Ibid., passim.

[231] Ibid., passim.

[232] Art. 70. A fiscalização contábil, financeira, orçamentária, operacional e patrimonial da União e das entidades da administração direta e indireta, quanto à legalidade, legitimidade, economicidade, aplicação das subvenções e renúncia de receitas, será exercida pelo Congresso Nacional, mediante controle externo, e pelo sistema de controle interno de cada Poder. Parágrafo único. Prestará contas qualquer pessoa física ou jurídica, pública ou privada, que utilize, arrecade, guarde, gerencie ou administre dinheiros, bens e valores públicos ou pelos quais a União responda, ou que, em nome desta, assuma obrigações de natureza pecuniária.

4.7. O Fundo Fiscal de Investimento e Estabilização

Consignadas a natureza jurídica – fundo especial de natureza contábil e financeira subordinada ao Direito Público – e a ausência de personalidade jurídica do Fundo Soberano, cumpre debruçar sobre a figura do FFIE, criado concomitantemente ao FSB, avaliando sua respectiva natureza.

De fato, na mesma data em que o Tesouro Nacional realizou a dotação inicial do FSB, este promoveu a integralização de cotas do FFIE, de que trata o artigo 7º da Lei nº 11.887/2008, que tem como administradora o Banco do Brasil Gestão de Recursos Distribuidora de Títulos e Valores Mobiliários S.A (BBDTVM S.A.). Trata-se de fundo multimercado, exclusivo, devidamente registrado na Comissão de Valores Mobiliários (CVM).[234]

De início, nota-se que o artigo 2º da Lei nº 11.887/2008, que cria o FSB, limita a utilização de seus recursos às seguintes formas: (a) aquisição de ativos financeiros externos, mediante aplicação em depósitos especiais remunerados em instituição financeira federal, ou diretamente, pelo Ministério da Fazenda; e (b) por meio da integralização de cotas do <u>fundo privado</u> (grifo nosso) a que se refere o artigo 7º da citada norma, isto é, do FFIE. Daí conclui-se, também, que o FFIE é o único que tem autorização para investir em ativos no mercado doméstico, uma vez que o FSB tem sua atuação legalmente restrita à aquisição de ativos financeiros externos.

No próprio corpo do artigo 7º, da Lei nº 11.887/2008, resta consignado que a União, com recursos do FSB, poderá participar como cotista única do FFIE a ser constituído por instituição financeira federal. A seguir, o Legislador não deixa dúvidas quanto à natureza jurídica de tal veículo, porquanto o parágrafo 1º do artigo 7º informa que, *in verbis*: "o Fundo Fiscal de Investimentos e Estabilização terá natureza privada, patrimônio próprio separado do patrimônio do cotista e estará sujeito a direitos e obrigações próprias".

Ora, evidencia-se, destarte, que se construiu um quadro legal pelo qual o FSB, fundo especial de natureza pública, valendo-se de seus recursos, confere à União o poder de participar, como cotista única, do FFIE, este de natureza privada, consoante se pontuou. Coexistem, portanto, no mesmo

---

Art.71-CF/88. O controle externo, a cargo do Congresso Nacional, será exercido como auxílio do Tribunal de Contas ((BRASIL, 1988).

[233] TESOURO NACIONAL. *Fundo Soberano do Brasil—Relatório de gestão do exercício de 2010.* Brasília, 2011.

[234] Ibid., 2010.

arcabouço jurídico, talhado pela Lei nº 11.877/2008, dois veículos de investimento distintos, quais sejam: o FSB e o FFIE, este último atuando sob aquele, de cujos recursos se nutre, de molde a dar cumprimento aos seus objetivos.

No tocante ao escopo dos citados veículos, é mister ressaltar que ambos possuem finalidades idênticas, nos termos de suas leis criadoras. É dizer: deu-se origem a dois veículos de investimento, declaradamente distintos, para cumprir a mesma finalidade, a saber: a promoção de investimentos em ativos no Brasil e no exterior, com vistas à formação de poupança pública, à mitigação dos efeitos dos ciclos econômicos e ao fomento a projetos de interesse estratégico do País localizados no exterior (artigo 1º, *caput*, c.c artigo 7º, parágrafo 3º da Lei nº 11.877/2008).

Indaga-se sobre o motivo da criação dúplice. Com efeito, nem o Tesouro Nacional parece lograr elaborar sobre a lógica da distinção dos dois citados veículos, limitando-se a reproduzir *ipsis literis* o texto legal.[235] Ora, a toda evidência, o interesse do Estado foi construir seu Fundo Soberano sob as égides do Direito Público, absolutamente vinculado, de tal sorte, aos seus órgãos internos, nomeadamente, ao Ministério da Fazenda e à STN, sem deixar, contudo, e, concomitantemente, de ter um veículo específico de natureza empresarial que lhe possibilite intervir no domínio econômico, em condições similares aos agentes da iniciativa privada, explorando as atividades para as quais a lei o destinou.

Isso se dá em respeito até aos princípios da ordem econômica, notadamente ao da livre concorrência, que, de um ponto de vista político, é a garantia de oportunidades iguais a todos os agentes; ou seja, é uma forma de desconcentração do poder, consoante magistério de Tércio Sampaio Ferraz Júnior.[236] Assim, a concorrência livre somente pode existir em condições de mercado nas quais não se manifeste o fenômeno do poder econômico, porquanto, o postulado supõe desigualdade, ao final da competição, a partir, porém, de um quadro de igualdade jurídico-formal, nas palavras de Eros Grau.[237] É precisamente essa igualdade jurídico-formal que o ente estatal pretende assegurar com a entrada do FFIE no "livre jogo das forças de mercado, na disputa de clientela",[238] concebendo-o, para tanto, com

---

[235] Ibid., 2010.
[236] FERRAZ apud GRAU, 2010, p.212
[237] GRAU, 2010, p. 211.
[238] Id., 2010, p. 211.

natureza privada e independência patrimonial. O FFIE, ademais, não custa ressaltar, é o único que detém autorização legal para investir a riqueza soberana no mercado nacional, consoante inteligência do artigo 2º e incisos da Lei nº 11.887/2008 e é regido, além de seu regulamento, pelas demais disposições legais e regulamentares aplicáveis aos fundos de investimento (artigo 1º do Regulamento do FFIE), o que acentua sua posição de igualdade com relação aos demais agentes da iniciativa privada, que o diferencia, essencialmente, em suas atividades, do próprio FSB.

Dessa forma, o FFIE assemelha-se, *mutatis mutandi*, às empresas públicas e sociedades de economia mista, entidades integrantes da administração indireta do Estado sujeitas ao regime jurídico próprio das empresas privadas.

De fato, a CF é peremptória, em seu artigo 173, parágrafo 1º, II, quando obriga a empresa pública e a sociedade de economia mista à sujeição ao regime jurídico próprio das empresas privadas, inclusive quanto aos direitos e às obrigações civis, comerciais, trabalhistas e tributários. Segundo Carvalho Filho, o intuito do constituinte não é de difícil explicação, uma vez que, *verbis*:

> Se as empresas paraestatais tivessem prerrogativas e vantagens específicas do Estado, teriam elas muito maiores facilidades que as empresas privadas e, por certo, causariam a ruptura do postulado da livre concorrência e do equilíbrio do mercado. Desse modo, quis deixar expresso que o fato de serem instituídas, controladas e fiscalizadas pelo Estado não será idôneo para colocá-las em vantagem perante suas congêneres privadas.[239]

No entanto, relembra o citado autor que, por mais que as empresas públicas e sociedades de economia mista se aproximem das empresas da iniciativa privada e sofram a incidência do regime jurídico dessas, indelevelmente presentes estão as regras de Direito Público em sua atuação, pois, no fundo, são pessoas administrativas vinculadas à administração direta. De modo que, apesar de pessoas privadas, essas entidades obrigam-se à prestação de contas ministeriais e ao Tribunal de Contas, tanto quanto a própria administração; só podem recrutar mediante concurso público e contratar mediante licitação, bem como muitas outras normas não aplicáveis, naturalmente, à iniciativa privada. Existe, dessa feita, no tocante a

---

[239] CARVALHO Filho, 2008, p. 869.

essas entidades, um regime híbrido, de maneira que, consoante ensinamento de Celso Antônio Bandeira de Mello,

> Embora basicamente se conformem à disciplina do direito privado, sobreposse no que tange a suas relações com terceiros, nem por isto são regidas exclusivamente pelos preceitos atinentes àquele ramo do direito. Muito pelo contrário. Sofrem também, como se disse, a ingerência de princípios e normas de Direito Público.[240]

Nesse sentido, e como não poderia ser diferente, também incidem sobre o FFIE normas de natureza pública. Assim, por exemplo, quanto às regras de fiscalização prudencial, a STN destaca que as informações de rentabilidade do FSB, inclusive com informações do FFIE, são encaminhadas ao Congresso Nacional trimestralmente,[241] até por força do citado artigo 70º da Carta Magna de 1988. Também tem o FFIE privilégios fiscais, no que difere das empresas públicas e sociedades de economia mista que, mercê do artigo 173º, parágrafo 2º da CF, não poderão gozar de privilégios fiscais não extensivos às do setor privado. Ao revés, a Lei nº 11.887/2008, no artigo 7º, parágrafo 6º, expressa que sobre as operações de crédito, câmbio e seguro e sobre rendimentos e lucros do fundo não incidirá qualquer imposto ou contribuição social <u>de competência da União</u> (grifo nosso). Do mesmo modo, o regulamento do FFIE, no artigo 22º c.c., parágrafo 1º, dispõe que as operações de sua carteira, dada a natureza de Direito Público do cotista, não estão sujeitas à tributação pelo Imposto de Renda (IR) e pelo Imposto sobre Operações Financeiras (IOF).

Contudo, há que se salientar que os dispositivos subsequentes do regulamento cuidam de esclarecer que os privilégios fiscais concedidos ao FFIE são de caráter excepcional e em função lógica de sua natureza, razão pela qual o artigo 23º estabelece que constituem encargos que poderão ser debitados ao Fundo, no que couber, as taxas, impostos, contribuições federais, estaduais, municipais e autárquicas, que recaiam ou venham a recair sobre seus bens, direitos e obrigações.

O FFIE é expressamente classificado como um fundo multimercado, o que implica políticas próprias de investimento que envolvem uma série de fatores de risco, sem, contudo, haver um compromisso de concentração

---

[240] MELLO, 1991, p. 32 apud CARVALHO FILHO, 2008.
[241] TESOURO NACIONAL, 2010.

em nenhum fator em especial.²⁴² Nessa senda, os artigos 7º e 8º do Regulamento do FFIE dispõem sobre os riscos aos quais se encontra sujeito, como, *e. g.*, risco de mercado, risco de crédito, risco de liquidez, risco proveniente do uso de derivativos, risco de taxa de juros e risco sistêmico.

A administração do FFIE é externa,²⁴³ conforme se destacou, ficando a cargo do BBDTVM S.A., gestora devidamente credenciada pela CVM como prestadora de serviços de administração de carteiras. A administradora, nos termos do artigo 5º do regulamento do FFIE, é responsável pela prestação dos serviços de controladoria, gestão e custódia da carteira do fundo. O artigo 6º do Regulamento, por sua vez, informa que, observadas as limitações legais e regulamentares, a administradora tem poderes para praticar todos os atos necessários à administração da carteira do fundo, bem como exercer todos os direitos inerentes aos ativos que a integram, inclusive a contratação de terceiros legalmente habilitados para prestação de serviços relativos às atividades do fundo. Com grãos de sal, contudo, há que se interpretar tal disposição. Isso porque, no fim do dia, a União, cotista única, através da STN e, especialmente, do CDFSB, é que detém, evidentemente, o poder da última palavra sobre investimentos do FSB. O administrador terá direito, pelos serviços de administração, à remuneração prevista no Capítulo VI do Regulamento do FFIE.

A Política de Investimento do FFIE, prevista no artigo 7º de seu regulamento, desenha uma série de balizas para a atuação do fundo, delineando, em seu parágrafo 1º, um compreensivo quadro de limites de composições dos ativos do fundo em relação ao seu patrimônio líquido. Faculta-se, ademais, ao FFIE destinar recursos para a realização de operações em mercados de derivativos, desde que com o objetivo único de proteger posições detidas à vista (artigo 7º, parágrafo 15º). O detalhamento dessa política de investimento, bem como das demais regras e procedimentos aplicáveis às operações do FFIE, como faz seu regulamento, é sobremodo importante para a transparência e credibilidade do FSB e caminha na direção correta das recomendações apontadas nos *Princípios de Santiago*.

Verifica-se ainda que o FFIE é constituído sob a forma de condomínio aberto, de modo que seu cotista pode solicitar o resgate de suas cotas

---

²⁴² ALVES, 2011, passim.

²⁴³ Mais informações sobre uso de gestores externos em âmbito internacional pelos fundos soberanos, vide Capítulo 6, item 6.6 – Instrumentos alternativos de controle.

a qualquer tempo.[244] Além disso, seu prazo de duração é indeterminado (artigo 1º, Regulamento FFIE) e é a União sua cotista única, por força do artigo 7º, *caput*, da Lei nº 11.887/2008, combinado com o artigo 3º, *caput*, do Regulamento do FFIE.[245] O artigo 13º do Regulamento reforça a natureza de condomínio aberto do FFIE, ao informar que as cotas do fundo não possuem prazo de carência, podendo o cotista, ou seja, a União, solicitar seu resgate total ou parcial, a qualquer tempo.

A despeito de ser um fundo de natureza privada, regido pelos preceitos comerciais prescritos no ordenamento jurídico brasileiro, notadamente pelo seu regulamento e demais disposições legais e regulamentares aplicáveis aos fundos de investimento, o FFIE tem, como se viu, a União, pessoa jurídica de Direito Público, como único beneficiário. Além disso, o FFIE, em razão de expressa disposição legal prevista no artigo 7º, parágrafo 4º da Lei nº 11.887/2008, responderá por suas obrigações com os bens e direitos integrantes de seu patrimônio, não respondendo a União, em hipótese alguma, por qualquer obrigação do FFIE, salvo pela integralização das cotas que subscrever.

---

[244] ALVES, 2011, passim.
[245] COMISSÃO DE VALORES MOBILIÁRIOS. *Consulta consolidada de fundo*. Disponível em: <http://cvmweb.cvm.gov.br/SWB/defaultCPublica.asp>. Acesso em: 15 dez. 2011.

5
Os Principais Fundos Soberanos do Mundo

5.1. Os principais atores

É consenso na doutrina que resgatar números absolutamente fidedignos relativamente ao tamanho e às características dos fundos soberanos é tarefa extremamente complicada, haja vista as grandes diferenças existentes entre os níveis de divulgação e transparência dos diversos veículos soberanos no mundo. Com efeito, os níveis de transparência variam inclusive entre fundos soberanos pertencentes a uma mesma nação, como, por exemplo, entre o Government of Singapore Investment Corporation e o Temasek Holdings, ambos, veículos soberanos pertencentes a Cingapura.[246]

De fato, a ausência de informações confiáveis suscita preocupações. Não obstante, com base no *ranking* estabelecido pelo *Sovereign Wealth Funds Institute*,[247] tem-se, para o ano de 2013, a seguinte classificação dos dez maiores fundos soberanos, segundo a quantidade de ativos sob gestão, com referência, também, à data de criação e fonte originária de recursos:

1) Norway Government Pension Fund Global (NBIM). Noruega. 1990. Recursos naturais. US$ 737.2 bilhões; 2) SAMA Foreign Holdings. Arábia Saudita. Recursos naturais. US$ 675.9 bilhões; 3) Abu Dhabi Investment

---

[246] MEZZACAPO, 2009, p. 15.
[247] Organização global criada a fim de estudar os fundos soberanos de riqueza e outros investidores governamentais nas áreas de investimento, alocação de recursos, risco, governança, economia, entre outras.

Authority (ADIA). Emirados Árabes Unidos. 1976. Recursos naturais. US$ 627 bilhões; 4) China Investment Corporation. China. 2007. Reservas internacionais. US$ 575.2 bilhões; 5) SAFE Investment Company. China. Reservas internacionais. US$ 567.9 bilhões; 6) Kuwait Investment Authority. Kuwait. 1953. Recursos naturais. US$ 386 bilhões; 7) Hong Kong Monetary Authority Investment. China-Hong Kong. 1993. Reservas internacionais, superávits fiscais. US$ 326.7 bilhões; 8) Government of Singapore Investment Corporation. Cingapura. 1981. Reservas internacionais, superávits fiscais, contribuições. US$ 285 bilhões; 9) National Welfare Fund[248]. Rússia. 2008. Recursos naturais. US$ 175.5 bilhões; 10) Temasek Holdings. Cingapura. 1974. US$ 173.3 bilhões. [249]

Anote-se que, da lista supramencionada, restaram excluídos os veículos de investimento sobre os quais não há, em razão de sua própria natureza ou fonte originária de recursos, consenso, na doutrina, quanto à sua efetiva classificação na categoria de fundos soberanos. Pertence a essa seara, *e. g.*, o japonês Government Pension Investment Fund, criado em 1961, com fonte de recursos consubstanciada em contribuições previdenciárias e uma impressionante quantia estimada em US$ 1.292 trilhão sob gestão. Nessa categoria específica de fundos previdenciários, destacam-se também o holandês Stichting Pensioenfonds ABP, com US$ 280 bilhões[250] sob gestão, os canadenses Caisse de Dépôt et Placement du Quebec (US$ 176.8 bilhões)[251] e Ontario Teacher's Pension (US$ 124.5 bilhões)[252], além do CalPERS (US$ 243 bilhões).[253] Vale lembrar, ainda, em razão de sua proeminência, o Saudi Arabian Monetary Agency (SAMA), que, em verdade, é a mesma figura do Banco Central da Arábia Saudita, fundado em 1952, e com ativos na ordem de US$ 675.9 bilhões.[254]

---

[248] O Sovereign Wealth Funds Institute inclui, para efeitos de cálculo de ativos sob gestão do National Welfare Fund, também os ativos pertencentes ao Russian Reserve Fund, outro veículo soberano russo.
[249] SOVEREIGN WEALTH FUNDS INSTITUTE, 2013. Disponível em: http://www.swfinstitute.org/. Acesso em 22 de setembro de 2013
[250] ANNUAL REPORT ABP, 2012/2013, p 5.
[251] SOVEREIGN WEALTH FUNDS INSTITUTE, 2013.
[252] Ibid, 2012
[253] ANNUAL REPORT CALPERS, 2012/2013, p. 13.
[254] SOVEREIGN WEALTH FUNDS INSTITUTE, 2013.

Em termos de posição geográfica, segundo Curzio, apoiado em estudo de Kern, os fundos soberanos mais ativos são os asiáticos, cujas transações representaram US$ 79 bilhões, ou seja, 43%, do total registrado entre 1995 e junho de 2009. Os fundos do Oriente Médio, por sua vez, com US$ 53 bilhões, significaram 29% do total de transações realizadas no período, ao passo que os fundos soberanos das regiões remanescentes representaram 18%, com transações realizadas na ordem de US$ 52 bilhões.[255]

Quando as mesmas transações são classificadas por destino, nota-se que o maior mercado para os fundos soberanos, no período citado, é o asiático, representando 31% dos investimentos, isto é, US$ 58 bilhões. Em segundo posto, está a União Europeia com US$ 57 bilhões, ou 30% do total, destacando-se o Reino Unido, que atraiu, em razão principalmente da proeminência de seu setor financeiro, a grande maioria dos investimentos, isto é, cerca de US$ 28 bilhões. Os Estados Unidos da América, por seu turno, ficam na terceira posição, com US$ 37 bilhões; ou seja, 20% do total das transações, ao passo que as outras regiões somadas são responsáveis por US$ 34 bilhões, ou 19% de todas as transações realizadas.[256]

Já no quadro setorial de investimentos dos fundos soberanos, o segmento financeiro nitidamente prevaleceu, representando, ainda no mesmo período compreendido entre janeiro de 1995 a julho de 2009, segundo o estudo de Kern, US$ 78 bilhões, ou seja, 42% do total de transações registradas. Tais transações atingiram seu auge no período entre 2007 e 2008, em razão de fatores já mencionados, como a rentabilidade histórica do setor registrada naquela época pré-crise – por volta de 17% na Europa e 12% nos EUA –, e a queda no valor das ações durante a crise, que apresentou oportunidades para aquisições. Além disso, o setor financeiro, claramente, foi visto como estratégico, pelos fundos soberanos, em seu posicionamento internacional, e a crise econômica apresentou a oportunidade certa para ingressarem, de maneira abrangente, nessa área, como agentes estabilizadores do mercado financeiro, tendo em conta a necessidade de os governos ocidentais e de suas instituições financeiras terem liquidez à saciedade para socorrer suas mazelas financeiras.[257]

Não obstante, a tendência que prevalece é de crescimento da diversificação setorial. Com efeito, registra-se que os fundos soberanos já investem

---

[255] KERN, 2008 apud CURZIO; MICELI, 2010, p. 106-107.
[256] CURZIO, 2010, p. 107.
[257] Ibid., 2010, p. 111.

de forma acentuada no setor de manufaturados, infraestrutura, energia, recursos naturais e outros, o que pode indicar que seus principais objetivos, além da rentabilidade econômico-financeira, são a transferência de tecnologia, energia e matéria-prima, de modo a diversificar e fortalecer suas economias domésticas. Em 2009, os investimentos na indústria de manufaturados foram na ordem de US$ 25 bilhões, ou 14% do total, seguidos dos segmentos de serviços e varejo, com cerca de US$ 24 bilhões, a representar 13% do total investido. O setor imobiliário, por sua vez, movimentou US$ 21 bilhões, representando 11% do somatório dos investimentos, ao passo que energia e matéria-prima representaram US$ 18 bilhões em aplicações, ou 10% do total registrado. No setor de tecnologia, investiram-se US$ 17 bilhões, ou 9%. No entanto, somente US$ 2 bilhões foram aplicados no segmento de defesa – seara de especial interesse aos países recipientes, haja vista a importância do quesito segurança nacional – que representa apenas 1% do total. Finalmente, outros US$ 300 milhões foram destinados a investimentos diversos.[258]

Deve-se, neste ponto, com amparo nos estudos de Miceli e Curzio, examinar, ainda que brevemente, alguns dos mais preeminentes fundos soberanos do mundo, nos quesitos relativos às suas naturezas, controle, tamanho, objetivos, organização, características de portfólio, principais investimentos, posições acionárias e transparência, dentre outras matérias. Essa análise revela-se interessante, sobretudo, para encontrar bases comparativas ao iniciante FSB.

Nos países árabes, do Oriente Médio à África Mediterrânea, destacam-se os veículos dos seguintes entes soberanos, todos fundados na exportação do petróleo: (a) Emirados Árabes Unidos, o maior, em termos de ativos; (b) Kuwait, o mais velho; e (c) Líbia, o mais relevante fundo soberano da África. Cumpre destacar que os fundos concentrados no Oriente Médio e na África Mediterrânea, somados, perfaziam, em 2010, um total aproximado de US$ 1.6 trilhões.[259]

Os fundos soberanos asiáticos, por sua vez, controlavam, no mesmo período, recursos estimados na ordem de US$ 1.355 trilhões. Nesse continente, deter-se-á em Cingapura e China, ambos desvinculados da exportação de *commodities*. Trata-se dos dois maiores fundos soberanos da Ásia,

---

[258] Ibid., 2010, p. 113.
[259] Ibid., 2010, p. 49.

em termos de ativo, a despeito da extrema diferença de tamanho geográfico das duas nações.²⁶⁰

Na Europa, os fundos soberanos mais expressivos são os veículos da Rússia e, evidentemente, o da Noruega, que serão aqui abordados. Esses fundos possuem, em conjunto, ativos sob gestão avaliados em US$ 912.7 bilhões, em 2013.

5.2. Emirados Árabes Unidos: Abu Dhabi Investment Authority

O ADIA é de propriedade do governo de Abu Dhabi, o maior e mais rico dos sete emirados que compõem os Emirados Árabes Unidos, produzindo cerca de 90% do petróleo da nação. O ADIA, que até 2010 era o veículo com a maior quantidade de ativos, caiu em 2013 para a terceira posição no ranking dos maiores fundoes soberanos, com ativos na ordem de US$ 627 bilhões. Os recursos do fundo são derivados do petróleo e, especificamente, da companhia estatal Abu Dhabi National Oil Company (ADNOC). ²⁶¹

As operações do ADIA são conduzidas por companhias específicas criadas para essa finalidade. Assim, por exemplo, operam no segmento imobiliário as empresas Tasameem e Tanadice Investments. No ano de 2006, o governo de Abu Dhabi houve por bem dividir o ADIA, criando o Abu Dhabi Investment Council (ADIC), transferindo a este todos os ativos domésticos e a responsabilidade por sua administração. Dessa feita, após a reestruturação, o ADIA tem mandato somente para administrar os ativos externos do governo de Abu Dhabi, o que, de resto, condiz com as características dos principais fundos soberanos, isto é, de serem investidores em ativos no estrangeiro.²⁶²

A estratégia de investimento do ADIA é no longo prazo, segundo as informações oficiais, e o fundo tem como objetivo preservar e aumentar a riqueza financeira da nação de modo a assegurar o bem-estar das gerações futuras. O ADIA é controlado por um conselho cujos membros são indicados por decreto do governo. Esse conselho é encabeçado pelo presidente dos Emirados Árabes Unidos e suas funções são supervisionar e conduzir a estratégia do fundo, sem, contudo, se imiscuir em suas decisões operacionais, para as quais estão incumbidas uma diretoria administrativa e uma

---

[260] Ibid., 2010, p. 50.
[261] Ibid., 2010, p. 51-52.
[262] Ibid., 2010, passim.

representação legal, completamente independentes do governo e assistidas por um comitê de investimentos e por diversos conselhos consultivos. [263]

Os investimentos do ADIA são espalhados entre diversos instrumentos financeiros, tais como ações de corporações listadas em bolsa de valores de países industrializados e emergentes, títulos de dívida pública e privada, investimentos em ativos imobiliários e em fundos de *private equity*. Dentre os ativos de destaque do ADIA, em 2010, constavam posições acionárias importantes como 4,9% do CitiGroup, 9% no Apollo Management, 100% do AIG Private Bank, 9,8% do Macquarie International Infrastructure Fund, além de participações no HSBC, Barclays, Vodafone, Shell, Rio Tinto, Anglo American British Petroleum, Anglo American, GlaxoSmithKline, Schweppes, Diageo, British American Tobacco, entre outras.[264]

É interessante notar que o fato de uma grande parcela do portfólio do ADIA ser constituída por ações – as estimativas são entre 40% a 60% – contribuiu para um crescimento vertiginoso do fundo, entre 2005 a 2007, nas épocas de prosperidade – e folia – econômica. Entretanto, os investimentos do fundo soberano geraram perdas significativas, com a crise econômica de 2008, calculadas em torno de US$ 140-180 bilhões, que, efetivamente, anularam, na época, os ganhos do país decorrentes do aumento dos preços no petróleo.[265]

Contudo, o ADIA, como é a regra, quando se trata dos veículos de riqueza soberana, é provido de horizontes longos de investimento, o que significa não ser de sua natureza a venda de posições acionárias quando essas estão em baixa na bolsa de valores. Ao contrário, não sendo sujeitos a resgates, saques ou contribuições periódicas – como ocorre, *v. g.*, com os fundos de pensão –, além de, também em regra, terem baixo índice de alavancagem, os fundos soberanos se vislumbram, pois, na privilegiada posição de poder esperar para que as condições do mercado melhorem. Assim é que, no final das contas, passadas as crises econômicas, e com a gradual recuperação dos mercados, as perdas dos fundos soberanos podem ser minimizadas.[266]

A maior parte dos investimentos do ADIA no mercado financeiro concentra-se historicamente em companhias negociadas em bolsa e tipica-

---

[263] Ibid., 2010, p. 52.
[264] Ibid., 2010, p. 57.
[265] Id., 2010, p. 57.
[266] Ibid., 2010, p. 112.

mente em posição não superior a 5%, pois o fundo não tem interesse em adquirir o controle das empresas nas quais investe e, decerto, receia que um aumento em sua posição acionária eventualmente possa levá-lo a divulgar maiores informações relativas aos seus investimentos às autoridades de supervisão do mercado.[267]

Por fim, no quesito transparência o ADIA está, notadamente, entre os piores. Em mais de trinta anos de existência, o fundo jamais divulgou publicamente o valor do seu portfólio ou uma lista extensiva de suas participações acionárias.[268] Edwin Truman classifica o fundo,[269] quanto à transparência e a outros fatores como governança e comportamento, na última colocação de um total de 53 veículos soberanos, com somente quatro pontos sobre cem,[270] o que não é animador, dado o fato de ser um dos mais importantes veículos soberanos do mundo em termos de ativos sob gestão. O fundo também obtém nota baixa, de cinco, consoante classificação proposta pelo sistema Linaburg-Maduell do *Sovereign Wealth Funds Institut*.[271] Esperar-se-ia, no caso, uma liderança pelo exemplo, em homenagem, inclusive, à mitigação das preocupações que circundam – e prejudicam – os fundos soberanos, notadamente aqueles provenientes de países não democráticos.

5.3. Kuwait: Kuwait Investment Authority

Em 2013, o Kuwait Investment Authority (KIA) mantinha sob gestão ativos na ordem de US$ 386 bilhões.[272] Trata-se de uma autoridade de investimento, vinculada ao governo do Kuwait, que administra dois fundos

---

[267] Ibid., 2010, p. 54.
[268] Ibid., 2010, p. 56.
[269] Célebre quadro de pontuação denominado *Scoreboard for sovereign wealth funds*, concebido por Edwin Truman (2010, p. 72) do Peterson Institute for International Economics para classificar os fundos soberanos, de 0 a 100 pontos, de acordo com elementos relativos à estrutura, governança, transparência e ao comportamento. No topo da lista, está a Noruega e seu GPF-G, com um total de 97 pontos. O *scoreboard* de Truman é amplamente aceito como referência na doutrina em relação aos fundos soberanos, tendo seu trabalho inclusive influenciado na elaboração dos *Princípios de Santiago*.
[270] TRUMAN, 2010, p. 73.
[271] SOVEREIGN WEALTH FUNDS INSTITUTE, 2013. Disponível em: http://www.swfinstitute. org/swfs/abu-dhabi-investment-authority/. Acesso em 25 de setembro de 2013.
[272] SOVEREIGN WEALTH FUNDS INSTITUTE, 2013. Disponível em: http://www.swfinstitute. org/swfs/kuwait-investment-authority/ Acesso em: 25 de setembro de 2013

distintos, quais sejam: o General Reserve Fund (GRF) e o Future Generation Fund (FGF). O primeiro é a entidade do Tesouro do governo que recebe todas as receitas oriundas das vendas do petróleo, controlando também as participações do Estado, o que inclui suas ações nas corporações públicas. O FGF, por seu turno, foi criado em 1976 com a transferência de metade dos ativos do GRF. Até 2010 o FGF recebia, por exemplo, ao menos 10% das receitas do petróleo. O FGF sempre investiu principalmente no exterior, em ações e instrumentos alternativos, o que representava, também no ano de 2010, cerca de 80% dos ativos soberanos do governo, ao passo que ao GRF possuia os outros 20%. Anote-se, todavia, que o KIA não é proprietário de qualquer dos fundos que administra, pois esses são propriedade exclusiva do governo do Kuwait.[273]

O objetivo do KIA é garantir retornos financeiros, no longo prazo, de modo a prover as futuras gerações com uma alternativa às riquezas finitas do petróleo. Sobre seus objetivos, o fundo asseverou, quando de sua constituição, que pretendia: (a) atingir uma taxa de retorno sobre seus investimentos que excedesse os padrões de referência do mercado, considerando uma média de três anos; (b) obter uma reputação positiva no mercado financeiro global; e (c) incentivar a excelência do setor privado do Kuwait, por meio da administração das participações do Estado no mercado de ações, do financiamento a iniciativas empresariais nacionais e da promoção de companhias financeiras nacionais e de programas de privatização. Assim, o KIA também é comprometido com o treinamento de capital humano, fator relevante para o desenvolvimento do país.[274]

O KIA é uma autoridade pública independente, administrada por um conselho que define suas estratégias de investimento e presidido pelo Ministro das Finanças. O conselho conta com nove membros, sendo quatro políticos e, ao menos, três alheios à política e com experiência em investimentos financeiros. O conselho do KIA elege um diretor administrativo para conduzir suas operações, o qual não deve pertencer aos quadros políticos do Estado.[275]

O fundo é considerado um investidor discreto e passivo, não interessado em qualquer forma de controle das companhias nas quais investe.

---

[273] CURZIO, 2010, p.62
[274] Ibid., 2010, p.63.
[275] Ibid, 2010, p.63.

Cerca de metade do seu portfólio era, em 2010, designado a administradores externos. O fundo detém posições, desde os anos 1970 e 1980, em companhias como Daimler e British Petroleum. No setor financeiro, o KIA tem participações no Citigroup, Merrill Lynch, Visa Group, entre outros. Além disso, o portfólio do fundo contém ações de companhias do setor de energia e mineração, como Rio Tinto, Royal Dutch Sheel, Anglo-American, bem como do setor de alimentos, como Cadbury Schweppes, Tesco e Unilever.[276]

Importante característica do KIA é de que todos os seus investimentos devem ser realizados sem qualquer alavancagem financeira.[277] É dizer: veda-se, por razões éticas, morais, políticas e religiosas, a contração de dívida, por parte do fundo soberano, o que evidencia, também nesse caso, o afastamento da pura racionalidade econômica nos investimentos do veículo governamental.

Na fundamental questão da transparência, o KIA deixa a desejar, o que certamente não o ajuda na consecução de seu declarado objetivo de obter reputação positiva nos mercados financeiros. Edwin Truman o pontua medianamente, atribuindo-lhe 48 de 100 pontos. De fato, a divulgação de informações ao público é punida em lei, o que, sem dúvida, não é um sinal positivo de transparência. Também na classificação proposta pelo *Sovereign Wealth Funds Institute*, o fundo, no que tange à sua apitadão à transparência, não se destaca, obtendo nota seis.[278] No entanto, é de se notar que o KIA continua a ser o único fundo soberano do Oriente Médio a prestar contas ao Parlamento, que tem autoridade para escrutinar e criticar suas atividades.[279]

5.4. Líbia: Lybian Investment Authority

O Lybian Investment Authority (LIA) foi fundado em 2006 pela consolidação de alguns fundos líbios já existentes. Trata-se, portanto, de uma espécie de veículo-matriz com participações nos diversos fundos de investimento pertencentes ao governo, dentre os quais se destacam o Libyan Arab Foreign Investment Company (LAFICO) e o Economic and Social

---

[276] Ibid., 2010, p.65.
[277] Ibid., 2010, p.65.
[278] SOVEREIGN WEALTH FUNDS INSTITUTE, 2013. Disponível em: http://www.swfinstitute.org/swfs/kuwait-investment-authority/ Acesso em: 25 de setembro de 2013
[279] CURZIO, 2010, p. 66.

Development Fund of Lybia (ESDF). A despeito da absoluta falta de transparência que governa o fundo soberano líbio, o qual obtém seus recursos da exportação de *commodities*, nomeadamente, petróleo e gás natural, calcua-se que este dispunha em 2013 de ativos na ordem de US$ 65.[280]

O LIA tem como objetivo o investimento de seus recursos nos mercados domésticos e externo, a fim de criar um portfólio balanceado composto de investimentos de alto valor, diversificando a economia da Líbia e reduzindo sua dependência das matérias-primas energéticas.[281]

O fundo líbio é administrado por um conselho de diretores composto de sete membros, entre os quais há políticos e banqueiros, com poderes para tomar decisões de investimento. Adicionalmente, o conselho de diretores se reúne periodicamente com um comitê internacional de financistas com reconhecida *expertise* nos assuntos relativos aos investimentos.[282]

O LIA declara que seus investimentos seguem critérios comerciais fundados exclusivamente na rentabilidade financeira. A maioria dos fundos é administrada por instituições financeiras ocidentais, conquanto haja pouca informação disponível sobre as posições acionárias do LIA e a estrutura de seu portfólio. Sabe-se, por exemplo, que o fundo líbio tem particular interesse em companhias italianas, pois a Lafico detém participações minoritárias em sociedades como Fiat, Capitalia, UniCredit, e Juventus.[283]

O nível de transparência do fundo soberano líbio é muito baixo. De fato, as informações sobre seus investimentos são transmitidas somente por meio de declarações oficiais divulgadas na imprensa e não há relatórios periódicos das atividades.[284] Tamanha é sua falta de informação que Edwin Truman recusou-se a classificar o LIA em sua célebre lista que avalia o desempenho dos fundos soberanos quanto ao seu comportamento, estrutura, governança e transparência.[285] Na classificação proposta pelo sistema Linaburg-Maduell, o LIA recebe somente um ponto.[286]

---

[280] SOVEREIGN WEALTH FUNDS INSTITUTE, 2013.Disponível: http://www.swfinstitute.org/swfs/libyan-investment-authority/ Acesso em:25 de setembro de 2013.
[281] CURZIO, 2010, p. 67.
[282] Ibid., 2010, p. 68.
[283] Ibid., 2010, p. 66.
[284] Ibid., 2010, p. 69.
[285] TRUMAN, 2010, p. 71.
[286] SOVEREIGN WEALTH FUNDS INSTITUTE, 2013. Disponível em: http://www.swfinstitute.org/swfs/libyan-investment-authority/ Acesso em:25 de setembro de 2013.

Entretanto, ressalva-se que a recente revolução política na Líbia, que culminou com a queda e a morte do ex-ditador Muammar Gaddafi, que governou o país no período de 1969 a 2011, poderá trazer significativas mudanças ao fundo soberano. O LIA já havia sido membro do IWG, responsável pela elaboração dos *Princípios de Santiago*, comprometendo-se, portanto, a aderir às melhores práticas de transparência. Contudo, enquanto o país era dirigido por Gaddafi, as informações sobre o fundo soberano líbio eram escassas e inacessíveis. É de se esperar, todavia, que, sob nova liderança, a situação do fundo soberano líbio comece finalmente a tomar outro norte, rumo, dessa vez, aos ditames da transparência e da publicidade.

5.5. Cingapura: Temasek Holdings e Government Investment Corporation

O caso de Cingapura, cidade-estado insular, pode ser visto como um dos mais preeminentes e significativos, haja vista que seus fundos soberanos são partes vitais do governo, e não somente em termos de estratégia econômica. Com efeito, os fundos Temasek e Government Investment Corporation (GIC) lograram transformar Cingapura em um dos poucos exemplos, na história mundial, de um país de pequenas dimensões geográficas, desprovido de recursos naturais, que, ainda assim, conseguiu acumular uma impressionante quantidade de riquezas e administrá-las racional e profissionalmente, permitindo à nação assumir um verdadeiro papel de proeminência no cenário financeiro global.[287]

Por mais de três décadas, Cingapura, apoiada em suas companhias governamentais, tem sido um investidor internacional de peso, especialmente nos mercados emergentes, logrando superar as barreiras inerentes a um pequeno mercado doméstico e o consequente potencial limitado de crescimento de demanda, investimento e tecnologia de ponta. Essas companhias governamentais, controladas diretamente pelo Ministério das Finanças, alavancou a industrialização doméstica nos anos 1960 e 1970 e, nas décadas seguintes, promoveu a internacionalização dos investimentos nacionais.[288]

Em 1974, o Temasek Holdings foi criado com o propósito de administrar as participações acionárias do governo nas citadas companhias governa-

---

[287] CURZIO; MICELI, 2010, p. 70.
[288] Id., 2010, p. 70.

mentais, investindo a renda derivada de suas participações nos mercados doméstico e internacional. Portanto, o que ressalta no Temasek é a singularidade da origem de seus recursos, que derivam dos resultados das empresas nas quais o governo detém participação. Com ativos em 2013 estimados na ordem de US$ 173,3 bilhões[289], o fundo é de propriedade exclusiva do governo. Conquanto não seja considerado um fundo soberano pelo governo, é consenso na doutrina de que o Temasek se encaixa nessa classificação.[290]

O objetivo do fundo é administrar profissionalmente os ativos do país, a fim de maximizar seus valores para os acionistas, no longo prazo. O Temasek também tem a responsabilidade de administrar as empresas estatais nos setores estratégicos para o desenvolvimento nacional.[291]

Apesar de ser propriedade exclusiva do governo, o Temasek é administrado, com independência, por um conselho autônomo cujos membros são escolhidos parcialmente no meio político e, em sua maioria, na iniciativa privada. O fundo detém ações – com participações na ordem de 20%, 50% ou até 100%, em certos casos – das maiores corporações da Cingapura, de tal sorte a exercer enorme influência na economia.[292]

A estratégia de investimento do Temasek é caracterizada pela destinação de grande parcela de seus recursos a investimentos domésticos, com horizontes de retorno que se prolongam no tempo. De fato, 31% dos investimentos do fundo soberano, até março de 2009, concentravam-se na própria Cingapura, ao passo que 27% tinham países do norte asiático como destino – China, Taiwan, Coreia – e, 22%, outros países da OCDE. O remanescente restou dividido entre outros países asiáticos – Indonésia, Tailândia, Malásia, sendo certo que a América do Sul representou, no período, menos de 4% do portfólio do fundo. Assim é que, guiado por uma estratégia cujo foco principal é o investimento interno e consequente fortalecimento da economia doméstica, o Temasek tem participação majoritária em muitas companhias nacionais importantes, em setores cruciais da economia local, controlando seis dentre as quinze maiores corporações do país.[293]

---

[289] SOVEREIGN WEALTH FUNDS INSTITUTE, 2013. Disponível em: http://www.swfinstitute.org/fund-rankings/ Acesso em 25 de setembro de 2013
[290] CURZIO, 2010, p. 70.
[291] Id., 2010, p. 70.
[292] Id., 2010, p. 70.
[293] Ibid., 2010, p. 71.

Quanto aos setores de investimentos, o fundo tem demonstrado preferência, em primeiro lugar, pelo setor financeiro, que representava 33% de seu portfólio no período supracitado, seguido dos setores de mídia e telecomunicações (26%), transporte e logística (13%), imobiliário (9%), infraestrutura (6%) e energia (5%), entre outros.[294]

No tocante à transparência, Truman classifica o Temasek em uma posição intermediária, com 68 pontos dos 100 máximos, e um total de 73 pontos, quando considerados os demais quesitos de comportamento, estrutura, governança, com especial destaque em termos de pontuação para estes dois últimos.[295] Todavia, pelo índice de referência Linaburg-Maduell, o fundo obtém nota máxima, em razão, principalmente, de fornecer uma detalhada publicação de seus rendimentos financeiros, investimentos, governança, estrutura e estratégia de gestão de riscos em sua publicação anual, disponível ao público em seu site desde 2004.[296]

Em agosto de 2009, o Temasek inovou no mundo dos fundos soberanos, anunciando a criação de uma nova divisão de investimento chamada Seatown Holdings e financiando-a com um aporte inicial de US$ 3.3 bilhões. O fundo Seatown, administrado de forma independente do Temasek, mas de completa propriedade deste, conta como grande diferencial o fato de ter sido anunciada a possibilidade de ser aberto para coinvestimento de investidores privados institucionais até 2015 e do varejo até 2020.[297]

Ora, a possibilidade de o fundo soberano de Cingapura criar um veículo para facilitar o coinvestimento privado em suas atividades é um fato novo nesse universo, que implica a necessidade de revisão, consoante se observou, do próprio conceito até agora dominante de fundo soberano como condomínio de ativos de propriedade exclusiva do ente governamental.[298] Além disso, a criação pelo Temasek dessa nova divisão de investimento, sinalizando a participação de investidores privados, pode vir a ser um exemplo eficaz de inovação, de modo a superar as preocupações dos países recipientes e afirmar o propósito exclusivamente lucrativo do veículo soberano, evitando-se eventual surto ou agravamento do fenômeno protecionista.

---

[294] Id., 2010, p. 71.
[295] TRUMAN, 2010, p. 73.
[296] CURZIO; MICELI, 2010, p. 75.
[297] CHUA, Linus. Temasek names Phoon as CEO of Seatown. *Bloomberg*, July 2011.
[298] Vide Capítulo 2 – Fundos soberanos: conceito e natureza.

Note-se que o Temasek Holdings não é o maior fundo soberano de Cingapura, conquanto seja, indubitavelmente, em razão de suas próprias características e, notadamente, da origem de seus recursos, o mais interessante. O maior fundo da cidade-estado insular é o GIC, com ativos na ordem dos US$ 285 bilhões em 2013 [299] e obtendo seus recursos de forma mais ortodoxa, quando se trata dos fundos soberanos, ou seja, dos superávits orçamentários e fiscais, reservas monetárias, além do superávit decorrente do fundo de seguridade social mantido pelas contribuições obrigatórias de trabalhadores de Cingapura.[300]

Cumpre ressaltar que o GIC investe também em ações e renda fixa, com o objetivo principal de superar os rendimentos de mercado tomados como referência. Além disso, o fundo, através de seu braço imobiliário GIC Real Estate, está entre os dez maiores investidores imobiliários do mundo, com mais de duzentos investimentos em trinta países. Por fim, o GIC Special Investments, ramificação financeira do fundo soberano, é especialista em investimentos diretos em companhias, sendo um dos maiores fundos de *private equity* do mundo.[301]

O papel fundamental do GIC é garantir a estabilidade do Estado, pois foi concebido para preservar sua independência, em caso de severa crise financeira internacional, e garantir recursos para um crescimento contínuo ao longo dos anos, a despeito da volatilidade das circunstâncias. De fato, foi essa a intenção do governo, consubstanciada na pessoa do então primeiro-ministro Lee Kuan Yew, quando o GIC foi criado, em 1981, com o propósito principal de proteger o valor da poupança nacional e preservar sua autonomia, sem, necessariamente, pretender o maior retorno financeiro possível. Nesse sentido, o GIC desempenhou papel fundamental na crise financeira asiática ocorrida no final dos anos 1990, garantindo recursos suficientes para a cidade-estado navegar durante a turbulência financeira, sem necessidade de se curvar às exigências do FMI, que, na época, prestou socorro financeiro – condicionado, evidentemente, a uma série de reformas estruturais drásticas na economia – aos seus vizinhos.[302]

---

[299] SOVEREIGN WEALTH FUNDS INSTITUTE, 2013. Disponível em: http://www.swfinstitute.org/fund-rankings/ Acesso em 25 de setembro de 2013.
[300] CURZIO; MICELI, 2010, p. 75.
[301] Ibid., 2010, p. 76.
[302] Ibid., 2010, p. 77.

No que concerne à transparência, o GIC recebe nota seis do índice Linaburg-Maduell para o ano de 2013. [303]

5.6. China: China Investment Corporation

A China estabeleceu o CIC, em setembro de 2007, com uma dotação inicial da ordem de US$ 200 bilhões. A criação do CIC foi resultado de um debate interno na China relativamente ao destino a ser conferido à enorme e crescente quantia de reservas internacionais, notadamente em moeda norte-americana, acumuladas em razão do superávit em conta corrente do país que, já em dezembro de 2007, atingia a quantia de US$ 1.528 trilhões.[304] Em 2013, o fundo dispunha de US$ 575,2 bilhões em ativos sob gestão. [305]

O CIC é inteiramente controlado pelo governo da China e presta contas diretamente ao primeiro-ministro e ao Conselho de Estado, o mais importante órgão executivo e administrativo do governo. Portanto, o CIC não está sujeito a uma autoridade reguladora. O CIC conta, em sua composição, com um conselho de diretores, com onze membros, incumbidos de definir as estratégias e linhas mestras de investimento do fundo, entre os quais estão membros do partido ligados ao Ministério das Finanças e ao Banco Popular da China. O conselho de diretores deve ser aprovado pelo Conselho de Estado. Já a administração do CIC, cuja função é implementar as diretrizes estabelecidas pelo conselho de diretores, é composta, prioritariamente, por técnicos com comprovada experiência na gestão de investimentos públicos e privados.[306]

Os objetivos declarados do CIC são maximizar, no longo prazo, os retornos sobre os investimentos do fundo, valendo-se, para tanto, de um balanceado portfólio de ativos externos, e recapitalizar instituições financeiras estatais, auxiliando na sua valorização.[307]

De fato, o fundo é dono de uma grande parcela do sistema financeiro e bancário chinês, uma vez que seus ativos representavam, até o final de 2007, 58% de todos os ativos bancários do país e 59% de todos os emprés-

---

[303] SOVEREIGN WEALTH FUNDS INSTITUTE, 2013. Disponível em: http://www.swfinstitute.org/fund-rankings/ Acesso em 25 de setembro de 2013
[304] CURZIO, 2010, p. 81.
[305] SOVEREIGN WEALTH FUNDS INSTITUTE, 2013. Disponível em: http://www.swfinstitute.org/fund-rankings/ Acesso em 25 de setembro de 2013
[306] Ibid., 2010, p. 83.
[307] Id., 2010, p. 83.

timos financeiros. Suas primeiras aquisições no exterior incluíram os já citados US$ 3 bilhões por 9,4% no fundo norte-americano de *private equity* Blackstone Group, e US$ 5 bilhões por 9,9% do banco Morgan Stanley.[308]

No quesito transparência, de acordo com Truman, o CIC obteve 59 de 100 pontos, em linha com uma política que vem sendo adotada na direção do fundo no sentido de aumentar a atenção às melhores práticas de divulgação e publicação de resultados e dados relevantes sobre a sua atuação.[309] Já Linaburg-Maduell atribuiu-lhe nota sete para 2013. [310]

De todos os fundos soberanos, pode-se dizer, com firmeza, que o CIC foi o que despertou as maiores preocupações e inflamou os mais aquecidos debates ao redor do mundo, notadamente nos Estados Unidos da América. A razão é óbvia e tem natureza geopolítica e geoeconômica: a China é uma das maiores potências do globo, sendo vista como verdadeira ameaça política, econômica e militar para o mundo ocidental. Assim é que, por exemplo, logo após a criação do CIC, Brad Setser, do Conselho de Relações Externas dos EUA, declarou, em tom pessimista, que os fundos soberanos representavam uma mudança de poder dos EUA para um grupo de países que não são transparentes ou democráticos, nem tampouco aliados dos Estados Unidos da América. [311]

Michael Martin sugere que, apesar de os ativos atuais sob gestão do CIC serem relativamente pequenos em comparação ao fluxo de capitais mundial, a China, não obstante, pode aumentar o patrimônio do seu fundo soberano para mais de US$ 1 trilhão, se decidir disponibilizar mais de suas reservas internacionais. Esse potencial de crescimento prova-se de grande importância, frisa Setser, pois alguém com capital de U$ 1 trilhão teria, em tese, o poder de empurrar a economia norte-americana à recessão.[312]

Com efeito, restou implícita, na criação do CIC, a ideia de transferir parte do portfólio internacional da China, dos títulos do tesouro norte-americano, a outros ativos. De acordo com muitos analistas, uma mudança nos ativos da China, em prejuízo dos títulos dos EUA, tende a pressionar

---

[308] Id., 2010, p. 83.
[309] TRUMAN, 2010, p. 72.
[310] SOVEREIGN WEALTH FUNDS INSTITUTE, 2013. Disponível em: http://www.swfinstitute. org/fund-rankings/ Acesso em 25 de setembro de 2013
[311] MARTIN, Michael F. China's Sovereign Wealth Fund. In: CARLSON, Thomas N.; LITTMANN, William P. (Eds.). *Sovereign Wealth Funds*. Hauppauge: Nova Science, 2009. p. 23.
[312] MARTIN, 2009, p. 23.

suas taxas de juros para cima, o que é especialmente preocupante em um momento em que o Federal Reserve objetiva manter os juros baixos, a fim de prevenir uma possível recessão econômica.[313]

Todavia, a despeito das inquietações que o fundo soberano da China possa suscitar, não deixa de oferecer alternativa ao governo local para a utilização das reservas internacionais acumuladas e, possivelmente, ter um rendimento positivo sobre seus investimentos,[314] superior àqueles – relativamente modestos – oferecidos pelos títulos públicos de países considerados portos seguros da economia mundial, tal como os Estados Unidos da América.

De outra banda, os dirigentes do CIC não cessam de reiterar que seu fundo soberano investirá com finalidades econômico-financeiras, e não políticas, tendo função estabilizadora no mercado internacional, em contraste com muitos outros instrumentos do mercado financeiro e de capitais modernos, notadamente os veículos de investimento com alto nível de risco – estes, sim, considerados uma fonte de instabilidade dos mercados. Essa natureza anticíclica importa, também, injetar liquidez em instituições financeiras que sofrem com os efeitos das crises mundiais, consoante se observou.[315]

5.7. Rússia: Russian Reserve Fund e National Wealth Fund

O Russian Reserve Fund (RF) e o National Welfare Fund (NWF) são de propriedade da Federação Russa e tiveram origem na divisão, em 2008, do Oil Stabilization Fund, o maior dos veículos soberanos russos.[316] Em conjunto, os citados veículos possuíam em 2013 ativos na ordem de US$ 149.7.bilhões.[317]

O RF tem o objetivo de garantir que as despesas de orçamento do Estado sejam devidamente financiadas e que o orçamento permaneça equilibrado, a despeito de eventual queda nos preços do petróleo e do gás natural. Quando as receitas derivadas dessas fontes energéticas excederem as necessidades previstas no orçamento nacional, esses recursos são credita-

---

[313] Id., 2009, p. 23.
[314] Ibid., 2009, p. 32.
[315] Ibid., 2009, p. 31.
[316] CURZIO, 2010, p. 96.
[317] SOVEREIGN WEALTH FUNDS INSTITUTE, 2013. Disponível em: http://www.swfinstitute.org/fund-rankings/ Acesso em 25 de setembro de 2013

dos automaticamente ao RF, observado um teto de até 10% do PIB russo. Trata-se, portanto, de um fundo de estabilização, de maneira que seu propósito é, fundamentalmente, isolar a economia da volatilidade nos preços de petróleo e do gás natural e absorver o excesso de liquidez, reduzindo eventuais pressões inflacionárias. Os demais excedentes de receita terão como destino o NWF, que tem o objetivo de, nos moldes dos fundos de pensão de reserva, financiar o sistema previdenciário para o futuro bem-estar dos cidadãos russos.[318]

Ambos, o RF e o NWF, são administrados pelo Ministro das Finanças da Rússia, conquanto tenham diferentes políticas de investimento. De fato, o NWF tem maior aceitação de risco, comparado ao RF, e, por conseguinte, um horizonte de investimento mais alongado, podendo investir em títulos privados e ações, ao passo que o RF investe somente em títulos de dívida externa de governos e organizações financeiras internacionais. Contudo, a principal diferença entre os dois fundos russos, segundo Curzio, é que o NWF tem autorização para investir até 50% do seu portfólio em ações em moeda estrangeira e doméstica.[319]

Em período anterior à crise financeira de 2008, os fundos soberanos russos eram considerados os veículos com o maior potencial de crescimento, em razão da constante alta nos preços das matérias-primas que os financiam. Contudo, a crise afetou, de maneira grave, a economia do país, gerando sérios problemas de liquidez para as instituições financeiras nacionais. Assim, os recursos financeiros dos fundos foram direcionados ao uso doméstico, em auxílio à economia interna, em uma prova de eficaz atuação anticíclica dos veículos soberanos.

Durante a crise econômica, o RF foi usado largamente, pelo governo, para cobrir os déficits no orçamento, e o NWF foi empregado com igual afinco no suporte ao sistema financeiro e à bolsa de valores – conquanto seu objetivo estivesse, inicialmente, ligado à perpetuação do sistema de seguridade social. Com efeito, diversas mudanças legislativas foram aprovadas, a fim de permitir aos fundos soberanos russos empregar suas reservas para finalidades domésticas. Assim, por exemplo, por dois anos, a contar de 1º de janeiro de 2010, os rendimentos dos ativos de ambos os fundos não foram reinvestidos em proveito desses, mas, ao contrário, empregados

---

[318] Ibid., 2009, p. 97.
[319] CURZIO; MICELI, 2010, p. 98.

para financiar as despesas do orçamento nacional, o que leva alguns críticos a acreditar que, se a situação econômica não melhorar, tais veículos restarão praticamente extintos, à míngua de fundos a gerir.[320]

Carlos Eduardo Carvalho e Ângela Tepassê recordam que a decisão do governo russo de utilizar os recursos de seu fundo soberano para estabilizar os mercados financeiros domésticos, no auge da crise, confirma que os fundos soberanos podem ser empregados com propósitos de estabilização domésticos, algo que se acentua nos períodos de turbulência financeira.[321]

No tocante à transparência, os fundos soberanos da Rússia não se sobressaem, sendo classificados por Truman com 50 pontos de 100.[322] Do mesmo modo, pelo índice Linaburg-Maduell, os fundos russos têm nota 5 de 10. Considerando o importante papel do RF e do NWF no apoio aos bancos domésticos e às empresas nacionais em época de crise econômica, bem como as ligações íntimas e aparentemente inextricáveis entre política e economia no país, um maior nível de transparência seria desejado dos fundos soberanos em questão, conforme pontua Curzio, principalmente no que tange às companhias que recebem seus recursos a título de auxílio e às ações e títulos adquiridos pelos veículos governamentais na bolsa de valores.[323]

5.8. Noruega: Government Pension Fund-Global

O GPF-G foi o primeiro fundo soberano estabelecido na Europa, criado pelo Parlamento da Noruega, em 1990, para investir a riqueza gerada na extração do petróleo, em especial, aquela derivada da taxação das empresas petrolíferas, da exploração dos direitos de extração e dos dividendos obtidos da empresa parcialmente estatal Statoil Hydro.[324]

A despeito de o fundo soberano norueguês não ser um fundo de pensão no sentido clássico, de tal sorte que não encontra sua fonte de financiamento nas contribuições previdenciárias, sem dúvida, um dos seus principais objetivos sempre foi arcar com os custos crescentes do sistema previdenciário nacional, referência mundial em termos de qualidade e

---

[320] Ibid., 2010, p. 98.
[321] CARVALHO; TEPASSÊ, 2008, p. 6.
[322] TRUMAN, 2010, p. 72.
[323] CURZIO; MICELI, 2010, p. 100.
[324] Ibid., 2010, p. 88.

eficácia. Essa característica faz com que o GPF-G seja um fundo soberano com natureza pertencente à categoria dos fundos de pensão de reserva.[325]

O GPF-G é o maior fundo soberano do mundo, contando com aproximadamente US$ 737.2 bilhões de ativos sob gestão em 2013.[326] O fundo tem como proprietário exclusivo o governo da Noruega e é vinculado ao Ministério das Finanças.[327]

São três os objetivos declarados do GPF-G, quais sejam: (a) garantir que parte substancial da riqueza gerada pela exploração do petróleo seja transferida para as futuras gerações, em consideração à inevitável exaustão futura dessa matéria-prima; (b) facilitar a acumulação de ativos financeiros, de maneira a lidar com futuros esquemas de pensão pública, em consideração ao crescente custo que o sistema de seguridade social impõe para uma sociedade cuja expectativa de vida só faz aumentar; e (c) contrabalançar os efeitos das flutuações nos preços do petróleo.[328]

Prevalece, no seio da estrutura de investimento do GPF-G, a visão de longo prazo, com ênfase particular no conceito de desenvolvimento – econômico, social e ambientalmente sustentável. A estrutura de governança do fundo, por sua vez, é referência mundial, recebendo nota máxima de 100 pontos no conceito de Truman.[329] Com efeito, resta delineada, claramente, no seio da estrutura desse fundo, a divisão de responsabilidades entre as autoridades políticas e a administração operacional.[330]

Posto isto, o proprietário formal do fundo é o Ministério das Finanças do governo da Noruega, sendo o Ministro das Finanças o responsável pela sua gestão, bem como pela definição dos seus objetivos estratégicos e relativamente aos parâmetros de risco adotados na escolha dos investimentos. No entanto, o Ministério das Finanças delega a administração operacional do fundo soberano ao Banco Central Norueguês (Norges Bank), através de sua subsidiária Norges Bank Investment Management, responsável por investir os ativos do GPF-G no mercado externo. Anote-se que o Ministé-

---

[325] Id., 2010, p. 88.
[326] SOVEREIGN WEALTH FUNDS INSTITUTE, 2013. Disponível em: http://www.swfinstitute. org/fund-rankings/ Acesso em 25 de setembro de 2013
[327] CURZIO; MICELI, 2010, p. 88.
[328] Ibid., 2010, p. 90.
[329] TRUMAN, 2010, p. 73.
[330] CURZIO; MICELI, 2010, p. 90.

rio das Finanças reporta as informações sobre a administração do fundo soberano e seus investimentos diretamente ao Parlamento Norueguês.[331]

Outra característica importante do GPF-G é sua integração ao orçamento do Estado. É dizer: os recursos do fundo soberano podem ser usados para cobrir os déficits do Estado. No entanto, o resgate dos fundos pelo governo requer a aprovação mediante votação no Parlamento.[332]

O GPF-G atribui, no curso de sua atuação, grande importância a normas consideradas éticas e ao respeito às obrigações derivadas de tratados internacionais que enfatizam o comprometimento da Noruega com a justiça global. Nesse sentido, o fundo exerce seus direitos de voto, inerentes à sua posição acionária, de modo a promover seu interesse financeiro e a garantir que a companhia na qual investiu se porta de acordo com os princípios éticos de seus acionistas. Além disso, o fundo soberano norueguês não investe em empresas que: violam os direitos humanos e outras normas éticas consideradas fundamentais; desrespeitam os direitos individuais, em caso de guerra ou conflito; causam severo dano ambiental; ou que praticam grave corrupção.[333]

As citadas balizas éticas são policiadas por um conselho ético independente estabelecido por decreto real em 2004, que se encarrega de avaliar se determinada companhia deve ou não ser excluída dos investimentos do fundo com base nos princípios elencados. O conselho é composto por cinco membros – três acadêmicos da Universidade de Oslo, um cientista de carreira e um economista também profissional – incumbidos de investigar e aferir se determinado alvo de investimento é compatível ou não com os parâmetros éticos erigidos pelo fundo soberano para orientar suas aplicações. É assegurado, às companhias, sob escrutínio do conselho ético, o direito à defesa, no sentido de prestar as informações necessárias à demonstração de que se pautam pelos mesmos princípios éticos exigidos pelo GPF-G.[334]

Ressalva-se, contudo, que a última palavra relativamente à exclusão de determinado ativo fica a cargo do Ministério das Finanças, que, frise-se, normalmente acompanha as decisões do conselho ético. Todos os processos e decisões são transparentes e disponíveis no site do GPF-G, o que,

---

[331] Ibid., 2010, p. 90-91.
[332] Id., 2010, p. 91.
[333] Ibid., 2010, p. 92.
[334] Ibid., 2010, p. 90.

dada a influência do fundo no cenário global e a aceitabilidade com que seus princípios são recebidos, pode produzir notícias no mundo corporativo e financeiro, de maneira até a macular a imagem de determinada companhia. Argumenta-se, de um lado, que a exclusão de uma companhia pode ter o condão positivo de servir como incentivo à sua mudança de comportamento, haja vista que a exclusão pode ser revista, a qualquer tempo, pelo conselho e pelo Ministério das Finanças. Mas pode-se sustentar, como faz Chesterman apud Curzio e Miceli, que a exclusão encontra sua razão principal no fato de se pretender evitar a cumplicidade do fundo soberano com condutas reconhecidamente contrárias aos preceitos éticos amplamente aceitos nas sociedades civilizadas.[335]

Seja como for, Curzio e Miceli, com base nos estudos de Clark e Monk, apontam que, até o ano de 2008, trinta companhias haviam sido excluídas de um total de sete mil que compunham o portfólio do fundo. Os motivos dessa rejeição variam entre a produção ou o suprimento de arsenal bélico ou nuclear, danos ao meio ambiente e violação dos direitos humanos. Deve-se notar que algumas companhias, após serem excluídas, foram reinseridas no portfólio do GPF-G, ante o posterior desaparecimento das razões que motivaram sua exclusão.[336]

O GPF-G investe nos mercados globais por meio de um amplo espectro de instrumentos financeiros – *e. g.*, renda fixa, derivativos –, de molde a diversificar seu portfólio e a maximizar os retornos correspondentes ao nível aceito de risco. O fundo, contudo, não investe em *private equity*. Em 2009, o GPF-G detinha ações em aproximadamente 7.900 empresas, representando, em média 1% de todas as companhias listadas em bolsa do planeta. Nesse elenco, incluem-se sociedades como HSBC, Nestlé, British Petroleum, Banco Santander, Telefónica, Exxon Mobil, Roche, entre outras, as quais estão, majoritariamente, concentradas na Europa, em diversos setores da economia, com destaque para energia, finanças e telecomunicações.[337]

No fundamental quesito da transparência, o GPF-G é, indubitavelmente, admirável. Não há, no mundo, fundo soberano comparável, em tamanho e importância, que tenha alcançado tão elevado nível de transpa-

---

[335] Id., 2010, p. 90.
[336] Ibid., 2010, p. 93.
[337] Ibid., 2010, p. 94.

rência quanto o veículo da Noruega. Truman o coloca no pódio, com 92 de 100 pontos, em bronze, atrás somente do fundo do estado do Alaska e da Nova Zelândia, ambos muito menores e não pertencentes a estados-nações. Em termos de divulgação e governança, o GPF-G é líder inconteste. Também pelo índice Linaburg-Maduell, o GPF-G é exemplar, obtendo a nota máxima. Por fim, não é demais lembrar que, na definição dos princípios de boa conduta para os fundos soberanos – que resultaram nos *Princípios de Santiago* –, o grupo de trabalho do FMI considerou o GPF-G o paradigma de referência.[338]

---

[338] Ibid., 2010, p. 95.

6
Questões Relevantes

6.1. Preocupações atinentes ao tema
Os fundos soberanos são uma manifestação das mudanças no sistema econômico e financeiro global, do qual fazem parte. Suas atividades geram efeitos sobre muitos interesses, como: dos cidadãos e do próprio governo de seu país proprietário; dos cidadãos e governos das nações que são hóspedes atuais ou potenciais de seus investimentos; dos mercados financeiros – domésticos ou internacionais – de modo geral, e dos governos e cidadãos de outros países. Os veículos soberanos não existem fora dos mercados financeiros. Antes, são partes desses, conquanto a novidade de sua presença possa acender dúvidas e despertar preocupações. Também não são simplesmente provedores de capitais para os mercados financeiros globais. Ao contrário, no mais das vezes, os fundos soberanos são recicladores dos fluxos financeiros globais, conforme afirma Edwin Truman. Portanto, segundo o autor, não se trata de ameaça nem tampouco de salvação, mas, simplesmente, de um reflexo maior das transformações vividas pelo cenário financeiro internacional.[339]

Por conseguinte, os fundos soberanos emergiram, recentemente, como símbolo de duas formas de tensões no âmbito da globalização do sistema financeiro internacional. A primeira tensão diz respeito à dramática redistribuição de renda e riqueza – interna e externa – dos países ditos indus-

---
[339] TRUMAN, 2010, p. 33.

triais para nações que, historicamente, jamais desempenharam papel de preeminência no mundo financeiro. De fato, não foram os países emergentes que construíram as práticas, normas e convenções que governam o sistema financeiro internacional, o que levou muitos a acreditar que esses países não poderiam ou não deveriam estar comprometidos com a saúde de um sistema que não contribuíram para criar.[340]

No entanto, os emergentes enriqueceram e, inevitavelmente, ingressaram na estrutura financeira mundial, pronta e acabada, qual teia de regras e procedimentos meticulosamente forjada com o passar dos anos pelos países industrializados, que, outrora, caminhavam sozinhos na condução de seus interesses comerciais. Trata-se, metaforicamente, e guardadas as devidas proporções, de tensão semelhante à que permeou a sociedade europeia do final de século XVIII com a acumulação de riqueza e, portanto, de poder, da burguesia emergente, de sorte a confrontar as normas adotadas pela nobreza dominante.

A segunda tensão reflete o fato de que essa nova riqueza é controlada, em grande parte, por governos, e não por agentes privados. Essa redistribuição de recursos do setor privado para o setor público implica uma reorientação da lógica do processo decisório econômico, pelos fundos soberanos, que conflita, naturalmente, com o modelo tradicional, norteado pelas regras do livre mercado, no qual os líderes e cidadãos das maduras economias industriais estavam confortavelmente acostumados a atuar – conquanto muitos de seus próprios sistemas também não se conformem exatamente a esse modelo, de maneira a prever maior intervenção do Estado no domínio privado, mormente após a crise de 2007-2008, que exigiu, de certa forma, uma reconsideração do modelo econômico excessivamente liberal, em favor de mais fiscalização e regulação estatal na atividade econômica, de modo geral.[341]

Segundo Truman, Gerard Lyons capturou essa preocupação aludindo à ligação dos fundos soberanos com o capitalismo estatal e à consequente redistribuição de riqueza como a principal fonte de preocupação associada a essa transformação no contexto econômico global. De maneira semelhante, John Gieve também consignou que a mudança, dos países ricos em reservas, da condição de financiadores para proprietários de ativos finan-

---

[340] Ibid., 2010, p. 32.
[341] TRUMAN, 2010, p. 33.

ceiros ou reais, causaria prováveis tensões e pressões protecionistas. Por fim, Bremmer também dissertou de maneira um tanto apocalíptica sobre o possível fim do livre mercado, na batalha entre os Estados e o capitalismo democrático dominado pelas corporações privadas.[342]

É inquestionável, todavia, que os fundos soberanos e sua crescente importância representam claramente uma manifestação da globalização, assim como de transferência na balança do poder econômico e financeiro no seio da economia mundial. Ademais, ainda que os fundos soberanos não sejam a manifestação mais proeminente do fenômeno globalizador – ante a miríade de consequências desse efeito –, as questões relativas à sua existência e ao seu funcionamento, bem como as preocupações que suscitam, são relevantes, à sua maneira, e indicam inquietações mais amplas *vis-à-vis* o papel que os governos devem ter nos assuntos econômicos e financeiros internacionais.[343]

6.2. O mau uso da riqueza nacional

A primeira preocupação comum relativamente à matéria refere-se à má--administração ou ao mau-uso dos recursos de determinado fundo soberano, em prejuízo de seu país proprietário e, evidentemente, dos seus cidadãos. O risco de que a riqueza de determinado país, por incompetência, negligência, corrupção ou qualquer outro fator, seja má administrada e, por conseguinte, desperdiçada, é, na opinião de Truman, a mais grave questão que pesa sobre os veículos soberanos.[344]

Com efeito, o acúmulo de enormes quantidades de ativos acarreta uma série de desafios para o administrador do fundo soberano, que deve não somente zelar para que os ativos não sofram perda de valor, mas, também, para que os seus retornos econômico-financeiros sejam tais que justifiquem a própria existência dos fundos e a estrutura construída para a aplicação dos recursos soberanos. Isso significa que não se pode conceber a criação de um fundo soberano para colocar em xeque, ainda que minimamente, a riqueza – presente e futura – do país. Portanto, a responsabilidade do administrador do fundo soberano, como, aliás, a de todo administrador público, é grande, mormente em função das vultosas quantidades de recursos à sua disposição.

---

[342] Ibid., 2010, p. 32-33.
[343] Id., 2010, p. 32-33.
[344] TRUMAN, 2010, p. 36.

Ademais, Truman nomeia os estudos produzidos por Dewenter e Malatesta, que indicam que a literatura econômica está repleta de exemplos de investimentos de empresas estatais que se sobressaíram pela ineficiência. Com amparo também em Park, do Banco de Desenvolvimento da Ásia, verifica-se que, efetivamente, não há por que permita supor que o setor público invista melhor os recursos excedentes do Estado do que o setor privado. Mais além, Park traz à baila os estudos de Berrigan, Bertoldi e Bosma, os quais argumentam que a aquisição de companhias pelos fundos soberanos é inconsistente, constatando a tendência da redução do envolvimento estatal na atividade econômica de produção, que notadamente sustentou o movimento de privatizações nas últimas décadas, reforçando que o risco de ineficiência na administração dos veículos soberanos acentua-se em razão de suas estruturas de governança e ante o fato de que não se sujeitam às disciplinas próprias dos agentes privados.[345]

De fato, é regra geral que os governos não têm o talento da iniciativa privada, quando o assunto é investimento; nem os bancos públicos nem tampouco as empresas públicas são aquelas mais reputadas pela eficiência e pelo nível de rentabilidade que logram obter sobre suas aplicações financeiras. A situação não é diversa no terreno dos fundos soberanos. De acordo com Edwin Truman, é possível citar um número grande de países que estabeleceram fundos soberanos e logo liquidaram seus ativos em perdas irreversíveis ou estão dissipando-os a braçadas, mediante uso errôneo de seus recursos. Assim foi o caso do Fundo de Estabilização do Equador, do Petroleum (Special) Trust Fund, da Nigéria, e está ocorrendo com os fundos soberanos da Venezuela, do Chade e da Papua-Nova Guiné. As circunstâncias das perdas diferem em relação a cada país, lembra Truman, sendo certo, contudo, que, ao final das contas, são as forças e os interesses políticos que conduzem o fundo à derrocada, em prejuízo dos seus cidadãos e de sua soberania. Não surpreende, portanto, que, para os fundos soberanos ainda em funcionamento, Bernstein, Lerner e Schoar lograram identificar, estatisticamente, uma razão fundamental pela qual alguns veículos obtêm menores retornos que outros, qual seja, a maior concentração de políticos envolvidos em suas atividades, em especial, com influência em seus investimentos internos.[346]

[345] Ibid., 2010, p. 37.
[346] TRUMAN, 2010, p. 39.

Até mesmo no caso do norueguês GPF-G, amplamente considerado a referência mundial em matéria de estrutura e governança, o desempenho considerado, por alguns, abaixo da média, em seus retornos financeiros, no período compreendido entre 1998 a 2006, deu azo a fortes censuras internas à administração do fundo, com críticas apontando que a gerência dos investimentos do país estaria empobrecendo a nação.[347]

Desse modo, afigura-se perfeitamente legítimo aos cidadãos de determinado país questionarem a maneira como o seu fundo soberano investe os recursos públicos. Assim foi o caso, por exemplo, da China, cuja imprensa local – a qual está distante de gozar da liberdade dos meios de comunicação que desfrutam dos princípios democráticos presentes nas nações mais avançadas – alvejou de críticas o governo e seu fundo soberano CIC, quando da compra de parte do fundo norte-americano Blackstone, ante a desvalorização em mais de 40% de suas ações.[348]

Mas, na medida em que um fundo soberano cresça em ativos sob gestão, há a natural tendência de que busque maior diversificação para seus recursos, o que pode levá-lo a assumir maiores riscos no investimento da riqueza soberana, quer na escolha dos instrumentos de investimento – e. g., fundos de alto risco, derivativos –, quer na definição dos ativos e mercados destinatários do investimento – países emergentes, empresas com baixa classificação de risco etc. Há, portanto, o risco, segundo sugere Lyons, de que a presença investidora dos fundos soberanos em ativos e mercados considerados menos seguros pode criar um problema de risco moral, mormente se o veículo soberano tem objetivos estratégicos outros que não somente a maximização do lucro.[349]

A administração de ativos domésticos e internacionais através de um fundo soberano também pode potencializar a corrupção no governo, principalmente em razão da imensa quantidade de recursos à disposição do administrador para aplicação. Consequentemente, não deve ser afastada a possibilidade de que dinheiro público, em qualquer escala, seja perdido em investimentos que beneficiem interesses individuais estranhos àqueles da coletividade. Assim é que já se apontou casos de corrupção

---

[347] ANDERSON, 2009, p. 19.
[348] FOTAK; BORTOLOTTI; MEGGINSON, 2008 apud MEZZACAPO, 2009, p. 27.
[349] LYONS, Gerard. State capitalism: the rise of sovereign wealth funds. In: CARLSON, Thomas; LITTMANN, William. **Sovereign Wealth Funds**. Hauppauge: Nova Science, 2009. p. 52.

envolvendo fundos soberanos do Kuwait, da Rússia e de Dubai, entre outros.[350]

Ao final, é forçoso convir que a má-administração, em potencial, dos fundos soberanos e a corrupção, em especial, não são somente assuntos internos do país-sede do veículo de investimento – conquanto seja esse, inequivocamente, o mais afetado. Contudo, uma nação que dissipa seus recursos soberanos em investimentos imprudentes, corrupção e má-gestão, de modo geral, é um país cuja estabilidade econômica, financeira e política pode ficar comprometida, com consequentes implicações adversas para o mercado mundial, como um todo, consoante sublinha, de modo irreparável, Edwin Truman.[351]

Não obstante, vale ressalvar que a mera possibilidade de corrupção ou má-gestão dos recursos públicos sob o portfólio dos fundos soberanos não é razão suficiente para desqualificá-los como instrumentos idôneos de investimento para a consecução de políticas públicas do Estado. Se tal lógica prevalecesse, a própria intervenção do Estado no domínio econômico e, no limite, até mesmo a prestação de serviço público restariam definitivamente comprometidas. O importante, nesse caso, e o que se espera para o Fundo Soberano do Brasil, é que haja, em sua estrutura, o maior grau de transparência possível e a melhor técnica disponível – e mecanismos de controle eficazes para aferir esses requisitos – para orientar seus investimentos, de modo que sejam compreendidos pela população, perscrutados pelos interessados e desmistificados, de modo geral, criando-se condições para que os ativos sob sua gestão redundem em crescente benefício econômico e social aos cidadãos do País.

Portanto, o FSB se insere em uma questão de fundo maior, que gira em torno da habilidade – ou não – dos fundos soberanos de não somente bem investir sua riqueza nacional, mas, até mesmo, conservá-la, preservando-a de investimentos imprudentes, errôneos, do desperdício e da corrupção.

Considere-se, por exemplo, que o Fundo Soberano do Brasil, que tem entre seus objetivos tornar rentável uma poupança pública para o País e garantir recursos nos momentos de crise econômica, sofreu perda patrimonial, em 2011, no valor de R$ 3,4 bilhões, ante a desvalorização das ações de seu portfólio, as quais se concentravam, principalmente, em ações ordi-

---

[350] TRUMAN, 2010, p. 37-38.
[351] Ibid., 2010, p. 39.

nárias da companhia estatal Petrobras (74,1%). Reporta-se que, no início de 2011, os recursos aplicados no FSB totalizavam R$ 18,76 bilhões contra os R$ 15,36 bilhões apurados no mês de dezembro do mesmo ano. Logo, o desempenho negativo do FSB esteve diretamente ligado à queda no valor das ações da Petrobras, que compunha a grande maioria da carteira do veículo soberano brasileiro, ao lado do Banco do Brasil, objeto de 9,5% dos recursos do fundo. As críticas caminham no sentido de que o FSB deve, necessariamente, promover a diversificação de sua carteira, a fim de evitar riscos e equilibrar a rentabilidade, baseando, para tanto, suas decisões em critérios econômicos. Com efeito, vale, aqui, a lição de Adrian Orr, do neozelandês Superannuation Fund, para quem "a diversificação é absolutamente necessária para mitigar os riscos". [352]

Deve-se ressaltar, contudo, no que concerne à matéria em foco, que o investimento do FSB na Petrobras, concluído no dia 24 de setembro de 2010, foi o maior investimento direto de um fundo soberano no mundo, naquele ano, superando a marca de US$ 7 bilhões. Em segundo e terceiro lugares, ficaram as aplicações do Qatar Investment Autority no Agricultural Bank of China, no montante de US$ 6 bilhões, e no Banco Santander do Brasil S/A, no valor de US$ 2.719 bilhões, respectivamente.[353]

De toda forma, a administração do FSB é alvo de críticas pela sua gestão, especialmente em razão da escolha de concentrar a maioria dos ativos em uma só companhia, concentração que teve início no terceiro trimestre de 2010, em decorrência do processo de capitalização da companhia petrolífera. [354] Questiona-se a atuação do Fundo, principalmente quando se compara seu modo de operação com os demais veículos soberanos do mundo, os quais em regra investem em títulos públicos e privados ou em ações de empresas estrangeiras, de sorte a promover maior diversificação do risco. Ao contrário, os investimentos do FSB têm, presentemente, o objetivo de proteger os ativos nacionais, de concentrar o risco no País, o que é uma prática pouco experimentada.[355]

---

[352] ORR, Adrian. The New Zealand Superannuation Fund: Surviving through and seeing beyond the global financial crisis. In: DAS, Udaibir et al. *Economics of Sovereign Wealth Funds*: issues for policymakers. Washington, DC: International Monetary Fund, 2010. p. 275.
[353] SOVEREIGN WEALTH FUNDS INSTITUTE. *Top 10 SWF Direct Deal Transactions of 2010*. Disponível em: <http://www.swfinstitute.org/statistics-research/top10swftd/>. Acesso em: 22 dez. 2011.
[354] Ibid., passim.
[355] TAVARES et al., 2008, p. 10.

A *performance* negativa do FSB facultaria, inclusive, o argumento de que não estão sendo cumpridas suas finalidades legais, haja vista que, no acumulado de 2009 a 2011, a rentabilidade do fundo foi de 7,8%, ao passo que o Decreto nº 7.055/2009, que o regulamentou, prevê (artigo 3º, II) que as aplicações em ativos financeiros no Brasil – que deverão atender, entre outras finalidades, a formação de poupança pública e a mitigação dos efeitos dos ciclos econômicos – devam ter rentabilidade mínima equivalente à TJLP,[356] fixada pelo Conselho Monetário Internacional, o que significaria uma rentabilidade de 19,24% para aquele período.[357]

Assim, o desempenho do FSB aquém do esperado, até o presente momento, pode gerar dúvidas sobre sua eficácia como instrumento de promoção das políticas públicas designadas em sua criação.[358]

Nesse diapasão, vem à baila estudo de Blackburn, Del Vecchio e outros[359] da Universidade de Chicago, *apud* Curzio e Miceli, que se propuseram a definir uma metodologia capaz de determinar se os fundos soberanos servem, da melhor maneira, o interesse de seus respectivos cidadãos – avaliando os potenciais benefícios e custos dos veículos soberanos isoladamente considerados, do ponto de vista dos seus cidadãos. No curso da pesquisa, as vantagens atribuídas aos fundos soberanos foram confrontadas com possíveis alternativas para o uso dos seus recursos, como, por exemplo, a redução de impostos e o aumento do investimento em infraestrutura. O principal benefício identificado pelos autores foi a aptidão dos fundos

---

[356] A TJLP é calculada com base em dois parâmetros: uma meta de inflação calculada *pro rata* para os doze meses seguintes ao primeiro mês de vigência da taxa, inclusive, baseada nas metas anuais fixadas pelo Conselho Monetário Nacional; e um prêmio de risco. (FINANCIADORA DE ESTUDOS E PROJETO. *TJLP – Taxa de Juros de Longo Prazo*. [2011]). Disponível em: <http://www.finep.gov.br/informacoes_financeiras/tjlp.asp?codSessaoInformacoesFinanceiras=1>. Acesso em: 28 dez. 2011.

[357] Ibid., passim.

[358] A STN, contudo, comenta que as aplicações do Fundo Soberano têm perspectiva de valorização no longo prazo, de maneira que o fundo não incorrerá em prejuízo. Note-se, em favor dessa justificativa, consoante já se ressaltou, que os fundos soberanos, por sua natureza, são investidores com horizontes longos de retorno. Além disso, o parágrafo 4º do Regulamento do FFIE é expresso no sentido de que o fundo pode estar exposto a significativa concentração em ativos de poucos emissores, com os riscos daí decorrentes – o que, todavia, decerto não torna esta prática menos desaconselhável à luz dos benefícios geralmente identificados com a diversificação (FINANCIADORA DE ESTUDOS E PROJETO, op. cit.).

[359] BLACKBURN et al., 2008 apud CURZIO; MICELI, 2010, p. 153.

soberanos de conseguir retornos superiores aos outros investimentos do governo. Adicionalmente, o estudo considerou benefícios não econômicos, como o ganho em força e influência política, frente a outras nações e companhias, que o Estado obtém quando possui um veículo soberano forte, o que, por sua vez, redunda em proveito de seu povo. De outra banda, os custos incluíam o risco do desempenho negativo do governo na aplicação dos recursos soberanos, bem como possíveis reações protecionistas nos países recipientes. A pesquisa se debruçou na citada relação custo-benefício aplicada aos cidadãos dos fundos soberanos de Abu Dhabi, Noruega, China, Cingapura, Kuwait e Rússia. O resultado é desalentador. Com efeito, baseados na metodologia usada, os autores concluíram que somente os fundos de Cingapura e do Kuwait provêem benefícios líquidos aos seus cidadãos, ao passo que, no caso dos outros, os custos excediam os benefícios, a sugerir que os recursos nacionais seriam melhor utilizados de outra forma.[360]

6.3. Motivações políticas

Outra questão preocupante que a destacar é que os fundos soberanos tomem suas decisões de investimento baseadas não puramente em considerações econômico-financeiras, mas, antes, em motivos políticos estratégicos. De fato, esse parece ser o ponto mais sensível em relação aos investimentos soberanos.

Isso porque a vigilância que a ascensão dos fundos soberanos despertou, notadamente nos países ditos desenvolvidos, é importante e não diz respeito somente ao mal-estar do Ocidente em lidar com a redistribuição de poder financeiro e econômico para as nações emergentes, simbolizadas pelos seus fundos soberanos de riqueza. A lista de preocupações tida pelos países desenvolvidos é extensa e decorre, principalmente, da insegurança de não se saber se os fundos soberanos serão instrumentos de promoção de agenda política, representando, portanto, nas palavras de Curzio, uma nova forma de capitalismo estatal. Nesse sentido, Lawrence Summers afirmou que as inquietações provocadas pelos fundos soberanos são profundas e atingem a própria natureza e lógica do capitalismo global, que pressupõe que os acionistas levam as companhias a agir de modo a maximizar o valor de suas ações, sendo pouco evidente que essa premissa será, ao longo do tempo, a motivação única dos governos-acionistas.[361]

---

[360] Idem, ibid.
[361] Ibid., 2010, p. 127-128.

De fato, um fundo soberano não necessariamente pode estar interessado na maximização do valor das companhias das quais é acionista, como normalmente ocorre no caso de acionistas privados. Ao contrário, o Estado-acionista pode extrair valor de empresas de outras formas que não a mera valorização de suas ações. Acresça-se a isso o fato de que a obtenção de referido valor, em princípio não aferível monetariamente – a representar, claramente, um incentivo para o fundo soberano na condução de seus próprios interesses – não é, em regra, acessível aos outros acionistas, o que, por óbvio, posiciona o ente governamental em vantagem *vis-à-vis* seus concorrentes privados.[362]

Nesse caso, teme-se que os veículos soberanos – reagindo aos incentivos particulares, que se colocam como meio de cumprir seus objetivos estratégicos, em oposição aos interesses dos demais acionistas de determinada companhia – possam ditar condições específicas às empresas nas quais investem e lhes impor suas prioridades, ainda que inconsistentes com a maximização do valor de seu portfólio, em detrimento dos mecanismos de governança corporativa, dos acionistas minoritários e do desempenho e resultados da empresa, com consequente reflexo negativo no valor de suas ações e prejuízo, no limite, à própria eficiência dos mercados em geral.[363]

Consoante se sublinhou, em razão de sua natureza eminentemente política, isto é, pública, os fundos soberanos são percebidos por sua tendência em empregar planos de investimento fundados em critérios políticos e estratégicos, ao invés de motivos puramente comerciais ou financeiros.

Assim, por exemplo, há o temor real de que os fundos soberanos possam lançar mão de seu poder e influência no portfólio das companhias que recebem seus investimentos para se apropriar de tecnologia e *know-how* em setores sensíveis da economia do país recipiente, como aqueles relativos à tecnologia militar, energia, mídia e às telecomunicações, e demais searas críticas, em termos de segurança nacional e até mesmo de propriedade intelectual. A propósito, Mezzacapo, oportunamente, cita a discussão em torno do investimento do ADIA que, em 2007, comprou cerca de 8%[364] da

---

[362] MEZZACAPO, 2009, p. 29.
[363] Id., 2009, p. 29.
[364] PATEL, Nilay. *Abu Dhabi investment group buys $622M chunk of AMD*. 2007. Disponível em: <http://www.engadget.com/2007/11/16/abu-dhabi-investment-group-buys-622m-chunk-of-amd/>. Acesso em: 23 dez. 2011.

empresa norte-americana AMD, fabricante de *chips* para computadores, pela quantia estimada em US$ 622 milhões.[365]

Entretanto, o critério econômico-financeiro pode, também, ser preterido em favor do interesse político de adquirir acesso às *commodities* e aos recursos naturais, de modo a garantir satisfação da demanda interna do país.[366] Isso explicaria o apetite dos veículos soberanos por ativos nas áreas de mineração e energia, por exemplo.

A racionalidade a impelir tais investimentos estratégicos é clara, segundo Lyons, porquanto alguns países podem considerar esse recurso um atalho para rapidamente aumentar sua curva de valor, na medida em que adquirem, mediante seus investimentos, propriedade intelectual e acesso a pesquisa e a desenvolvimento que poderiam levar muitos anos para atingir localmente. Por exemplo, a *expertise* de muitos países emergentes, como a China, nos manufaturados de baixo custo poderia ser rapidamente complementada com uma aquisição de companhias de alta tecnologia do setor, no exterior. De modo que, ainda segundo Lyons, a aquisição de empresas – incluindo instituições financeiras – no estrangeiro faz todo sentido para as nações emergentes, mormente em uma estratégia de longo horizonte, particularmente se tal investimento permitir a essas transferir as técnicas e os conhecimentos para seus mercados internos, para ajudar em seu desenvolvimento.[367]

Uma pesquisa realizada por Hill & Knowlton e Penn Schoen Berland nos países detentores de fundos soberanos revelou, consoante recorda Truman, que a maioria dos entrevistados teme que o principal motivo dos investimentos soberanos, em dezessete de dezenove países citados, seja exercer influência política, as únicas exceções são Noruega e Cingapura. No topo da lista dos fundos soberanos cujas ações – politicamente motivadas – acendem maiores inquietações estão a Rússia e a China. Os autores concluem, portanto, que convém aos interesses dos fundos soberanos incentivar seus governos a melhorar a imagem do país, no que tange a questões como estabilidade, Estado de direito e a adoção de práticas reconhecidas internacionalmente.[368]

---

[365] MEZZACAPO, 2009, p. 28.
[366] LYONS, 2009, p. 49.
[367] Id., 2009, p. 49.
[368] TRUMAN, 2010, p. 41.

A despeito de os veículos soberanos no mundo constantemente enfatizarem seus objetivos comerciais, grande parte do debate público nos países recipientes se concentra na preocupação de que esses investidores estrangeiros, com motivações não financeiras, detenham o controle estratégico de companhias e ativos. É fato que esse controle, se mal utilizado, pode, em tese, representar ameaça à segurança nacional e à ordem pública, especialmente em áreas que permitam acesso aos recursos naturais, à indústria da defesa, aos setores cruciais de infraestrutura e de alta tecnologia, entre outros. Uma preocupação apontada, especificamente em relação ao FSB, é que seu caráter desenvolvimentista – consubstanciado nos seus objetivos de promover investimentos em ativos no Brasil e no exterior e de fomentar projetos de interesse estratégico do País localizados no exterior – pode dar margem ao uso político ou fiscal irresponsável desses recursos. Questões como essas, contudo, certamente não se restringem aos fundos soberanos, conforme ressalta Kern.[369]

Com efeito, o Estado possui uma série de formas e instituições à disposição, por meio das quais pode realizar investimentos, incluindo fundos de pensão pública, bancos de desenvolvimento, empresas estatais e outros instrumentos públicos. Nesse universo de mecanismos e instituições disponíveis ao governo, os fundos soberanos, são, segundo Kern, os menos suspeitos, relativamente à manipulação política dos investimentos, dada sua natureza de investidor financeiro de longo horizonte, em busca de participações, em regra, minoritárias. Além disso, ressalta o autor que muitos fundos soberanos têm histórico comprovado de investidores passivos e confiáveis das companhias nas quais aplicaram.[370]

Não obstante, na realidade, de acordo com Truman, há que se curvar ao fato de que os governos são os proprietários dos fundos soberanos e, sendo organizações políticas, seria sobremodo ingênuo imaginar que a política estaria, de alguma forma, afastada das suas considerações de investimento. Além disso, destaca, curiosamente, o autor, que, dada a natureza política dos veículos soberanos, ainda que suas atividades fossem motivadas por razões puramente econômicas, conclusões não econômicas seriam retiradas de suas ações, não obstante. A título de exemplo, recorda os investi-

---

[369] KERN, Steffen. Sovereign Wealth Funds: new economic realities and the political responses. In: DAS, Udaibir et. al. *Economics of Sovereign Wealth Funds*: issues for policymakers. Washington, DC: International Monetary Fund, 2011. p. 25-40.
[370] Ibid.

mentos bilionários dos fundos soberanos no final de 2007 e em 2008 em instituições financeiras ocidentais – cujas ações estavam em notável baixa, comparativamente aos seus valores históricos, o que, em tese, representava boa oportunidade de investimento, com vistas a uma considerável e segura valorização futura. Mas, ainda assim, os investimentos foram amplamente considerados como politicamente motivados, ante a imaginável vantagem estratégica para os fundos soberanos e seus proprietários – países emergentes – em, de alguma forma, integrar o sistema financeiro ocidental[371]

Tome-se outro exemplo: o caso da compra, pelo Temasek, do controle da maior companhia de telecomunicações e satélites da Tailândia, a Shin Corporation, pertencente à família do então primeiro-ministro Thaksin Shinawaatra,[372] por cerca de US$ 1.8 bilhões. As alegações de motivações político-estratégicas por parte do fundo, em sua aquisição, consubstanciadas na apropriação de ativos fundamentais à segurança nacional da Tailândia, foram de tal modo contundentes que o evento acirrou a crise política nacional que desaguou na própria queda de Shinawaatr do poder – acusado de vender o interesse nacional a investidores estrangeiros –, com repercussões bastante negativas ao governo de Cingapura e pejorativas à sua imagem como investidor internacional, levando seu fundo soberano inclusive a indicar que reduziria sua posição acionária na empresa.[373] Ora, é de se observar, no caso, os efeitos contraproducentes da percepção – ainda que inexata – de que determinado fundo está ocultando propósitos políticos em sua atuação.

De fato, o risco à credibilidade e à reputação de determinado fundo soberano, se descobertas suas ações em função exclusivamente de uma agenda política, é grande, tendo, certamente, o condão de deflagrar uma vigorosa reação de repulsa no seio da comunidade internacional. Assim, parece evidente que, sob o ponto de vista dos fundos soberanos e de seus proprietários, há muito mais a perder na utilização do veículo para a promoção de agenda política nacional, através de investimentos estratégicos, do que a ganhar com os benefícios que tal atividade pode proporcionar. É por isso, talvez, que as evidências de que um fundo soberano esteja investindo

---

[371] TRUMAN, 2010, p. 42.
[372] Ibid., 2010, p. 42.
[373] JITTAPONG, Khettiya; CHANGPLAYNGAM, Pisit. Thai Shin Corp: Temasek has no plans do sell Shin. *Reuters*, 2010. Disponível em: <http://in.reuters.com/article/2010/03/10/shin-temasek-idINSGE6290D220100310>. Acesso em: 28 maio 2012.

por motivos exclusivamente políticos são muito difíceis de encontrar, conforme denota Anderson.[374]

Por fim, cumpre notar que, na prática, as amostras colhidas dos investimentos dos veículos soberanos têm demonstrado que suas estratégias são de fato predominantemente fundadas em critérios financeiros. Nesse sentido, de acordo com os estudos de Avendano e Santiso,[375] *apud* Curzio e Miceli, as decisões de investimento dos fundos soberanos não diferem significativamente daquelas dos fundos mútuos, usados pelos autores como parâmetro de referência de outros investidores. A pesquisa, que examinou quatorze mil ações de fundos soberanos e pouco menos de doze mil pertencentes a fundos mútuos, revelou que os padrões de investimento de ambos são no todo semelhantes, isto é, visam o lucro econômico-financeiro. Tampouco quando os autores inseriram no estudo a variável política, ou seja, a condição de democracia ou não dos países recipientes e investidores, logrou-se chegar a uma conclusão diversa. Desta feita, o estudo conduzido demonstrou que a alocação de recursos dos fundos soberanos e dos fundos mútuos é convergente, ambos investindo, da mesma maneira, em regimes democráticos e autoritários e providos, sobretudo, de motivação lucrativa em suas atividades.[376]

6.4. O risco atrelado ao protecionismo

Questão real e complexa diz respeito ao risco de os governos recipientes, por razões políticas e pressões internas, levantarem barreiras protecionistas contra os investimentos soberanos estrangeiros. Ora, uma exacerbação protecionista afeta nitidamente o fluxo de capitais global, podendo ameaçar as relações comerciais internacionais, conforme ressalta Lyons.[377]

De fato, não são todos os investimentos soberanos que são vistos com bons olhos pelos países recipientes, a exemplo do que ocorreu com o citado caso tailandês na aquisição da Shin Corporation pelo Temasek Holdings. Do mesmo modo, a Dubai Ports viu-se obrigada a se desfazer de sua operação norte-americana, quando adquiriu, em 2006, a britânica Peninsular

---

[374] ANDERSON, 2009, p. 79-80.
[375] AVENDANO, R; SANTISO, J. Are sovereign wealth funds investments politically biased? A comparison with mutual funds. *OECD Development Centre*, Working Paper nº 283, p. 137, Dec. 2009.
[376] AVENDANO; SANTISO, 2009 apud CURZIO; MICELI, 2010, p. 137.
[377] LYONS, 2009, p. 50.

and Oriental Steam Navigational Company (P&O), empresa que detinha os direitos sobre os portos de Baltimore, Miami, Nova Jersey, Nova York e Filadélfia.[378] A controvérsia e o inflamado debate nacional que se sucedeu à possibilidade de os Emirados Árabes serem proprietários dos portos estratégicos norte-americanos foram tão grandes que o Congresso houve por bem vetar o negócio.

Note-se, no caso da Dubai Ports, que a discussão não se ateve ao fato de que um estrangeiro controlaria a operação dos portos norte-americanos – porquanto, essa já estava a cargo de uma companhia britânica, mas, sim, que um estrangeiro com políticas não aliadas às dos EUA e cujas verdadeiras motivações geram desconfiança, deteria ativos fundamentais, do ponto de vista estratégico, para os Estados Unidos. Não se trata de acontecimento isolado. A China, da mesma forma, viu-se impedida, pelo Congresso norte-americano, de adquirir, em 2005, a extinta petrolífera Union Oil Company of California (UNOCAL), por preocupações norte-americanas relativas às implicações do negócio para a segurança nacional do país.[379]

De novo, vale reiterar que importa muito a percepção relativamente a questões como estabilidade, Estado de Direito, transparência e melhores práticas que se têm dos governos que patrocinam seus veículos soberanos. Portanto, a busca de uma boa reputação internacional deve ser objetivo fundamental dos proprietários de tais instrumentos, aí incluindo o governo do Brasil, em benefício do livre desenvolvimento dos seus negócios, do rompimento das barreiras ao movimento de capitais, da preservação da boa ordem comercial em um mundo globalizado e interdependente e da consecução final dos objetivos de seu veículo soberano, cuja exacerbação protecionista, indubitavelmente, colocará em risco.

Posto isso, vale lembrar que o protecionismo, de certa forma, permeia todos os governos mundiais. Trata-se de um fenômeno natural que não deve acabar. Assim, por exemplo, a pesquisa do Pew Research Center, de 2009, citada por Truman, descobriu que 2/3 (dois terços) dos entrevistados norte-americanos afirmaram ser favoráveis à obrigação de que os recursos advindos de estímulos do governo sejam usados exclusivamente em bens e serviços locais, a fim de preservar os empregos nos EUA. Somente

---

[378] ANDERSON, 2009, p. 29-30.
[379] Lyons, 2009, p. 50.

¼ (um quarto) afirmou ser esta uma má ideia ante o risco de possíveis retaliações comerciais.[380]

O sentimento protecionista se acentua quando, à pesquisa, Truman acrescenta os resultados publicados pelo estudo da Public Strategies (2008), que revelou que somente 6% dos 1.000 (mil) entrevistados nos Estados Unidos já haviam ouvido falar ou conheciam algo sobre o tema dos fundos soberanos, mas 49% acreditavam que os investimentos no país patrocinados por governos estrangeiros têm um efeito negativo na economia americana e 55% pensavam que tais atividades comprometem a segurança nacional.[381]

Entretanto, Gerard Lyons lembra que o desejo de muitos governos de proteger seus ativos estratégicos dos fundos soberanos – e, logo, dos outros governos – coincide com um crescente sentimento contrário à globalização presente em muitos países.[382] Ora, a recente crise europeia expôs a frustração de muitos povos frente aos resultados produzidos, de certo modo, pelo fenômeno globalizador que, entre outros fatores, impeliu a crescente interdependência dos sistemas financeiros mundiais. Devem-se notar, nesse sentido, as inúmeras revoltas ocorridas na Grécia, os protestos dos demais povos europeus e até mesmo o movimento Ocupe Wall Street,[383] inegável reflexo da atual conjuntura econômica. Lyons, no entanto, concebe uma série de hipóteses justificando o que chama de razões legítimas para uma postura cautelosa e até protecionista por parte do país recipiente, como, por exemplo, quando o investimento soberano se mostrar prejudicial à concorrência doméstica ou à segurança nacional, especialmente se o investidor em cartaz for opaco, no quesito da transparência, e suas intenções consideradas duvidosas.

Em relação à chamada segurança econômica, o risco às economias recipientes dos investimentos soberanos é que possam, sob pressão interna, erigir obstáculos desnecessários ao livre movimento de capitais e, assim, contribuir para uma escalada do protecionismo também em países

---

[380] TRUMAN, 2010, p. 45.
[381] Ibid., 2010, p. 45.
[382] LYONS, 2009, p. 50.
[383] Trata-se de um movimento popular de protesto contra a influência do sistema financeiro na sociedade e as desigualdades econômicas mundiais, iniciado em 17 de setembro de 2011 com a ocupação do Liberty Square, no distrito financeiro de Manhattan. Disponível em: <http://occupywallst.org/about/>. Acesso em 13 nov. 2011.

vizinhos e em outras nações, qual efeito dominó que se provaria, em última análise, nocivo ao bem-estar econômico geral.[384]

Na medida em que as preocupações relativas aos fundos soberanos foram ventiladas de maneira crescente nos últimos anos, muitos foram os governos que revisaram suas leis domésticas, a fim de governar os investimentos estrangeiros. A Austrália, por exemplo, criou, em 2008, normas específicas aplicáveis aos investidores estrangeiros governamentais, incluindo a necessidade de haver independência operacional do próprio governo, além de claros propósitos comerciais e da adesão a regulações e supervisões que garantam sua transparência. A Alemanha também expediu legislação facultando ao governo federal a proibição ou a aprovação condicional de transação externa que possa comprometer a segurança nacional ou a ordem pública, toda vez que um investimento estrangeiro, originado fora da União Europeia ou da Associação Europeia de Livre Comércio,[385] detiver posição acionária em uma empresa doméstica superior a 25% de seu capital. Do mesmo modo, a Rússia introduziu, em 2008, uma lei federal sobre investimentos estrangeiros em companhias com importância estratégica à defesa e à segurança do Estado, estabelecendo um processo de aprovação dos investimentos externos nos setores estratégicos desse país. Nos EUA, o presidente, fundado em parecer do Comitê de Investimentos Externos (CFIUS), pode proibir investimentos com critérios fundados na segurança nacional e no interesse público, quando relativo a setores críticos da economia, como os de infraestrutura, energia e tecnologia.[386]

No que tange à União Europeia, em regra, qualquer medida protecionista adotada contra os investimentos dos fundos soberanos iria de encontro ao seu Tratado da União Europeia, afrontando, notadamente, o artigo 56, que proíbe toda restrição ao movimento de capitais entre seus membros e, também, aos países não membros. Tal regra, contudo, admite exceções.

---

[384] TRUMAN, 2010, p. 46.

[385] Organização europeia fundada em 4 de janeiro de 1960 na cidade de Estocolmo, Suécia, por Reino Unido, Portugal, Áustria, Dinamarca, Noruega, Suécia e Suíça, países que não tinham aderido à Comunidade Econômica Europeia (CEE). A Finlândia integrou a organização em 1961, a Islândia em 1970 e Liechtenstein em 1991. Hoje a Associação Europeia de Livre Comércio é apenas constituída por quatro países: Suíça, Liechtenstein, Noruega e Islândia. Disponível em: <http://www.efta.int/about-efta/the-european-free-trade-association.aspx>. Acesso em: 8 dez. 2011.

[386] KERN, 2011, p. 33-35.

Com efeito, os membros da União Europeia podem criar restrições ao livro fluxo de capitais quando, por exemplo, a medida for necessária à proteção de informações confidenciais cuja divulgação for considerada prejudicial à segurança nacional (artigo 296.1 (a) do Tratado). Outras exceções incluem a possibilidade de adoção de medidas para o resguardo da ordem e da segurança públicas; para a eficiência e a justiça tributária nacional; e para disciplinar os direitos de propriedade (artigo 295). Ademais, ao investir na União Europeia, os fundos soberanos estão, necessariamente, sujeitos às mesmas normas e regulamentações aplicadas a todos os outros investidores.[387]

Em nota técnica emitida sobre os fundos de riqueza soberana, com considerações para o Brasil, a Fundação do Desenvolvimento Administrativo do Estado de São Paulo (FUNDAP) lembrou que, na época da criação do Fundo Soberano Brasileiro, as questões relativas às aplicações dos fundos soberanos estrangeiros no País não entraram na pauta de discussão nem do governo, nem tampouco da imprensa. Ressaltou, ainda, que, com a abertura financeira iniciada na década de 1990 – sob o governo Collor de Mello –, os fundos soberanos, como qualquer outro investidor estrangeiro, podem comprar, no mercado, participação acionária nas maiores companhias brasileiras.[388]

O Direito brasileiro, no entanto, também não descura da proteção do interesse nacional mediante a instrumentalização, por meio da ordenação jurídica, da política econômica. Essa instrumentalização pertence à seara do Direito Econômico, entendido por Fábio Konder Comparato, apud Eros Grau, como "o conjunto das técnicas jurídicas de que lança mão o Estado contemporâneo na realização de sua política econômica"[389] e cuja existência, como se viu, é afirmada pelo texto constitucional no seu artigo 24, I.[390] A Carta Magna, portanto, prevê, de maneira direta e objetiva, nas palavras de Eros Grau, "normativamente a atuação estatal em relação à atividade

---

[387] MEZZACAPO, 2009, p. 43-55.
[388] FUNDAÇÃO DO DESENVOLVIMENTO ADMINISTRATIVO. *Fundos de Riqueza Soberanos*. Disponível em: <http://www.fundap.sp.gov.br/debatesfundap/pdf/conjuntura/Fundos%20de%20Riqueza%20Soberana.pdf>. Acesso em: 30 dez. 2011.
[389] COMPARATO, apud GRAU, 2010, p. 153.
[390] Art. 24, Compete à União, aos Estados e ao Distrito Federal legislar concorrentemente sobre: I – direito tributário, financeiro, penitenciário, *econômico* e urbanístico. (BRASIL, 1988) [grifo nosso]

econômica em sentido amplo e, especificamente, intervenção sobre e no domínio econômico", o que inclui, evidentemente, a possibilidade de salvar o interesse público mediante a edição de normas de natureza protecionista.

De fato, o artigo 172 da Constituição Federal prescreve que "a lei disciplinará, com base no interesse nacional, os investimentos de capital estrangeiro, incentivando os reinvestimentos e regulará a remessa de lucros". Neste preceito, afirma Eros Grau:

> A Constituição planta as raízes de uma *regulamentação de controle* – e não de *regulamentação de dissuasão* – dos investimentos de capital estrangeiro. Não os hostiliza. Apenas impõe ao legislador ordinário o dever de privilegiar o interesse nacional ao discipliná-lo. Cuida-se aqui, pois, tão somente de submetê-los às limitações correntes que a ordem jurídica opõe ao exercício do poder econômico. Daí porque a vinculação do legislador ordinário, na sua regulamentação, às imposições do interesse nacional, decorreria, tal como se manifesta em presença da regra, plenamente, ainda que não tivesse sido ela contemplada no texto constitucional, do princípio da soberania nacional inscrito no artigo170, I.[391]

Assim é que, por exemplo, a Lei nº 10.610/2002 disciplina a participação de capital estrangeiro nas empresas jornalísticas e de radiodifusão sonora e de sons e de imagem, regulamentando, portanto, a norma constitucional insculpida no artigo 222 da Constituição, que dita ser privativa de brasileiros natos ou naturalizados há mais de dez anos, ou de pessoas jurídicas constituídas sob as leis brasileiras e que tenham sede no País, a propriedade de tais companhias. Ora, o legislador ordinário, com o beneplácito do parágrafo 4º do citado dispositivo constitucional, definiu que a participação de estrangeiros ou de brasileiros naturalizados há menos de dez anos no capital de tais sociedades pode se dar até o limite de 30% de seu capital social e votante e somente de forma indireta, por intermédio de pessoa jurídica constituída sob as leis brasileiras e que tenha sede no País.

O artigo 190 da Carta Magna também prevê, de maneira expressa, a criação, por lei, de limitações à aquisição ou ao arrendamento de propriedade rural por pessoa física ou jurídica estrangeira, informando que certos casos dependerão, inclusive, de autorização do Congresso Nacional, ao passo que o art. 198 veda a participação direta ou indireta de empresas

---

[391] Ibid., 1988, p. 282.

ou capitais estrangeiros na assistência à saúde no País, salvo nos casos previstos em lei.

Portanto, o governo brasileiro, na qualidade de recipiente dos investimentos soberanos, encontra-se constitucionalmente munido para disciplinar o capital estrangeiro e salvaguardar, quando necessário for, o interesse nacional, à semelhança do que ocorre na maioria dos países. Eros Grau recorda que discriminações são praticadas mesmo pelos Estados ditos desenvolvidos, em defesa da economia nacional, em nome do princípio da soberania, exemplificando com o chamado "caso Fujitsu", no qual:

> O governo norte-americano instaurou procedimento licitatório tendo por objeto a aquisição de quatrocentas e quatro milhas de fibras óticas para a ligação da rede telefônica entre Washington e Boston, a ser instalada pela American Telephone & Telegraph (AT&T). Embora a proposta da Fujitsu, empresa japonesa, fosse bem inferior à da concorrente americana, a Western Electric – seu preço era 33% superior àquele –, o objeto da licitação foi atribuído a esta última, por razões alegadas, de segurança nacional.[392]

Grau, no entanto, complementa seu exemplo ilustrando que foi outra a razão, e não a alegada segurança nacional, que preponderou na escolha da vencedora norte-americana, a saber, a proteção das jovens empresas de fibra ótica nacionais, de modo a garantir contratos necessários para seu fortalecimento.[393]

No direito brasileiro, cumpre destacar, todavia, que o artigo 2º da Lei nº 4.131/1962, que disciplina a aplicação do capital estrangeiro no país, confere ao capital estrangeiro investido tratamento jurídico idêntico ao concedido ao capital nacional, em igualdade de condições, sendo vedadas quaisquer discriminações não previstas na norma. Tal postulado encontra fundamento maior, à luz do Direito positivo brasileiro, no princípio da igualdade, amplamente assegurado a todos pela Lei Básica, sejam pessoas físicas ou jurídicas.[394]

---

[392] GRAU, 2010, p. 272.
[393] Ibid., 2010, p. 272.
[394] Parecer emitido pela Consultoria Jurídica do Ministério, aprovado pelo Ministro da Ciência e Tecnologia, datado de 13 de novembro, publicado no Diário Oficial da União de 20 nov. 1995. (GRAU, 2010, p. 272)

A liberdade – no Brasil e afora – é a regra, vale dizer, sendo o protecionismo admitido excepcionalmente, quando o interesse nacional e coletivo – ditado por lei – assim demandar. Isso porque, em geral, o fluxo de capital estrangeiro é benéfico ao país, produzindo uma série de benesses econômicas atreladas ao aumento do investimento na economia doméstica. Segundo recorda Truman, ainda que, em muitos casos, a ideia e as consequências do livre fluxo das finanças e investimentos causem certo desconforto, na balança, o resultado é inequivocamente positivo, de sorte a promover competitividade e eficiência, principalmente nos países emergentes, onde os investimentos dos fundos soberanos podem apoiar as empresas locais e melhorar as condições de emprego.[395]

De outra banda, claramente, a consequência prática de determinada nação empregar abruptamente medidas protecionistas é o investimento ter outro destinatário, em prejuízo da economia doméstica do protetor. É, portanto, o exagero do fenômeno protecionista que se deve combater. Alan Greenspan, ex-presidente do Banco Central norte-americano, apud Eric Anderson, externou suas preocupações no sentido de que suspeitava que o protecionismo se tornasse a pior resposta aos investimentos dos fundos soberanos. Lembrou o ex-presidente do Federal Reserve que o protecionismo é extraordinariamente contraproducente porque, entre outras razões, os Estados Unidos da América, no decorrer de sua história, ganharam muito com a globalização.[396] Nesse passo também caminha Hildebrand, apud Truman, que considera um desafio o risco de as atividades dos fundos soberanos incentivarem o protecionismo financeiro ao redor do mundo.[397]

6.5. O impacto dos fundos soberanos nos mercados

Com base no histórico de investimentos dos fundos soberanos, pode-se concluir que suas atividades não representam ameaça à estabilidade dos mercados financeiros mundiais. É facultado ir mais além, para afirmar, como o fazem O'Neill, Nielson e Bahaj, apud Truman, que os fundos soberanos são, na realidade, investidores financeiros tão sofisticados como os mais qualificados investidores privados do Ocidente.[398]

---

[395] TRUMAN, 2010, p. 46.
[396] ANDERSON, 2009, p. 32.
[397] TRUMAN, 2010, p. 46.
[398] Ibid., 2010, p. 47.

Trata-se, contudo, de governos-investidores, e daí resulta o problema. Com efeito, o sistema financeiro contemporâneo é fundado, inequivocamente, no liberalismo econômico, assim concebido por Adam Smith em sua "investigação sobre a natureza e a causa da riqueza das nações", e orientado, portanto, pelas leis do livre mercado, em que o protagonista é, sem dúvida, o agente particular, que, no mais das vezes, refuta a intromissão do Estado em seus interesses.

Estados são mais fortes do que os particulares, por mais ricos que estes sejam. Considere-se, por exemplo, que, na comparação entre o tamanho dos fundos soberanos com as seguradoras privadas – os maiores agentes particulares do mundo em volume de ativos –, temos que, já em 2009, as seguradoras, consideradas em sua totalidade, detinham ativos na ordem de US$ 21 trilhões, ao passo que os fundos soberanos possuíam somente US$ 3,5 trilhões, o que representava 17% daquelas.[399] Ressalte-se que somente a seguradora holandesa ING Group N.V. possuía, em 2011, US$ 1.690 trilhões em ativos,[400] quantia muito superior aos US$ 627 bilhões sob gestão do maior fundo soberano do mundo, ADIA.

Não obstante, não têm os particulares os atributos, notadamente de poder – e, pois, soberania, que são inerentes ao ente estatal e que o colocam em inequívoca posição de supremacia. Ora, o Estado – vale remeter aqui à filosofia de Jean-Jacques Rousseau, apud Dallari – em função do pacto social que o estabeleceu, o conserva e legitima, tem poder sobre todos os membros, e esse é o poder que, dirigido pela vontade geral, leva o nome de soberania.[401] Detém, também, em uma concepção puramente jurídica, o poder de decidir em última instância sobre a eficácia do direito, decidindo a regra jurídica aplicável em cada caso, podendo, inclusive, negar a juridicidade da norma, segunda leciona Dalmo de Abreu Dallari.[402]

É esse poder do Estado, que Hans Kelsen designa como poder de império, a submeter os homens ligando sua conduta a um dever jurídico,[403] que preocupa na situação do fundo soberano como Estado-investidor, ou

---

[399] CURZIO; MICELI, 2010, p. 38.
[400] TOP Ten Insurance Companies in the World 2011. Disponível em: <http://www.toptenguru.com/business/top-ten-insurance-companies-in-the-world-2011.html>. Acesso em: 25 dez. 2011.
[401] ROUSSEAU apud DALLARI, 2002, p. 78.
[402] DALLARI, 2002, p. 80.
[403] KELSEN, 1959 apud DALLARI, 2002, p. 111-112.

Estado-acionista, atuando em campo em regra reservado aos atores da iniciativa privada. E não se cuida, por óbvio, do poder de império – inexistente – que o Estado possa exercer sobre indivíduos pertencentes a outro território – leia-se: aos países recipientes –, que acende o alarme, porquanto o Estado-investidor, com seu fundo soberano, se sujeita, naturalmente, ao investir em determinado país estrangeiro, às mesmas leis e regras dos demais investidores.

Ao revés, o poder que repercute é aquele que o Estado possui em seu próprio território –, que faz com que, com relação aos demais Estados, a afirmação de soberania tenha a significação de independência, admitindo que haja outros poderes iguais, nenhum, porém, que lhe seja superior, consoante magistério de Dalmo de Abreu Dallari.[404] Destarte, o proprietário do fundo soberano, posicionando-se, em termos de soberania, em igualdade de poderes dos Estados recipientes, carece, todavia, dos mesmos constrangimentos que enfrentam os agentes privados locais, em suas atividades de negócio. Assim, por exemplo, não se concebe que, ainda que certo fundo soberano perca todos os seus recursos – o que se hipotiza a título de argumentação, mas também com fulcro em casos reais, tais como os citados debâcles dos veículos soberanos da Venezuela, Equador, Nigéria, Chade e Papua-Nova Guiné –, o pedido de falência de seu proprietário.

Na prática, isso significa que os fundos soberanos não têm todos os mesmos estímulos que os investidores privados, nem as mesmas responsabilidades, possuindo, contudo, capital à saciedade para a consecução de seus interesses, cujo acesso também não encontra as dificuldades vislumbradas pelos particulares. Daí resulta a tensão sobre a utilização dos recursos soberanos e suas possíveis consequências sobre a estabilidade dos mercados mundiais. Daí, também, brotam os reclamos para maior regulação do governo-investidor no uso de seus fundos cativos.

Sublinhe-se, ainda, que, relativamente às demais categorias de investidores, a concentração de recursos dos fundos soberanos é também digna de nota. Com efeito, no ano de 2009, os cinco maiores veículos soberanos detinham quase metade do total dos ativos sob poder dos fundos soberanos no mundo, ao passo que os dez maiores detinham quase 75% do total global. Desse modo, os maiores fundos soberanos têm, sob gestão, carteiras equivalentes, em tamanho, às dos mais importantes investidores

---

[404] DALLARI, 2002, p. 83.

privados, com a diferença significativa de que os fundos soberanos são, em regra, muito menos endividados. A concentração de ativos e poder nas mãos de um seleto número de atores, mormente quando se atine à sua natureza soberana, é uma das razões pelas quais os veículos soberanos causam maiores inquietações.[405]

Por outro lado, é fato que os fundos soberanos não deixam de ser vistos positivamente por sua atuação anticíclica, que ajuda o mercado em momentos de dificuldade econômica, provendo o capital necessário para atravessar e até sobreviver às crises. Truman recorda relatório produzido por Demarolle ao governo francês em 2008, no qual o autor argumentou que os fundos soberanos tinham impacto positivo nos mercados dos países sede e recipientes, acentuando que tais veículos desempenham papel fundamental de estabilizador do sistema financeiro internacional, o que se torna mais evidente nos momentos de crise de liquidez.[406]

Isso porque as crises financeiras compelem os fundos soberanos a terem um papel direto e proeminente na economia de seus países-sede. Essa função inclui, como se viu, a provisão de liquidez em suporte às instituições bancárias ou companhias nacionais, a recapitalização dos bancos domésticos, o investimento em ações no mercado interno e o financiamento do déficit no orçamento nacional ou de medidas de estímulo fiscais. Muitos desses papéis de atuação já vêm estabelecidos nos próprios objetivos dos fundos soberanos, por exemplo, o financiamento do orçamento nacional é o objetivo dos fundos soberanos com mandato para a estabilização da economia, de modo que seus ativos possam ser vendidos para fazer caixa em períodos de recessão.[407]

Essa missão anticíclica, consoante se observou, é também um dos objetivos expressos do FSB (artigo 1º, Lei nº 11.887/2008), que tem como finalidade precípua, entre outras, a mitigação dos efeitos dos ciclos econômicos.

Essa função estabilizadora por parte dos fundos soberanos encontra diversos defensores. Assim, por exemplo, segundo Truman, El-Erian afirma que, a despeito de acusações acerca da falta de transparência, os fundos soberanos não têm se comportado de outra forma, senão de modo a exercer uma função de estabilização nos mercados, dada sua natureza de investidor

---

[405] CURZIO; MICELI, 2010, p. 38.
[406] DEMAROLLE, 2008 apud TRUMAN, 2010, p.47.
[407] LU et al., 2010, p. 19.

no longo prazo e a consequente provisão do "capital paciente" a instituições e empresas em momentos de grave necessidade.[408]

É corrente, além disso, aos que propugnam pelos benefícios estabilizadores dos fundos soberanos, a comparação entre as atividades desses, relativamente aos de outros veículos de investimento, notadamente os *hedge funds* e os fundos de *private equity*, os quais são tidos por atuarem sobremaneira fundados na especulação financeira e no uso da alavancagem, trazendo maiores riscos aos investidores e consequências desestabilizadores para os mercados de modo geral.[409]

Contudo, forçoso é convir, como faz Truman, que os fundos soberanos, em sua maioria, apesar de não se endividarem tanto quanto outros investidores e de não adotarem postura tão agressiva na busca da maior rentabilidade financeira, expondo-se, portanto, a menores riscos, também aplicam parte de seus recursos em fundos de *hedge* e *private equity*, bem como em outros veículos que lançam mão da alavancagem financeira. Assim, muitas vezes é o fundo soberano que provê o capital sobre o qual os fundos de *hedge* e *private equity* se alavancam, de maneira que não soa razoável a posição – maniqueísta, diga-se de passagem – no sentido de se pintar uns como estabilizadores dos mercados e outros como desestabilizadores, devendo-se, ao contrário, acordar que ambos podem fazer parte do mesmo problema.

É importante, todavia, na prática, identificar o impacto do comportamento dos fundos soberanos nos mercados financeiros. Nesta senda, Curzio e Miceli citam os estudos de Kotter e Lel que, baseados em uma amostra de 163 investimentos soberanos, em 135 companhias, espalhadas por 28 países, no período compreendido entre 1980 a 2008, revelaram que os mercados reagem, nos dois dias subsequentes ao anúncio do investimento soberano, com uma média de aumento de 2,1% no valor das ações adquiridas. Isso significa que os sinais enviados pelos fundos soberanos ao mercado são relevantes. Os efeitos do desinvestimento também foram estudados, chegando-se à conclusão de que houve um impacto negativo nas ações da companhia, estatisticamente semelhante ao efeito positivo encontrado quando do investimento.[410]

---

[408] TRUMAN, 2010, p. 47.
[409] Neste teor, Lou Jiwei, presidente do fundo soberano Chinês CIC, afirmou que os fundos soberanos eram uma força estabilizadora nos mercados internacionais em contraste com os *hedge funds*, que semeavam a instabilidade. Ibid., p. 50-51.
[410] KOTTER; LEL, 2008 apud CURZIO; MICELI, 2010, p. 117.

Os autores também demonstraram que o nível de transparência de certo fundo soberano tem importante reflexo em determinar a reação dos mercados à divulgação dos seus investimentos. Assim, valendo-se do método de pontuação elaborado por Edwin Truman, os pesquisadores concluíram que o valor das cotas da companhia-alvo sofre maior impacto positivo quando o fundo soberano investidor é reconhecido como mais transparente.[411]

Além disso, a pesquisa também demonstrou que a rentabilidade, o crescimento e a governança corporativa das empresas que receberam os investimentos dos fundos soberanos não sofrem alterações significativas nos três anos subsequentes ao investimento, o que significa que os fundos soberanos não agregam necessariamente valor, ao longo dos anos, às companhias adquiridas, provavelmente, porque são, em regra, investidores passivos, que não participarão da gestão dessas empresas. [412]

Destaca-se que a citada passividade dos fundos soberanos se dá no sentido de que, em regra, não há qualquer intervenção nas decisões operacionais das empresas investidas. Do mesmo modo, as ações adquiridas pelos fundos soberanos geralmente não têm direito a voto, nem tampouco tais veículos costumam exigir representação no conselho das companhias nas quais investem. Estudos citados por Curzio e Miceli, como o de Miracky e Bortolotti, indicam que, ao investir nos países da OCDE, especialmente em setores considerados sensíveis, os fundos soberanos evitam qualquer forma de controle, preferindo posições discretas; em geral, equivalentes a no máximo 5-10% do capital da companhia investida. O perfil é diverso, no entanto, quando se trata de investimentos em países emergentes, pois mais da metade das transações registradas até 2009 envolviam a aquisição de até 20% das empresas-alvo, e 25% das transações registravam a aquisição completa da companhia.[413]

Nesse sentido, cita-se também Dewenter, Han e Malatesta, que, ao analisarem amostras de 196 aquisições e 47 desinvestimentos dos fundos soberanos em ações negociadas em bolsa revelaram que, nas aquisições, a valorização inicial da empresa era tanto maior quanto fosse o tamanho da transação. Da mesma forma, a desvalorização mais significativa nos preços dos ativos ocorre quando o valor vendido é mais relevante. Ambos os estudos concordam que, no longo prazo, os efeitos da aquisição de determinado

---

[411] Ibid., 2010.
[412] Ibid., 2010.
[413] MIRACKY; BORTOLOTTI apud CURZIO; MICELI, 2010, p. 115.

ativo por um fundo soberano são irrelevantes, em tudo comparáveis, portanto, às demais aquisições realizadas por quaisquer outros investidores privados.[414]

Conclusão diversa, contudo, extraíram Bortolotti, Fotak, Megginson e Miracky, *apud* Curzio e Miceli, baseados em amostragem baseada em 235 investimentos, feitos por 21 fundos soberanos em 195 companhias negociadas em bolsa, no período de 1991 a 2008. Embora os autores tenham também afirmado que o impacto de um anúncio de aquisição por parte de um fundo soberano é historicamente positivo no curto prazo (0,9% de valorização nos três dias subsequentes), sugerindo que os investidores veem positivamente a chegada do veículo estatal – principalmente no setor financeiro, cuja intervenção estabilizadora e provedora de liquidez resulta invariavelmente em boa acolhida. Contudo, passada a euforia da aquisição, o resultado é ruim. Efeitos negativos foram constatados após um ano da realização do negócio, com desvalorização média das ações na ordem de 15,49%, que se acentua proporcionalmente ao tamanho da aquisição. Segundo esse estudo, portanto, os fundos soberanos têm um impacto negativo na rentabilidade de médio prazo das empresas.[415]

Não é outra a conclusão de Laeven e Chhaochharia, também destacada por Curzio e Miceli; ou seja, de que a reação positiva do mercado, em um primeiro momento, quando a aquisição por parte do fundo soberano é anunciada, dá lugar, ao longo do tempo, a um resultado negativo em seus investimentos.[416] Knill, Lee e Mauack também chegam a semelhante resultado, segundo os citados autores, com o acréscimo de informação de que os efeitos negativos sobre os investimentos são maiores (–30,7%), quando o fundo é domiciliado em países exportadores de petróleo (*e. g.*, Oriente Médio e Rússia), e menos relevantes nos outros casos (–10%). De modo que, em uma comparação, de acordo com o estudo citado, conta mais o país onde se localiza o fundo soberano do que sua efetiva transparência. Ademais, outro dado importante trazido à baila pela pesquisa em tela sugere que as transações que receberam atenção da mídia sofreram maiores desvalorizações no longo prazo (média de 27,1%), ao passo que os negócios não noticiados ao público tiveram perda notadamente menor (12,4%).[417]

---

[414] DWENTER et al., 2009 apud CURZIO; MICELI, 2010, p. 117-118.
[415] BORTOLOTTI et al., 2009 apud CURZIO; MICELI, 2010, p. 118.
[416] CHHAOCHHARIA; LAEVEN, 2008 apud CURZIO; MICELI, 2010, p. 118-119.
[417] KNILL et al., apud CURZIO; MICELI, 2010, p. 119.

Existem, no entanto, estudos em sentido contrário. Assim, por exemplo, a pesquisa de Fernandes, *apud* Curzio e Miceli, que se firmou em um acervo de posições acionárias de fundos soberanos em mais de oito mil companhias negociadas em bolsa, em 58 países, entre o período de 2002-2007. O autor documenta não só que os investimentos dos fundos soberanos são em regra associados a um significativo prêmio, calculado entre 15% a 20% do valor da companhia, sinalizando que a aquisição dos fundos soberanos é avaliada positivamente pelos mercados, mas também que as companhias com maiores participações dos veículos soberanos têm, em regra, melhor desempenho operacional.[418]

Em todo caso, há que se convir que as evidências dos efeitos dos fundos soberanos nos mercados financeiros, em termos de estabilização ou desestabilização, restam, até a presente data, inconclusivas, ante a inconstância dos resultados obtidos pelas diversas pesquisas sobre o tema.[419]

Se, por um lado, os fundos soberanos são reconhecidos favoravelmente, em razão de fatores como seus largos horizontes de investimento, a diversificação de seus portfólios, seus níveis relativamente baixos de endividamento e seu comportamento anticíclico – evidenciado, *v. g.*, em 2002, quando o fundo soberano norueguês comprou grande quantidade de ações de empresas mundiais, valendo-se do fato de que o mercado estava em queda e o comportamento predominante era vendedor, e, principalmente, em 2008, quando, no auge da crise, os fundos soberanos investiram em instituições financeiras ocidentais, provendo ao sistema liquidez imediata e contribuindo, destarte, para acalmar os mercados. Além disso, argumenta-se que o investimento de países emergentes nos mercados de ações mundiais tem o efeito positivo de fomentar a integração das economias no sistema financeiro global. Mas é inegável que a falta de transparência e de regulação dos fundos soberanos, somada às preocupações que, muitas vezes, sua presença suscita nos países recipientes, pode causar problemas.[420]

6.6. Instrumentos alternativos de controle

Em uma abordagem mais controladora, são ventiladas, na doutrina, diversas alternativas a fim de mitigar a sensação de insegurança que os fundos

---

[418] FERNANDES, 2009 apud CURZIO; MICELI, 2010, p. 120.
[419] Ibid., 2010, p. 121.
[420] Ibid., 2010, p. 122.

soberanos de investimento podem inspirar nos países recipientes. Advoga--se, nesse compasso, a limitação a certas atividades de investimento dos fundos soberanos. Esses veículos poderiam ser limitados, por exemplo, por meio da aplicação, isolada ou cumulativamente, de algumas medidas, a saber: (a) limitação no tamanho de suas participações a determinado percentual; (b) proibição de indicar membros para os conselhos das companhias investidas; (c) proibição de aquisição de ações com direito a voto; (d) obrigação de uso de intermediários; isto é, administradores externos, para canalizar seus investimentos;[421] e (e) obrigação de ampla divulgação das políticas de voto e de seu histórico.

Assim, por exemplo, Mezzacapo lembra o argumento de Keller, que afirma fazer sentido a implementação de um quadro regulatório que obrigaria o fundo soberano a usar administradores externos, quando da realização de certos investimentos predefinidos, que se destacam quer em razão de seu tamanho, quer por sua natureza.[422] A delegação da execução dos investimentos soberanos a profissionais externos poderia, em tese, auxiliar a assegurar que seus investimentos não sejam guiados ou influenciados pelo corpo político de seu proprietário, despolitizando-os na prática e, também, na percepção coletiva. Não é outra, segundo Mezzacapo, a opinião de Christopher Cox, ex-presidente da U. S. Securities and Exchange Commission (SEC)[423] sobre o tema.[424] Ademais, em pesquisa realizada pelo Fundo Internacional (2008), revelou-se que a indicação ou a remoção dos administradores externos se dá, essencialmente, com fulcro nos resultados obtidos em suas carteiras, o que legitima seu uso, a fim de combater as inquietações decorrentes da perseguição de eventual agenda política, por parte do fundo soberano.[425]

Os fundos soberanos lançam mão de administradores externos, em regra, para usufruir da *expertise* desses na gestão de ativos específicos ou quando se mostra mais eficiente, de um ponto de vista econômico, terceirizar a gestão do portfólio a fim, por exemplo, de ganhar em capacidade

---

[421] TRUMAN, 2010, p. 63.
[422] MEZZACAPO, 2009, p. 46.
[423] Agência federal norte-americana responsável por garantir o cumprimento das normas federais e regular a indústria de valores mobiliários. Trata-se, *mutatis mutandi*, do equivalente norte-americano à CVM.
[424] MEZZACAPO, 2009, p. 46.
[425] Id., 2009, p. 46.

de pesquisa. Nessa senda, muitos são os veículos soberanos que utilizam presentemente administradores externos para aplicação de seus recursos. Consoante pesquisa do FMI, por exemplo, o ADIA aplica entre 70% a 80% de seus ativos via intermediários. O KIA, por sua vez, destina no mínimo metade de seus quase US$ 300 bilhões a aplicações via administradores externos. Ainda segundo o estudo, somente dois dos fundos soberanos objetos da pesquisa não fazem uso de intermediários externos para os seus investimentos.[426] A Noruega, por exemplo, destinava, até o final de 2009, 13% do total de seus ativos para gestão externa.[427]

No entanto, a melhor doutrina aponta que uma imposição aos fundos soberanos, nesse sentido, é contraproducente.[428] Isso porque o uso de administradores externos não necessariamente combate as principais questões que se relacionam aos fundos soberanos. Se assim não fosse, pouco haveria de se questionar em relação a tais veículos, porquanto a maior parte deles, consoante se viu, já terceiriza, em alguma medida, a administração de seus ativos. Além disso, o uso de gestores externos pode dar lugar a problemas de conflitos de interesse entre esses e os fundos soberanos, bem como ao aumento nos custos de suas transações, com a consequente redução de sua margem de lucro.[429]

Melhor sorte não assiste, também, às restrições aplicáveis sobre a capacidade votante do fundo soberano investidor, como a proibição de aquisição de ações com direito a voto ou da indicação de representantes para o conselho das companhias. Com efeito, Keller, apud Mezzacapo, pondera acertadamente que qualquer limitação discriminatória nos direitos de voto dos fundos soberanos pode: (a) resultar em constrangimento indevido aos mecanismos formais de governança corporativa existentes na companhia; (b) reduzir o controle dos acionistas sobre o Conselho, relativamente às decisões tomadas em nome da companhia; (c) estimular o "mau comportamento" ou incentivar o uso de meios informais e escusos para fazer valer seu poder no seio das corporações investidas; (d) reduzir a atratividade do mercado no qual o fundo soberano pretende aplicar, chegando até mesmo a obstaculizar *de facto* seu investimento; e (e) induzir medidas de retaliação pelas nações proprietárias dos fundos soberanos, com os previsíveis

---

[426] Ibid., 2009, p. 47.
[427] CURZIO; MICELI, 2010, p. 94.
[428] Neste sentido: Truman, De Palma, Leruth, Mazarei, entre outros.
[429] MEZZACAPO, 2009, p. 47.

desdobramentos que tal cenário acarretaria, não só para as relações bilaterais e diplomáticas entre os países envolvidos, mas também pelo retrocesso em termos de liberdade de investimento e abertura dos mercados.[430]

Na mesma linha, Mezzacapo cita Clay Lowery, da Secretaria de Assuntos Internacionais do Tesouro dos EUA, que oferece magistério irrepreensível sobre os princípios segundo os quais se fundaram os Estados Unidos da América, ao afirmar, de maneira peremptória, que os direitos de voto dos fundos soberanos inerentes às ações que possuem não podem ser questionados, porquanto o direito do proprietário de valores mobiliários de certa classe, de votar em matérias relativas ao conselho e de política corporativa, entre outras, é um dos direitos fundamentais de propriedade nas corporações americanas; qualidade indissociável à vitalidade e à atratividade do mercado de capitais norte-americano.[431]

Ademais, a mesma lógica é válida às limitações de aquisição a somente determinados percentuais da companhia, lembrando, nesse caso, que mecanismos de controle já existem, na maioria dos países, obstaculizando determinado investimento, quando em xeque o interesse público, como, ocorre, *exempli gratia*, nos casos de ameaça à segurança nacional. Além disso, essa medida decerto frustraria o princípio da abertura dos mercados para a livre concorrência, assegurado nas nações mais avançadas e estabelecido, inclusive, como uma das pedras angulares da União Europeia. De resto, medidas dessa natureza também teriam as mesmas consequências acima descritas por Keller.

Posto isso, das cogitadas medidas regulatórias ou limitadoras, a mais razoável parece ser a da obrigação de divulgar as políticas de voto bem como o seu histórico. Com efeito, a divulgação das políticas e do histórico do voto tem, ainda segundo Lowery, apud Mezzacapo, a utilidade de esclarecer, em primeira mão, as amplas políticas que guiam a atuação do fundo soberano, de maneira a evitar surpresas indesejadas e de jogar luz aos votos realizados, de modo que observadores de fora possam aferir se o fundo está, de fato, seguindo suas políticas declaradas.[432] É o que se observa, na prática, com o GPF-G, da Noruega, conhecido por seu ativismo – atípico na maior parte dos fundos soberanos – no uso dos direitos de voto inerentes

---

[430] Ibid., 2009, p. 48.
[431] Ibid., 2009, p. 47.
[432] Ibid., 2009, p. 47-48.

à sua condição de acionista, mas absolutamente transparente quanto às balizas que orientam suas votações e os votos realizados.

Entre as possibilidades de controle aventadas, a obrigação de divulgação da política e dos votos dos fundos soberanos é, de fato, a que mais condiz com os preceitos da transparência, pois diretamente relacionada a tal premissa. É também o menos intrusivo dos mencionados mecanismos, o único que caminha de fora para dentro, isto é, que não percute os fundos soberanos diretamente em sua atividade como investidor, mas, que, ao contrário, o impele a se abrir, em favor da construção de um ambiente confiável no qual possam todos interagir. Por fim, ressalte-se que a divulgação se coaduna com as recomendações dos *Princípios de Santiago*.

6.7. A importância da transparência

Está claro que as citadas preocupações relativas aos fundos soberanos e seus consequentes desdobramentos, notadamente o excessivo protecionismo, extraem grande fundamento na falta de transparência dos veículos soberanos, de maneira que podem, em grande parte, ser resolvidas por meio de maior abertura e divulgação de suas atividades. Setser está correto quando afirma que a crescente atenção que os fundos soberanos têm atraído sugere que não é mais suficiente às suas atividades que sejam conhecidos e compreendidos somente pelos especialistas do mercado financeiro, permanecendo indecifráveis ao público em geral, segundo recorda Truman.[433]

Nessa linha, o desconhecimento da população em torno das principais questões que envolvem os veículos soberanos, como aquelas relativas ao seu funcionamento e às normas que os disciplinam, gera, por óbvio, incerteza e desconfiança, que, por sua vez, podem desaguar em protecionismo exagerado, nocivo, portanto, ao bem-estar econômico do país. Ora, isso ressalta a necessidade de desmistificação dos fundos soberanos, trazendo luz às suas atividades. Acresça-se a isso o fato de serem controlados por governos e as dúvidas que emergem decorrentes da confusão natural entre investimentos públicos e privados, com a reintrodução da propriedade estatal em um sistema largamente fundado na economia de mercado – a caminhar nitidamente em movimento contrário à tendência contemporânea.[434]

---

[433] TRUMAN, 2010, p. 47.
[434] MEZZACAPO, 2009, p. 26.

De fato, consoante ensina Mezzacapo, sob uma perspectiva microeconômica, os investimentos dos fundos soberanos dão causa a uma importante externalidade negativa que resulta da incerteza quanto ao seu comportamento como acionista e da suspeição de que seus investimentos sejam politicamente orientados. Esses fatores são intensificados pela falta de transparência da maioria dos fundos soberanos. Em outras palavras, a obscuridade de tais veículos pode ser usada como pretexto para a exacerbação de políticas protecionistas, pelos países recipientes, ou de medidas defensivas, pelas próprias companhias-alvo. Para evitar tal externalidade, os fundos soberanos devem construir a confiança nos mercados, uma vez que as incertezas e dúvidas que permeiam seus agentes prejudicam sua eficiência, impondo custos adicionais aos participantes e/ou reduzindo a quantidade de recursos disponíveis para investimentos nos mercados globais.[435]

É que, sob a ótica do país recipiente, a preocupação em relação aos fundos soberanos também reside no fato de que suas volumosas operações possam distorcer o processo decisório e a governança das companhias nas quais investem, o que contraria o interesse nacional. De Palma, Leruth e Mazarei concordam que, na raiz dessa inquietação, está a falta de confiança, por parte de todos os atores, nos reais objetivos e na utilidade das funções perseguidas pelos outros. Essa dúvida implica que as percepções distintas e a dificuldade em se interpretar corretamente as ações das partes têm o condão de afetar a interação entre o fundo soberano e o país recipiente, causando, eventualmente, uma quebra de confiança não inteiramente justificável ao lume dos fatos.[436]

Insistem os autores que um fundo soberano pode investir em determinado país com objetivos legítimos, isto é, despido de propósitos puramente estratégicos ou hostis que, no entanto, são de difícil interpretação, porque não se associam necessariamente, ao menos no curto prazo, com a maximização do lucro. Assim é que uma revisão dos diversos objetivos que um fundo soberano pode perseguir permite concluir que certos propósitos podem ser alcançados por meio do fenômeno de "aprender

---

[435] Ibid., 2009, p. 40.
[436] DE PALMA, André et al. Regulating a Sovereign Wealth Fund through an External Fund Manager. In: DAS, Udaibir et al. *Economics of Sovereign Wealth Funds*: issues for policymakers. Washington, DC: International Monetary Fund, 2010. p. 97.

investindo".[437] Isso implica que, ao investir em uma linha de negócios, o fundo soberano estaria motivado pelo aprendizado do setor e das atividades inerentes ao negócio, o que pode, em conformidade com os objetivos estabelecidos em sua criação, redundar em benefício ao seu proprietário, provendo-o de informações relevantes inclusive para o uso em sua economia interna (independentemente do fato de ser o aprendizado fundamentado em propósitos estratégicos, comerciais, de segurança ou meramente de desenvolvimento). [438]

Assim, se o fundo soberano foi – como muitos o são, aí incluído o FSB – constituído em razão da busca de múltiplos objetivos, passíveis de serem atingidos no longo prazo, tais propósitos podem não se compatibilizar, em um primeiro momento, com a maximização do lucro, que seria resultado do aprendizado desenvolvido ao longo do tempo, qual consequência do investimento inicial. De maneira que o fundo soberano estaria investindo no presente, imbuído, contudo, da expectativa de auferir benefícios – legítimos até, que atendam os seus objetivos declarados – no futuro, o que poderia ser de difícil compreensão para o país recipiente. Em tal quadro, os sinais emitidos por um ator poderão ser mal interpretados pelo outro, de tal sorte a se instaurar a dúvida e a confusão, produzindo reações subótimas nos países recipientes e resultados subótimos de um ponto de vista dos agentes investidores. [439]

Daí a capital importância do quesito transparência, que torna durável a confiança. De fato, na realidade, a linha entre um investimento economicamente motivado e outro havido em função de eventual estratégia política é sobremodo tênue.[440] A transparência é indispensável, ademais,

---

[437] "Em contraste o fenômeno de 'aprender fazendo' (*e. g.*, DASGUPTA e STIGLITZ, 1980; TIROLE, 1988), pelo qual os custos diminuem quando a quantidade de bens produzidos aumenta" (DE PALMA, 2010, p. 97).
[438] DE PALMA, 2010, p. 97.
[439] Id., p. 97.
[440] Levando em consideração o mencionado caso do fundo soberano que "investe para aprender", pode-se fazer um contraponto entre essa conduta e a do investidor particular, o qual, atuante no país recipiente, poderia reagir contra a atuação do veículo soberano estatal não motivada, a princípio, pelo lucro econômico. De fato, é possível afirmar com certa firmeza que, na realidade, isto é, no mundo dos negócios, o particular dotado de um mínimo de razoabilidade jamais investe para aprender; realizar experiências com o seu capital vai de encontro ao seu instinto. Não se concebe, portanto, que possa deliberadamente aceitar perder dinheiro, ainda que a curto prazo, para melhor entender o funcionamento de determinado negócio.

porque é a base sobre a qual os interessados – domésticos e internacionais – podem requerer explicações em razão das escolhas de investimento praticadas pelos governos.[441] Fatores como esses implicam a necessidade de os atores progredirem sempre em busca de maior consenso em favor do estímulo às melhores práticas de transparência e governança, que possibilite um cenário sempre mais propício à realização dos negócios e do interesse coletivo. A elaboração e o acordo em torno dos *Princípios de Santiago*, conforme se verá, são excelentes exemplos sobre os quais é possível apoiar-se.

Ora, aprende-se de outra forma, mas que redunde o investimento em proveito econômico-financeiro. Essa lógica, contudo, conforme se viu, não necessariamente se aplica ao fundo soberano que, pessoa jurídica de Direito Público, se governa por preceitos distintos, conquanto igualmente legítimos.

[441] CURZIO; MICELI, 2010, p. 138.

7
Os Princípios de Santiago

7.1. O desenvolvimento de uma abordagem multilateral

O foco da política pública de muitos países nos fundos soberanos durante os anos 2007-2008 trouxe importantes questões para o funcionamento do sistema monetário internacional. Essas questões englobaram a maneira de financiamento e de crescimento dos fundos soberanos, os propósitos por detrás de seus investimentos, sua governança e transparência, as disparidades verificadas no seu tratamento regulatório, bem como a aparição do protecionismo contra seus investimentos.[442]

Muitos Estados optaram por legislar sobre a regulação dos fundos soberanos, tendo em vista as tormentosas questões que envolvem o tema, notadamente na esfera da segurança nacional. Observa-se que muitas das ações dos governos nacionais, relativamente aos fundos soberanos, foram politicamente orientadas. O risco que tais ações unilaterais podem representar é nítido e pode se traduzir em um eventual aumento do protecionismo nacional. Assim, há evidente conflito de escolhas para os países receptores dos investimentos dos fundos soberanos, de maneira que devem encontrar um ponto de equilíbrio entre os benefícios econômicos que os investimentos possam trazer à nação e os supostos riscos, notadamente na seara da segurança e da estratégia nacional.[443] A questão ganha maior importância

---

[442] DAS, 2010. p. 59.
[443] CURZIO; MICELI, 2010, p. 179.

no cenário político e econômico da atualidade. São muitas as economias sedentas por recursos financeiros, ante a fragilidade de sustento de suas contas internas, aptas, portanto, à aceitação de recursos com menor critério e *compliance* relativamente à sua origem e aplicação, com aptidão ao risco de possíveis consequências negativas futuras aos países e seus respectivos governos.

Segundo Cohen, o ponto de equilíbrio entre a abertura de mercado e o interesse nacional só pode ser atingido por meio de uma abordagem multilateral em nível internacional, consoante recorda Curzio.[444] Nessa esteira, o FMI adotou o entendimento de que muitas das questões relevantes para as políticas públicas relativamente aos fundos soberanos poderiam ser acordadas por meio da facilitação de um diálogo estruturado entre os próprios fundos soberanos e os países receptores, de maneira a criar uma série de princípios voluntários para aqueles.[445]

Do mesmo modo, o FMI se tornou mais atento às necessidades de integração das operações dos fundos soberanos, de maneira consistente com as políticas macroeconômicas de seus países, bem como no seio das estruturas multilaterais de monitoramento.[446]

Ambos os objetivos foram consistentes com o mandato básico do FMI de trabalhar para assegurar que os fluxos de investimentos estrangeiros sejam conduzidos de maneira coerente e com a desejada abertura.[447]

Dessa feita, o FMI e a OCDE decidiram definir princípios comuns para a conduta dos fundos soberanos e dos países recipientes, de modo a evitar os erros inerentes ao excesso de protecionismo, bem como, na outra ponta, de um mercado no qual os veículos soberanos atuem com excessiva liberdade, à míngua de qualquer regulação ou orientação. Foram numerosas as tentativas pregressas do FMI com o intuito de estabelecer normas para a atuação dos veículos soberanos, incluindo trabalho conjunto com o G8, o Departamento do Tesouro dos Estados Unidos da América e a Comissão Europeia.

No entanto, em maio de 2008, criou-se o IWG, grupo de trabalho internacional, liderado pelo FMI, com representantes de 23 governos proprietários de fundos soberanos, quais sejam: Austrália, Azerbaijão, Bahrein,

---

[444] Ibid.
[445] DAS, 2010, p. 59.
[446] Id., 2010, p. 59.
[447] Id., 2010, p. 59.

Botswana, Canadá, Chile, China, Guiné Equatorial, Irã, Irlanda, Coreia do Sul, Kuwait, Líbia, México, Nova Zelândia, Noruega, Qatar, Rússia, Cingapura, Timor Leste, Trinidad e Tobago, Emirados Árabes Unidos e os Estados Unidos da América. Além disso, integraram o grupo representantes de países recipientes de investimentos dos fundos soberanos, bem como, na qualidade de "observadores permanentes", Omã, Arábia Saudita, Vietnam, a OECD e o Banco Mundial. O Brasil, assim como países como os Estados Unidos da América, a França, a Alemanha, a Índia e o Japão, entre outros, contribuíram como nações recipientes dos recursos dos fundos soberanos, conforme deixa claro o documento final do IWG de outubro de 2008.[448]

A escolha de lidar com os polêmicos temas que envolvem os fundos soberanos de maneira multilateral, buscando a aprovação comum de um conjunto de princípios e linhas fundamentais à sua atuação, provou-se de grande eficácia, consoante recordam Curzio e Miceli. Assim, ao rejeitar as ações unilaterais para enfrentar as questões relativas aos fundos soberanos, o grupo formado logrou acomodar nações com grandes disparidades culturais, econômicas e sociais e até mesmo com evidentes conflitos políticos e, também, conseguiu superar a desconfiança inicial demonstrada por alguns dos seus membros, principalmente Rússia e China, criando, assim, efetivo clima de cooperação entre as nações sede de fundos soberanos e aquelas que recebem seus investimentos. As negociações duraram apenas seis meses.[449]

Com efeito, o grupo de trabalho (IWG), encarregado de desenhar uma espécie de código de conduta para os fundos soberanos, se reuniu em três oportunidades, em Washington D.C., em Cingapura e, finalmente, em Santiago. Foi neste terceiro encontro na capital chilena, realizado em 11 de outubro de 2008, que o IWG publicou os 24 (vinte e quatro) princípios norteadores dos fundos soberanos, oficialmente nomeado, em inglês, de GAPP, mas popularmente conhecidos como *Princípios de Santiago*, em homenagem à cidade onde foram aprovados.[450]

Isso marcou a primeira vez em que os fundos soberanos, em conjunto com seus países-sede, estabeleceram um padrão compreensivo para sua estrutura legal, institucional, de governança e, também, *vis-à-vis* seus inves-

---

[448] INTERNATIONAL WORKING GROUP OF SOVEREIGN WEALTH FUNDS. *Sovereign Wealth Funds: generally accepted principles and practices – "The Santiago Principles"*. Oct., 2008, p. 7.
[449] CURZIO; MICELI, 2010, p. 180.
[450] Id., 2010, p. 180.

timentos. O resultado foi um bom exemplo de colaboração multilateral, com o FMI atuando como coordenador e intermediador para facilitação do desenvolvimento de um consenso entre os participantes.[451]

Para desenvolver os *Princípios de Santiago*, o FMI considerou principalmente as seguintes vigas mestras: (a) ajudar a manter a estabilidade do sistema financeiro global e o livre fluxo de capitais e investimentos; (b) obedecer a todas as normas de regulação e divulgação nos países em que os fundos soberanos investem; (c) assegurar que os investimentos dos fundos soberanos sejam guiados pelos princípios do risco econômico e financeiro e as consequentes considerações de risco e retorno que guiam os agentes no mercado; e (d) incentivar os fundos soberanos a ter estruturas sólidas de governança que propiciem controle operacional adequado, gerenciamento de riscos e apontamento de responsabilidade.[452]

No mais, os objetivos que nortearam a criação dos *Princípios de Santiago* são similares aos que deram origem a uma série de normas orientadoras do próprio FMI e da OECD, bem como as que orientam a atuação dos grandes investidores institucionais atuantes no setor privado. As normas relevantes do FMI incluem *Code of Good Practices on Fiscal Transparency* (2007), *Code of Good Practices on Transparency in Monetary and Financial Policies* (1999) e *Guidelines for Foreign Exchange Reserve Management* (2005), entre outros. Na esfera privada, por exemplo, Udaibir Das lembra o fundo britânico Standards Board e seus *Guidelines for Disclosure and Transparency in Private Equity*.[453]

São, em suma, normas orientadoras com objetivos comuns de prover confiança ao público de que as instituições são bem administradas, segundo padrões reconhecidos e aceitos pelo mercado, com linhas claras de responsabilidade e níveis de transparência tais que facilitam a compreensão do que ocorre no seio dessas instituições, o que se torna especialmente relevante no caso dos fundos soberanos, haja vista que o fato de serem controlados pelos governos acarreta, *de per si*, maior necessidade de definir e identificar claramente os diferentes níveis de responsabilidade no bojo de sua estrutura.[454]

---

[451] DAS, 2010, p. 60.
[452] IWG, 2008, p. 11.
[453] DAS, 2010, p. 64.
[454] Id., 2010, p. 64.

Os *Princípios de Santiago* cobrem basicamente três principais áreas, quais sejam: (a) o quadro legal, os objetivos e a coordenação das políticas macroeconômicas; (b) o quadro institucional e a estrutura de governança; e (c) o quadro de investimento e de gestão de riscos. Quanto à sua natureza, são expressamente não vinculativos, ou seja, são princípios de adesão voluntária, como o próprio documento publicado pelo FMI reitera em inúmeras oportunidades.

Assim é que o texto define o GAPP como uma série de princípios e práticas que os membros do IWG apoiam e, se ainda não os implementaram, aspiram a um dia implementá-los. O texto frisa ainda que os *Princípios* representam práticas e fundamentos que são exequíveis pelos diversos países independentemente do seu nível de desenvolvimento social ou econômico.[455]

Desta feita, resta claro que, se determinada nação não implementar um dos princípios elencados, é porque não o quis, por razões próprias, não havendo que se falar em condição econômica ou social como premissa para a obediência aos valores. Ademais, o texto que consagra os *Princípios de Santiago* também faz questão de ressaltar que os princípios têm sua validade condicionada às leis, normas e regulamentações internas de cada país.

No caso brasileiro, o governo, através do Ministério da Fazenda, no relatório de gestão do FSB produzido em maio de 2011[456] – relativo, contudo, ao exercício de 2010 – declara que se deve "procurar seguir" os *Princípios de Santiago*, a afirmação é incompleta; entretanto, não deixa de ser um compromisso moral com as melhores práticas que orientam a atuação dos fundos soberanos. É importante ressaltar, também, que o Brasil não foi parte dos 23 países que compuseram o IWG para a elaboração dos *Princípios*, mesmo porque seu fundo soberano ainda não havia sido criado, o que ocorreu somente em 24 de dezembro de 2008, consoante se viu, com o advento da Lei nº 11.887/2008. Assim foi que, o Brasil, como se ressaltou, participou da elaboração dos *Princípios de Santiago* na qualidade de nação recipiente dos investimentos dos veículos soberanos. De todo modo, doravante proprietário de um fundo soberano próprio, cumpre ao País formalizar publicamente sua aceitação aos *Princípios* e, sobretudo, empregar mecanismos que garantam a eficácia de sua aplicabilidade.

---

[455] IWG, 2008, p. 5.
[456] TESOURO NACIONAL, 2010.

Os *Princípios de Santiago*, todavia, não estão voltados somente a orientar balizas para a atuação dos fundos soberanos. Antes, na introdução do capítulo relativo aos objetivos e propósitos da criação dos *Princípios* e, notadamente, no apêndice I do texto, o IWG fez uma minuciosa definição dos fundos soberanos, bem como da sua importância no contexto global. De outra banda, note-se também que, apesar de não constituírem capítulo próprio, as questões relativas à transparência e à divulgação permeiam as três áreas de cobertura dos *Princípios de Santiago*.

7.2. Quadro legal, os objetivos e a coordenação das políticas macroeconômicas

Com a criação dos *Princípios de Santiago*, o IWG fez ressoar que estruturas jurídicas bem definidas e sólidas são fundamentais, porque permitem aos fundos soberanos operar com credibilidade, em uma clara linha de responsabilidade, funcionando, enfim, de maneira mais eficaz. Essas premissas vêm expostas nos princípios 1 (um) e 2 (dois) do texto aprovado na capital chilena; o primeiro, sublinhando que o quadro legal dos fundos soberanos não deve deixar dúvidas sobre suas relações com outros órgãos do Estado a que pertencem, e o segundo, frisando que suas políticas e decisões devem ser claras e sujeitas às melhores práticas de divulgação.[457]

Juntos, esses elementos contribuem para a rigidez, previsibilidade jurídica, boa governança e transparência dos fundos soberanos, em linha com uma série de regras e padrões já definidos pelo FMI.

De fato, como explica o próprio IWG, o princípio que dita que os fundos soberanos devem ter estruturas jurídicas claras e robustas tem uma série de implicações, quais sejam: (1) a criação de um fundo soberano deve ser claramente autorizada pela lei doméstica do país; (2) a estrutura legal do fundo soberano deve incluir um claro mandato para seu administrador, disciplinando como investir seus ativos e realizar as transações necessárias ao cumprimento de seu mister; e (3) independentemente da roupagem estrutural sob a qual cada fundo soberano se vestir, seus beneficiários finais e os proprietários legais dos ativos sob seu controle devem ser claramente identificados, o que significa, na prática, que não deve haver dúvidas quanto ao Estado patrocinador do fundo soberano. Tal transpa-

---

[457] MAZAREI apud DAS, 2010, p. 65.

rência contribui, ademais, para a aferição de responsabilidade no próprio país sede do fundo soberano.[458]

Além disso, a divulgação das bases legais, sobre as quais o fundo soberano se constitui, e de sua estrutura aprimora o entendimento e a confiança do público no mandato conferido ao fundo e aos seus administradores para a gerência do dinheiro público. A transparência do relacionamento legal entre o fundo soberano e outros órgãos estatais, tais como o Banco Central, bancos de fomento e outras empresas públicas, contribui para uma acurada percepção das responsabilidades dos veículos soberanos *vis-à-vis* os outros órgãos do governo, bem como de seu arcabouço institucional, de modo a garantir que são administrados de maneira profissional.[459]

No entanto, o princípio 3 (três) do texto versa sobre a necessidade de a atuação dos fundos ser de maneira coordenada com as políticas públicas macroeconômicas domésticas de seu país. Com efeito, essa coordenação faz todo sentido tendo em vista o tamanho dos ativos, dos retornos sobre os investimentos e das próprias operações dos fundos soberanos, as quais podem influenciar significativamente as finanças públicas internas do país. Por exemplo, transações que envolvem a troca entre moedas nacionais e internacionais por um fundo soberano podem impactar as condições monetárias, a taxa de câmbio e as condições de demanda interna do país. Assim, as atividades dos fundos soberanos com implicações macroeconômicas diretas devem ser coordenadas com as políticas ditadas pelas autoridades monetárias e fiscais domésticas, de modo que sua ação não vá de encontro ao quadro vigente, mantendo-se uma harmonia e consistência entre suas atuações.[460]

Normas relativas a financiamentos, saques, gastos e suas respectivas divulgações vêm previstas no capítulo 4 (quatro) dos *Princípios*. Busca-se, com essa regra, clareza nas ações fundamentais dos fundos soberanos e que essas sejam também consistentes com seus objetivos declarados.

A divulgação das normas sobre os financiamentos, saques e gastos dos fundos soberanos geralmente constam na própria lei que os criou ou no equivalente documento constitutivo e têm o benefício de definir, claramente, as políticas de investimento dos recursos e a definição de respon-

---

[458] IwG, 2008, p. 19.
[459] Id., 2008, p. 19.
[460] IwG, 2008, p. 19.

sabilidades. As regras de financiamentos, saques e gastos de recursos são específicas para cada fundo soberano. Assim, um fundo cujo objetivo principal é a estabilização do país terá suas regras de saque detalhadas para financiar déficits específicos no orçamento e o gatilho será, por exemplo, a queda no preço de determinada *commodity* abaixo de certo nível estabelecido como referência. [461]

Nesse princípio, se encaixa também um subprincípio de grande relevância, que informa que as fontes de financiamento dos fundos soberanos devem sempre ser divulgadas de modo claro, que não deixe margem a dúvidas. É que a divulgação pública das fontes de financiamento dos fundos soberanos facilita melhor entendimento acerca do uso do dinheiro público, o que promove a responsabilidade fiscal. É sabido que muitos fundos soberanos encontram seu financiamento nos *royalties* advindos da venda de recursos naturais, principalmente o petróleo, enquanto outros têm fontes de financiamento diversas, tais como as receitas oriundas de privatizações, superávits fiscais, superávits em conta corrente, além dos próprios retornos sobre os investimentos realizados, que também contribuem para o acúmulo de ativos sob administração. O IWG ressalta que é possível encontrar, também, receitas de desinvestimentos e até de empréstimos tomados no mercado para compor os ativos dos fundos soberanos. [462]

Nesse sentido, por exemplo, no caso do Kuwait, parte predeterminada das receitas oriundas da venda do petróleo é destinada ao seu fundo soberano. Semelhantemente, no Chile, o acúmulo e a retirada de recursos do fundo soberano são baseados em um valor de referência para o cobre determinado, anualmente, pelas autoridades do país.

Outrossim, os fundos soberanos, consoante o princípio 5 (cinco), devem prover as informações relevantes pertinentes às suas atividades, contendo dados e estatísticas, para inclusão nos registros macroeconômicos oficiais, possibilitando, assim, aos criadores das políticas públicas, bem como aos outros usuários, acesso completo às informações recebidas. Essa comunicação e a possibilidade de fácil consulta por parte dos interessados garantem, por exemplo, que as informações sobre a atividade econômica do país sejam necessariamente corretas. Oferecem, também, importantes subsídios aos estudiosos do tema e ao debate acadêmico e político sobre a situ-

---

[461] Ibid., 2008, p. 21.
[462] Id., 2008, p. 21.

ação econômica do país. Assim, é sobremodo conveniente que as agências oficiais de estatísticas sejam destinatárias das informações relevantes a respeito dos fundos soberanos.

Corroboram essa tese Robert Heath e Antonio Galícia-Escotto, os quais ressaltam a possibilidade de as atividades dos fundos soberanos afetarem, de maneira significativa, a geração e distribuição de recursos em um país, incidindo, portanto, sobre o comportamento do consumidor e o acúmulo de atividades na economia de modo geral, o que reforça a necessidade de suas estatísticas constarem no sistema de dados em âmbito nacional. Assim, todas as atividades dos fundos soberanos devem ser cobertas pelas estatísticas financeiras oficiais dos governos onde atuam, de modo a se conhecer questões relativas aos seus ativos, balanços, responsabilidades de seus administradores, além de se poder avaliar o risco fiscal do setor público e a maneira pela qual as operações dos fundos soberanos se integram com os objetivos das políticas macroeconômicas do país.[463]

Nos últimos 10-15 anos, consolidou-se o consenso internacional de que o acesso e a disposição de estatísticas macroeconômicas constituem pré-requisito essencial à formulação das políticas econômicas e financeiras apropriadas, bem como o reconhecimento da importância do quesito transparência para o funcionamento eficiente dos mercados.[464] Vale lembrar, neste sentido, o ensinamento do professor Fábio Nusdeo:

> Outro pressuposto básico do sistema descentralizado vem a ser o acesso de todos os operadores de mercado, ou seja, de todos aqueles que nele exerçam alguma influência, às informações sobre o mesmo e sobre as características dos produtos nele negociados.[465]

Nusdeo indica, com isso, a falta de acesso à informação como uma das cinco falhas do mercado, reclamando a (re)introdução do Estado no sistema econômico, visando eliminá-las ou mesmo atenuá-las, sem implicar dirigismo econômico. Com efeito, a recente crise financeira europeia e a

---

[463] HEATH, Robert; GALICIA-ESCOTTO, Antonio. Sovereign Wealth Funds: investment flows and the role of trasnparency. In: DAS, Udaibir et al. *Economics of Sovereign Wealth Funds*: issues for policymakers. p. 89.

[464] Ibid., 2010, p. 85.

[465] NUSDEO, Fábio. **Curso de economia**: introdução ao direito econômico. 3. ed. São Paulo: Revista dos Tribunais, 2001.

anterior, deflagrada no segundo semestre de 2008, com o estouro da bolha imobiliária norte-americana reforçam essa mensagem.

De fato, a importância crescente dos fundos soberanos, notadamente nos mercados financeiros, faz com que suas atividades sejam cobertas por um eficiente sistema de transmissão e armazenamento de dados macroeconômicos sobre os quais os criadores das políticas públicas, o mercado, e os usuários em geral se apoiarão.

Isso porque muitos fundos soberanos são detentores de uma parcela significativa da riqueza externa de seus países. De maneira que, se esses ativos não forem corretamente contabilizados no balanço de pagamentos do país e registrados nas Posições Internacionais de Investimento (International Investment Position),[466] os demais dados do setor externo, se isoladamente analisados, poderão induzir o usuário em erro. Assim, por exemplo, um país pode reportar uma posição deficitária quanto à sua posição internacional líquida quando, em verdade, essa posição seria positiva se incluídos fossem os ativos sob a gestão de seus fundos soberanos.[467]

Ademais, as crescentes e inevitáveis ligações econômicas entre as diversas economias do mundo e as potenciais vulnerabilidades financeiras externas resultantes têm concentrado a atenção na importância de capturar consistentemente as exposições financeiras de um país em relação ao outro.[468]

Ora, salta à vista essa necessidade quando se tem em mente a atual crise europeia e a exposição, por exemplo, que as demais economias do bloco europeu tiveram em razão dos problemas desencadeados pelas complicações da Grécia. É evidente que essa vulnerabilidade não se restringe à questão da dívida grega, uma vez que as economias modernas estão de tal modo dependentes umas das outras que qualquer sobressalto significativo em um país relevante já se mostra suficiente para que todo o continente – e algumas vezes, o globo – entre em estado de alerta e se instaure a temível desconfiança nos mercados mundiais.

---

[466] Cuida-se de balanço financeiro que demonstra o valor e a composição dos ativos externos e das dívidas externas de determinada economia. In: Glossary of Statistical Terms. International Investment Position. Disponível em: <http://stats.oecd.org/glossary/detail.asp?ID=1433>. Acesso em: 2 dez. 2011.
[467] HEATH; GALICIA-ESCOTTO, 2008, p. 86.
[468] Ibid., 2008, p. 86.

Foi essa inexorável interdependência entre as economias que fez com que países como a Itália, antes tidos como notoriamente sólidos, se arrastassem à beira da possibilidade de insolvência, com rebaixamento da nota de seu respectivo risco soberano, o que levou a rede televisiva norte-americana Cable News Network (CNN) a afirmar que a terceira maior economia da Europa estava no centro da crise financeira, flertando com o *default*.[469] Do mesmo modo, por exemplo, a recente notícia de que a agência de classificação de risco Moody's poderia retirar o selo de "AAA" da dívida soberana da França, se a situação europeia se deteriorasse, após ter rebaixado importantes instituições financeiras francesas como Societe Generale e Credit Agricole, colocou o mundo todo em sobreaviso.

Ante o exposto, é nítida a relevância de estarem claramente contabilizados também os ativos transfronteiriços pertencentes aos fundos soberanos, pois a omissão pode afetar negativamente a análise do fluxo internacional de capitais, bem como questões relativas às posições de credores e devedores comuns das economias. Tendo em vista essa necessidade, o FMI tem liderado importantes iniciativas para melhorar a coleção de dados e estatísticas, a fim de conferir maior transparência ao fluxo financeiro internacional de capitais. Dentre as citadas iniciativas, merecem destaque a Coordinated Direct Investment Survey (CDIS), cujo objetivo é melhorar a qualidade das informações sobre os investimentos diretos estrangeiros, e a Coordinated Portfloio Investment Survey (CPIS), que reúne informações financeiras relativas à aplicações e investimentos no mercado ações.[470] Ambas, contudo, são de natureza voluntária, ou seja, só capturarão as informações pertinentes aos fundos soberanos se esses assim permitirem, como, de resto, é a regra nos esforços coletivos que envolvem as entidades soberanas, pertencentes a Estados dotados do poder de decisão final sobre seus assuntos internos, isto é, de soberania.

Não obstante a atenção dispensada ao quesito transparência em toda a elaboração dos *Princípios de Santiago*, o IWG não descurou de acrescentar às notas explanatórias que as informações remetidas às agências nacionais de estatísticas devem ser tratadas segundo os padrões de confidencialidade, assim prescritos em seus regulamentos. Essa inclusão parece, em um

---

[469] SMITT-SPARK, Laura. Why is Italy now at center of Europe's debt crisis? *CNN World*, Aug. 04, 2011.
[470] HEATH; GALICIA-ESCOTTO, 2008, p. 86.

primeiro momento, contradizer o princípio da divulgação completa de toda informação "relevante" pelos fundos soberanos à competente agência de estatística de seu país. No entanto, resta claro que são as agências nacionais que devem ter os dados recebidos sob o manto da confidencialidade, naquilo em que o dever de sigilo for de rigor, consoante previsão de seu regulamento e do ordenamento jurídico do Estado de regência do fundo soberano. Assim, a referida provisão parece ter sido criada mais para coibir eventuais abusos por parte das citadas agências de estatísticas – no processo de divulgação de informações – do que para oferecer aos fundos soberanos um véu sob o qual pudessem esconder eventuais dados cuja divulgação fosse indesejada.

É que criadores de políticas públicas dependem, em geral, de dados macroeconômicos que sejam rigorosa e corretamente compilados, e, em regra, disseminados por agências nacionais, como institutos de estatísticas nacionais e departamentos ligados aos bancos centrais e ministérios da fazenda. Servem como exemplos, no Brasil, o Instituto Brasileiro de Geografia e Estatística (IBGE), bem como a Subsecretaria de Planejamento Fiscal, Estatística e Contabilidade, ligada ao Ministério da Fazenda.[471]

Com efeito, a ausência de dados econômicos relevantes relativos à atuação e aos resultados dos fundos soberanos prejudica a análise econômica, de modo geral, e tem o condão de, potencialmente, induzir a erro os usuários das informações sob estudo. Ademais, a própria importância dos fundos soberanos sublinha a necessidade de que suas atividades sejam fotografadas e tidas em um sistema de dados e de estatísticas acessível e consistente aos usuários interessados. O IWG lembra que a cooperação na transmissão dos dados e informações envolve a atuação do próprio fundo soberano ou de seu proprietário – a depender do acordo que se teve no âmbito nacional – de remeter, tempestivamente, os dados de boa qualidade e relevância para as agências nacionais competentes, usando modalidades de transmissão acordadas pelas partes..[472]

---

[471] Art. 21 da Estrutura Regimental do Ministério da Fazenda (BRASIL. Decreto nº 7.301, de 14 de setembro de 2010. Aprova a Estrutura Regimental e o Quadro Demonstrativo dos Cargos em Comissão e das Funções Gratificadas do Ministério da Fazenda, e dá outras providências. *DOU*, Brasília, 15 set. 2010).
[472] IWG, 2008, p. 22.

7.3. Quadro institucional e estrutura de governança

A partir do princípio 6 (seis) do GAPP listam-se as matérias atinentes ao quadro institucional dos fundos soberanos e à estrutura de governança corporativa. Grande importância foi conferida a essas questões. Isso porque uma estrutura de governança transparente e robusta, com a nítida divisão dos papéis e responsabilidades, aliada à alta qualidade nos padrões de auditoria e de contabilidade, é fundamental para a boa governança corporativa de um fundo soberano, mormente porque proveem os freios e contrapesos que permitem e promovem a independência operacional na administração de suas operações.[473] E é inegável que essas qualidades são fundamentais à credibilidade e respeitabilidade de um fundo nos dias que correm.

A alocação e separação de responsabilidades vêm delineadas entre os princípios 6 (seis) a 9 (nove) e também no princípio 16 (dezesseis). Esses princípios estabelecem claras distinções e divisões de responsabilidades entre os proprietários dos fundos soberanos, os órgãos dirigentes e sua administração. Stuart et al. recordam que grande parte dessas normas deriva das *Guidelines on Corporate Governance of State-Owned Enterprises*, da OCDE, as quais promovem a independência operacional no seio das empresas públicas.[474]

Tem-se, então, uma clara distinção entre os diferentes responsáveis pela atuação dos fundos soberanos, a saber: proprietário, órgãos dirigentes e administração. O proprietário, consoante princípio 7 (sete), é o governo beneficiário e detentor, por lei, da propriedade do fundo soberano ou dos ativos sob sua gestão. Cabe ao proprietário, em primeiro lugar, determinar os objetivos do seu fundo soberano, incluindo seus propósitos de políticas públicas, seu mandato de investimento e os consequentes níveis de risco aceitáveis em seu cumprimento. Em um segundo momento, o proprietário deve sempre ter a responsabilidade de supervisão sobre seu fundo, de acordo com a respectiva estrutura legal, o que demanda um sistema adequado de fornecimento de dados e informações, pelo qual o proprietário poderá ter uma clara visão do desempenho do fundo, de sua real situação financeira, bem como das práticas de gestão de risco empregadas.[475]

---

[473] STUART, Alison; DAS, Udaibir; MAZAREI, Adnan. Sovereign Wealth Funds and the Santiago Principles. In: DAS, Udaibir et al. *Economics of Sovereign Wealth Funds*: issues for policymakers. Washington, DC: International Monetary Fund, 2010.

[474] Ibid., 2010, p. 68.

[475] IWG, 2008, p. 23.

O corpo dirigente do fundo soberano, por sua vez, é aquele que define a estratégia e as políticas direcionadas à consecução dos objetivos do fundo soberano, sendo o maior responsável por sua *performance*. Adicionalmente, seu mandato também inclui matérias como decidir sobre a forma de implementação de suas estratégias, delegar as responsabilidades e criar comitês onde for necessário e também apontar ou remover os administradores dos fundos soberanos – incluindo o presidente e os diretores. O corpo dirigente pode ter a forma de um conselho de administração ou *trustee*, como ocorre com Austrália, China, Cingapura, Emirados Árabes Unidos e Brasil, entre outros. Segundo Eduardo Salomão Neto, no *trust* impõe-se ao administrador de bens de terceiros, chamado *trustee*, obrigação de total dedicação, transparência e ausência de conflito de interesses em relação aos beneficiários finais de sua atividade.[476] Em um fundo soberano, seriam equiparáveis aos *trustees* os membros do Conselho de Administração, e o beneficiário final da sua atuação é o próprio Estado-proprietário do de investimento soberano. Pode também ter a forma de comissão, a exemplo de Irlanda e Coreia. Em certos casos, o órgão dirigente pode ser uma unidade ligada ao ministério das finanças, a exemplo de Canadá, Noruega, México e Rússia. De todo modo, o IWG explicita que o órgão diretor deve ser estruturado de maneira a possibilitar o efetivo, independente e objetivo julgamento das questões sob sua responsabilidade. Ademais, a legislação pertinente deverá regrar os direitos e obrigações do órgão, o número de membros, bem como as questões relativas aos seus mandatos (duração, requisitos de elegibilidade e condições de remoção, entre outras).[477]

Já a administração do fundo soberano é responsável por suas operações diárias, exercendo autoridade sobre suas decisões de investimento e outras decisões operacionais (financeiras, de pessoal, entre outras). A administração presta contas para o órgão diretor e para o proprietário e suas responsabilidades devem estar previstas na legislação pertinente, no documento constitutivo do fundo ou equivalente.

Ressalte-se que existe, no próprio texto dos *Princípios*, a previsão – e recomendação – de que a administração do fundo soberano não seja exer-

---

[476] SALOMÃO Neto, Eduardo. As esposas de Henrique VIII, o conselho de administração e as OPA's – uma relação incestuosa. *Espaço Jurídico*. 2011. Disponível em: <http://www.bmfbovespa.com.br/juridico/noticias-e-entrevistas/Noticias/As-Esposas-de-Henrique-VIII-o-Conselho-de-Administracao-e-as-OPAs.asp>. Acesso em: 27 out. 2011.
[477] IWG, 2008, p. 23.

cida diretamente pelo ente governamental instituidor, de molde a preservar a liberdade das decisões de investimento dos administradores, as quais devem restar protegidas de indevidas interferências ou influências políticas. Destarte, aconselha-se a criação de certos mecanismos para garantir a independência operacional da administração dos fundos soberanos, dentre os quais se destacam: (a) a delegação da responsabilidade de gestão do fundo a uma entidade independente, capitaneada por um corpo diretor com responsabilidades claras para cumprir o mandato de investimento estabelecido pelo governo; (b) a concessão de poderes de fato de decisão sobre os investimentos aos principais executivos e administradores do fundo soberano, quando seu corpo diretor não for independente; e (c) contratação de gestores externos para a tomada de decisões de investimento.[478]

Não obstante o quadro específico de governança estruturado por qualquer fundo soberano, o IWG frisa que sua administração operacional deve ser conduzida sempre com independência, de sorte a garantir que as decisões de investimento e as operações sejam fundadas em considerações econômicas e financeiras consistentes com seus objetivos; ou seja, distantes de qualquer influência ou interferência política.[479] Evidentemente, essa matéria na prática não se mostra de fácil realização.

O princípio 10 (dez) é dedicado à prestação de contas, dita *accountability*, no seio da estrutura do fundo soberano. Nesse sentido, a norma competente deve prever, com exatidão, a quem compete determinada responsabilidade e a quem se deve prestar contas. Assim, por exemplo, o proprietário presta contas à legislatura (assembleia legislativa, congresso nacional) e, em última instância, ao público. Sob a mesma lógica, o órgão diretor presta contas ao proprietário, e a administração, ao órgão diretor. Evidentemente, tal sistema pressupõe o acesso tempestivo a informações corretas e relevantes relativas á atuação do fundo por parte dos envolvidos nesse processo.

Como não poderia ser diferente, a contabilidade e a auditoria nos fundos soberanos devem ser de acordo com padrões reconhecidos internacionalmente. Cita-se, como paradigma de referência para a contabilidade a ser observado pelos fundos soberanos o International Financial Reporting Standards (IFRS),[480] e o código de ética do International Federation

---

[478] Ibid., 2008, p. 24.
[479] Ibid., 2008, p. 22.
[480] O IFRS é um conjunto de pronunciamentos de contabilidade internacionais publicados e revisados pelo International Accounting Standards Board (IASB), organização internacional

of Accountants (IFAC),[481] para as questões relativas a auditoria.[482] Contudo, advertem Das, Stuart e Mazarei que os *Princípios de Santiago* falham ao não endossar expressamente a publicação das demonstrações e do relatório anual, haja vista que a publicação é "aceita universalmente como uma importante parte da transparência e da *accountability*".[483]

Os GAAP tratam das questões de divulgação (*disclosure*) principalmente nos princípios 15 (quinze), 16 (dezesseis), 17 (dezessete) e 23 (vinte e três), combinados com os itens 2 (dois), 4 (quatro), 18.3 (dezoito ponto três) e 21 (vinte e um). De acordo com o texto do princípio 17 (dezessete), os fundos soberanos devem divulgar as informações financeiras relevantes, incluindo a alocação de recursos, taxas de retorno e outros dados importantes, de modo a definir com clareza sua orientação econômica e financeira, contribuindo assim para a estabilidade nos mercados financeiros internacionais, bem como para aumentar a confiança nos países recipientes de seus investimentos. Além disso, a divulgação de índices almejados pelo fundo, como taxas de referência para o retorno do capital investido, auxilia na avaliação do seu apetite para o risco e de seu comprometimento com o crescimento.

No entanto, no tocante à divulgação pública, os GAAP se cingiram à determinação de que essa não precisaria ir além da provisão das informações relevantes, suficientes para demonstrar a orientação econômica e

---

sem fins lucrativos. Atualmente, numerosos países têm projetos oficiais de convergência das normas contábeis locais para as normas IFRS, inclusive o Brasil. Segundo o relatório produzido pela KPMG, a adoção da IFRS é um grande passo no caminho da maior transparência das informações financeiras e melhoria das práticas de governança corporativa das empresas. De acordo com a Instrução CVM nº 457 e Comunicado do Banco Central nº 14.259, desde 2010, as companhias de capital aberto devem adotar o IFRS no Brasil, apresentando demonstrações financeiras consolidadas. Disponível em: <http://www.ifrs.org/The+organisation/IASCF+and+IASB.htm>. Acesso em: 1º jun. 2012. <http://www.kpmg.com.br/publicacoes/audit/IFRS/Folder_IFRS_Perguntas_Respostas.pdf>. Acesso em: 14 dez. 2011.

[481] Organização global para a profissão dos contadores, com o objetivo de contribuir para o desenvolvimento, a adoção e a implementação de diretrizes e padrões internacionais de alta qualidade para a profissão. É responsável pela elaboração de diversos códigos de conduta e diretrizes, dentre os quais merecem destaque o International Auditing and Assurance Standards Board e o mencionado International Ethics Standard Board for Accountants. Disponível em: <www.ifac.org>. Acesso em: 1º jun. 2012.

[482] IWG, 2008, p. 25.

[483] STUART, Alison; DAS, Udaibir; MAZAREI, Adnan. Sovereign Wealth Funds and the Santiago Principles. In: DAS, Udaibir et al. *Economics of Sovereign Wealth Funds*: issues for policymakers. Washington, DC: International Monetary Fund, 2010.

financeira do fundo soberano. Ora, de se comungar no caso com as opiniões de Das, Mazarei e Stuart, de que o comprometimento com uma maior divulgação pública deveria ter sido almejado pelos *Princípios de Santiago*. Com efeito, outras searas de informações financeiras de inegável importância sobre os fundos soberanos, tais como as demonstrações financeiras auditadas, informações acerca do tamanho dos ativos sob gestão e sobre a exposição ao risco inerente a estratégias que envolvam o uso de derivativos e endividamento de modo geral não são cobertas pelos GAAP, no que atine à necessidade de divulgação pública propriamente dita. De modo que tais elementos que, repita-se, são de grande importância ao processamento e intelecção de informações financeiras, somente serão divulgados publicamente à discrição do fundo soberano que os detém ou, excepcionalmente, em confidencialidade aos competentes reguladores.[484]

Essa discricionariedade, por parte dos fundos soberanos, de que tratam os citados autores, pode ser observada nas expressões anglo-saxônicas *could* e *may*, que se traduzem no verbo transitivo *poder*, empregadas ao longo dos GAAP para indicar faculdade e não obrigação. Assim é que o subprincípio 18.3 informa que a descrição das políticas de investimento pode incluir demonstrações financeiras como relação de ativos/passivos, bem como o horizonte de tempo do investimento e a alocação estratégica dos recursos. O fundo soberano, consoante o mesmo princípio, pode, também, descrever o uso de endividamento em seu portfólio ou divulgar outras medidas de exposição de risco.

Ao revés, quando o IWG emprega a palavra *should*, traduzindo-se no verbo transitivo *dever*, indica que tal conduta é obrigatória para os fundos que aderiram aos GAAP. Desse modo, os fundos soberanos devem divulgar publicamente as informações financeiras relevantes à sua atuação (princípio 17) e as decisões de investimento desses devem ser fundadas em critérios econômicos e financeiros (princípio 19) ou, de outro modo, se outro critério for adotado, esse deve estar claro na sua política de investimento e ser publicamente divulgado (subprincípio 19.2).

Não se descura, no entanto, que se tem mais uma hipótese de obrigação natural do que um dever de fato, conquanto já se expôs que a própria natureza dos *Princípios de Santiago* é expressamente não vinculativa. Assim, pode-se concluir que o fundo soberano que voluntariamente aderir aos

---

[484] Ibid., 2010, p. 69.

GAAP tem o dever legal de cumprimento espontâneo de suas prescrições mandatórias; isto é, daquelas que indicam uma obrigação. Trata-se, *mutatis mutandi*, de um dever à semelhança do *Schuld* do Direito Civil germânico, pois presente a obrigação. No entanto, do mesmo modo, necessário é convir que, caso o fundo soberano não respeite espontaneamente aquela obrigação, não se confere a qualquer entidade a prerrogativa de intervir em seu patrimônio para compeli-lo ao cumprimento, faltando, pois, no caso, o *Haftung*, ou a responsabilidade jurídica.

Contudo, a penalidade maior na qual pode incorrer o fundo soberano que deliberadamente ignorar ou até mesmo violar os GAAP parece ser uma sanção na forma de rejeição imposta pelo próprio mercado ou pelos outros países eventualmente recipientes dos seus investimentos. Com efeito, há que se convir que a perda de credibilidade e respeitabilidade no mercado é fator a ser levado extremamente a sério pelos agentes, sendo vital à própria proeminência global de determinado fundo soberano, razão pela qual convém que prezem pela sua reputação de observadores dos *Princípios de Santiago*, quais preceitos que balizam a boa atuação dos veículos de investimento soberanos.

Dada sua natureza eminentemente voluntária, pode-se arguir com propriedade que uma das fraquezas centrais dos princípios reside na ausência de um mecanismo – judicial, *v.g.*, – de exigir sua implantação e seu cumprimento. Há, portanto, o risco de os princípios e compromissos assumidos restarem inócuos. De todo modo, segundo Mezzacapo, Barysch, Tilford e Whyte ressaltam que os princípios não devem ser vistos como um conjunto de ideais de árduo alcance. Ao contrário, os princípios representam tão somente um inventário de melhores práticas já existentes e praticadas com êxito por outros fundos soberanos no mundo. De maneira que torna-se muito complicado, na opinião dos citados autores, os fundos soberanos argumentarem que não podem se portar conforme os padrões prescritos nos GAPP, notadamente nos quesitos de transparência e prestação de contas. Além disso, considerando que muitos fundos soberanos já adotaram tais princípios, haveria, em tese, a possibilidade reversa, isto é, de que haja, de fato, um processo competitivo de emulação entre os próprios fundos, em busca da melhor nota nos vários quesitos elencados como as melhores práticas reconhecidas internacionalmente.[485] Haveria, então, segundo ima-

---

[485] BARYSCH et al., 2008 apud MEZZACAPO, 2009, p. 71.

ginam os autores, um processo competitivo pelo melhor comportamento possível, em busca da pontuação máxima, o que traria a recompensa do maior prestígio e da aceitabilidade de seus investimentos ao redor do globo.

Razão assiste, todavia, a Kern, apud Mezzacapo, quando assevera que se o comprometimento por parte dos fundos soberanos com os GAPP fosse se transformar em uma espécie de selo de qualidade, esses, forçosamente, teriam que fazer acompanhar seus compromissos por ações concretas. Assim, os fundos soberanos deveriam aderir aos objetivos financeiros e aplicar os ditames de governança e transparência, de maneira que esses possam ser efetivamente monitorados por todos os interessados diretos e, sobretudo, pelas autoridades competentes nas nações recipientes.[486]

7.4. Quadro de investimento e de gestão de riscos

Conforme já mencionado, políticas de investimento bem definidas e um quadro adequado de gestão de riscos são fundamentais para garantir que as decisões dos fundos soberanos sejam consistentes com seus propósitos, bem como para assegurar que tais riscos sejam adequadamente gerenciados. Com efeito, o fundo soberano, quando define sua política de investimento, se compromete a atuar em conformidade com um plano específico, elaborado para alcançar seus objetivos. Essa política de investimento, ademais, deve ser publicada, em homenagem aos ditames da transparência, consoante apregoa o princípio 18 (dezoito) dos GAPP.[487]

No princípio 19 (dezenove), o IWG deixa claro uma das pedras angulares para a atuação dos fundos soberanos, a saber: seu objetivo mor é maximizar os retornos financeiros – considerando-se os níveis de risco aceitos pelo seu proprietário – e suas decisões devem sempre encontrar fundamento em critérios econômicos e financeiros. Esse comprometimento foi criado com o escopo de tranquilizar as nações recipientes, evitando assim exacerbação do protecionismo e rejeição aos investimentos soberanos fundada na desconfiança quanto aos critérios adotados nas suas decisões, assim como no temor de motivações políticas.[488]

O subprincípio subsequente reconhece, contudo, que os fundos soberanos podem excepcionalmente excluir os critérios meramente econô-

---

[486] KERN, 2008 apud MEZZACAPO, 2009, p. 47.
[487] DAS, 2010, p. 69-70.
[488] DAS, 2010, p. 70.

micos e financeiros como as razões para suas decisões de investimento, desde que divulguem publicamente os motivos da exclusão. Desse modo, certos fundos soberanos podem deixar de investir em determinado país ou ativo em razão de questões sociais, éticas, de direito internacional (sanções, acordos etc.) e até mesmo por motivos religiosos.

É o caso, por exemplo, do fundo soberano norueguês, que, consoante se observou, atribui crucial importância a normas consideradas éticas e ao respeito das obrigações internacionais norueguesas derivadas de tratados, com ênfase no compromisso com a justiça global. Assim, o GPF-G forçosamente obedece diretrizes que o impedem de investir em companhias que, direta ou indiretamente, violam os direitos humanos, afrontam os direitos individuais em situações de guerra ou conflito, causam dano ao meio ambiente, praticam corrupção ou violam outras normas éticas consideradas fundamentais.[489]

Entretanto, os fundos soberanos podem também justificar seus investimentos por motivos sociais, ambientais ou outros fatores que norteiam sua política de investimento. Frise-se, no entanto, que a divulgação pública, por parte dos fundos dos motivos que exorbitam a racionalidade econômico-financeira é de rigor.[490]

Em linha com o fundamento consagrado no citado princípio 19 (dezenove), de que as decisões de investimento devam ser, em regra, motivadas exclusivamente por fatos econômicos e financeiros, os GAPP também abordaram a matéria crítica relativa à divulgação pública das políticas de voto no seio da estrutura dos fundos soberanos. Com efeito, os membros do IWG concordaram que a divulgação das políticas de votos nos fundos soberanos tem de ser prévia e suficientemente transparente, de maneira a demonstrar que suas decisões não têm outro fundamento senão aquele econômico e financeiro e, se tiverem outro fundamento, que esse reste claro, de antemão. Isso pode incluir uma declaração pública, por parte do fundo soberano, ou ação semelhante.

No entanto, a divulgação pública *ex post*, isto é, aquela feita após a votação e que permitiria verificar se o comportamento dos votos é consentâneo com os objetivos e as intenções declaradas, é deixada à discrição do fundo soberano. Com efeito, parece não ter havido consenso nessa questão, e os

---

[489] CURZIO; MICELI, 2010, p. 93.
[490] IWG, 2008, p. 29.

membros do IWG não se dispuseram a se comprometer neste sentido, o que, certamente, não pode ser considerada a melhor escolha, à luz dos princípios da transparência e da responsabilidade na prestação de contas.

Por fim, vale lembrar que os *Princípios de Santiago* terminam por ressaltar a importância da implementação e do constante acompanhamento dos seus próprios princípios, por parte dos fundos soberanos. Assim, o princípio 24 (vinte e quatro) cuida da própria implementação dos GAAP, realçando a necessidade e a importância dos fundos soberanos, ou de seus proprietários, de zelar constantemente pelo seu cumprimento, usando-os, inclusive, para reavaliar, periodicamente, a própria atuação de seus veículos de investimento.

7.5. Próximos passos

Os princípios consagrados na capital chilena delineiam um quadro amplo e compreensivo acerca dos fundos soberanos e refletem uma voz uníssona entre os fundos e seus governos, oferecendo claro entendimento sobre o quadro institucional sobre questões relativas a governança e investimentos, entre muitas outras.

É que os GAAP, além de fornecerem clareza quanto ao **ser** dos fundos, não deixam dúvidas, também, relativamente ao **dever ser** de tais veículos de investimento. Daí sua importância e obrigatoriedade, já que refletem de fato um impressionante consenso – obtido em um processo célere, dadas a proeminência e a complexidade dos temas – sobre questões de extrema relevância no tocante aos fundos soberanos, envolvendo diversos atores com interesses muitas vezes claramente conflitantes.

Assim, há que se compartilhar da opinião, esposada também por Edwin Truman, de que os *Princípios de Santiago* foram de extrema importância para criar um clima mundial mais propício à atuação e ao desenvolvimento dos fundos soberanos.[491] Desse modo, a consagração dos *Princípios* deve facilitar o processo de obtenção de confiança dos fundos soberanos nos seus próprios países, bem como nas nações recipientes, cumprindo, assim, ainda que de maneira inicial, seu objetivo de contribuir para a manutenção de um cenário estável e aberto para os investimentos internacionais.

No entanto, é consenso que, conquanto não se deva subestimar a importância dos *Princípios de Santiago* como o primeiro grande passo na direção

---

[491] TRUMAN, 2010, p. 137.

correta de criar um padrão internacional robusto à atuação dos fundos soberanos, muito ainda há que se fazer para garantir sua real implementação e aprimorar seu texto, expandindo sua abrangência e profundidade, notadamente nos quesitos da transparência e da divulgação. Sob as perspectivas macroeconômicas e de estabilidade financeira, os fundos soberanos devem continuar a buscar maior transparência em suas atividades e seu desempenho, assim como os criadores das políticas públicas devem manter às claras o papel dos fundos soberanos no seio de sua política doméstica.[492]

É fato que os *Princípios de Santiago* já estão influenciando o comportamento das autoridades em países proprietários de fundos soberanos, consoante nota Truman.[493] Com efeito, um grande número de fundos soberanos já faz uso dos *Princípios* para fortalecer e revisar seus processos internos de governança, transparência e prestação de contas. Em abril de 2009, no Kuwait, o IWG fundou o seu sucessor, o International Forum of Sovereign Wealth Funds (IFSWF), ou Fórum Internacional dos Fundos Soberanos. Trata-se de um grupo de adesão voluntária, cujo propósito é a facilitação do entendimento dos *Princípios de Santiago* e das atividades dos fundos soberanos, por meio do encontro e intercâmbio de ideias de mútuo interesse.[494]

O estabelecimento do IFSWF, considerado uma importante contribuição para a arquitetura do sistema financeiro internacional, vem resultando em relevantes ganhos para os fundos soberanos, notadamente no quesito transparência, uma vez que a maioria desses, ciosa da importância de estar de acordo com o paradigma internacionalmente aceito, voluntariamente adere ao debate, sob o consenso de que as fronteiras devem se manter abertas aos investimentos externos, incluindo os investimentos soberanos.[495]

Evidentemente, o grande desafio do IFSWF é aprofundar a aplicabilidade dos *Princípios de Santiago*. Nesse contexto, Truman sabiamente ressalta que o IFSWF deve ser tido como uma organização de pares, na qual cada um tem interesse nas operações e no comportamento do próximo. Em outras palavras, o que um fundo soberano específico pode ou não fazer *vis-à-vis* a observância dos *Princípios de Santiago* terá reflexo sobre os outros fundos soberanos, como os da Noruega e da Nova Zelândia, por

---

[492] DAS, 2010, p. 71.
[493] TRUMAN, 2010, p. 94.
[494] INTERNATIONAL FORUM OF SOVEREIGN WEALTH FUNDS. [*Home*]. Disponível em: <http://www.ifswf.org/>. Acesso em: 20 dez. 2011.
[495] DAS, 2010, p. 72.

exemplo, que notadamente possuem os mais altos índices de *compliance* com os *Princípios*. De maneira que há que se esperar pressão e cobrança dos pares entre si, para que a excelência de alguns não reste comprometida pela negligência de outros.[496]

De fato, é mister reconhecer que os fundos soberanos são controlados por governos soberanos, isto é, dotados, como ensina Miguel Reale, do poder de organizar-se juridicamente e de fazer valer dentro de seu território a universalidade de suas decisões,[497] e que, portanto, o espectro de ação internacional é limitado, em matéria de se forçar sobre esses a aplicabilidade e observância aos *Princípios*. Já se advogou, contudo, na linha de impor unilateralmente proibições aos investimentos dos fundos soberanos que não se coadunam com as ditas melhores condutas, nomeadamente por parte do ex-senador do estado de Indiana Evan Bayh, EUA, o qual propôs aplicação coercitiva de padrões de boas práticas, de maneira tal que governos com a intenção de investir nos Estados Unidos da América seriam proibidos de fazê-lo, se não demonstrassem sua adesão às referidas normas, que seriam edificadas em lei, consoante recorda Truman.[498] Tal iniciativa, no entanto, não prosperou.

Dessa forma, o principal mecanismo para reforçar a aplicabilidade e a observância dos *Princípios* é, segundo Truman, a pressão da comunidade – acadêmica, política, financeira – internacional e dos demais países detentores de fundos soberanos, aliado à exposição pública dos negligentes. De modo geral, países com baixos índices de *compliance* aos *Princípios* temem a publicidade negativa associada à inobservância das boas práticas e não tardam a responder com a tentativa de melhora comportamental, consoante argumenta o autor. Além disso, e com maior importância, cada nação, detentora de seu fundo soberano, tem todo interesse em incentivar a observância aos *Princípios*, por parte das outras nações, sob pena de ser vítima de generalizações pejorativas.[499]

Certamente, um histórico idôneo e uma reputação internacional são ativos que importam às nações e seus fundos soberanos que investem no exterior. Nessa senda, não se mostra suficiente que os fundos soberanos recebam aceitação dos participantes do mercado por si só, mas convém que

---

[496] TRUMAN, 2010, p. 138-139.
[497] REALE, 1960 apud DALLARI, 2002, p. 80.
[498] TRUMAN, 2010, p. 103.
[499] Id., 2010, p. 103.

os países recipientes e os ativos que lá se encontram também os recebam de bom grado. Para tanto, é evidente que importa, cada vez mais, que os fundos soberanos observem as melhores práticas reconhecidas mundialmente.

Assim, por exemplo, é razoável supor que países como os Estados Unidos da América, ou outros em condição similar, levem em séria consideração a observância ou não, por certo fundo soberano, dos *Princípios de Santiago*, como um dos fatores determinantes para decidir se um investimento, em especial, deve ser proibido a título de ameaça à segurança nacional ou de contrariedade ao interesse nacional. Nesse sentido, Truman recorda que, em março de 2008, os deputados norte-americanos Barney Frank, Carolyn Maloney e Luis Gutierrez sugeriram ao Secretário do Tesouro, Henry Paulson, que a observância de determinado país às melhores práticas poderia ser usada pelo Committee on Foreign Investment in the United States (CFIUS)[500] como critério na determinação de questões relativas à investigação ou não de investimentos dos seus fundos soberanos, de acordo com a competente legislação sobre investimento estrangeiro e segurança nacional – a Foreign Investment & National Security Act (FINSA) de 2007.[501]

Todavia, consoante salienta Mezzacapo, assim como todo investidor externo, os fundos soberanos já estão sujeitos a uma série abrangente de normas e regulamentos, alçados em nível internacional, que governam as operações de investimento no estrangeiro. Não obstante, é necessário convir que as implicações políticas e econômicas de grandes quantias de investimento além-fronteiras por Estados investidores – como, de fato, são os fundos soberanos –, aliadas ao foco de melhorar a transparência e governança desses, têm dado causa a um acalentado debate no sentido de se criar uma regulamentação firme – leia-se compulsória e vinculativa – que governe os investimentos soberanos.[502]

Nesse sentido, aventam-se, nos meios acadêmico, financeiro e político, soluções diversas, que partem da mais ampla liberalidade ao estrito

---

[500] O CFIUS é uma agência do governo dos EUA, presidida pela Secretaria do Tesouro, autorizada a rever transações que podem resultar em controle estrangeiro de um negócio norte--americano, avaliando os efeitos das transações estrangeiras no País na segurança nacional. U.S. Department of the Treasury. The Committee on Foreign Investment in the United States. Disponível em: <http://www.treasury.gov/resource-center/international/pages/committee--on-foreign-investment-in-us.aspx.> Acesso em: 20 dez. 2011.
[501] TRUMAN, 2010, p. 104.
[502] MEZZACAPO, 2009, passim.

protecionismo. Do ponto de vista da Comissão Europeia, um tratamento equânime em relação aos fundos soberanos como investidores deve se fundar nos seguintes princípios: (a) comprometimento a um ambiente de investimento que seja aberto ao capital estrangeiro e propício, de modo geral, em sintonia com a Estratégia de Lisboa,[503] tendo em vista que qualquer medida protecionista individualmente tomada pode ter o condão de deflagrar uma espiral de protecionismo no continente, afetando, portanto, negativamente, a economia europeia e o crescimento global; (b) o apoio às iniciativas multilaterais – cujo maior exemplo são os *Princípios de Santiago* – desenvolvidas por organizações internacionais como o FMI e a OCDE; (c) o uso de instrumentos legais existentes que permitam a formulação de uma reação aos eventuais riscos dos investimentos além-fronteiras, notadamente aqueles ligados à segurança; (d) respeito às obrigações do Tratado da Comissão Europeia e aos compromissos internacionais da União Europeia; (e) proporcionalidade e transparência de todo tratamento normativo aplicado sobre investimentos estrangeiros, em razão de alegação de interesse público.[504]

Dessa maneira, a posição formalmente esposada pela União Europeia é no sentido de que a maior parte das questões levantadas em relação aos fundos soberanos, dentre as quais se destacam a falta de transparência e a incerteza quanto aos verdadeiros motivos de seus investimentos, podem ser respondidas pelas normas e regulamentações já vigentes e pelos próprios participantes do mercado, por meio da criação de medidas apropriadas e razoáveis de *soft law*, tais como os *Princípios de Santiago* e outras normas voluntárias de conduta e balizas de melhores práticas para os fundos soberanos e os países recipientes, a exemplo daquelas produzidas pela OCDE.[505]

Sem embargo, é evidente que, consoante argumenta Mezzacapo, quando há um verdadeiro conflito de interesses entre um determinado fundo soberano e outro participante do mercado, como, *v. g.*, quando um fundo soberano aproveita-se de informações privilegiadas do seu governo

---

[503] Também conhecida como a Agenda de Lisboa, foi uma ação e plano de desenvolvimento para a economia da União Europeia inaugurado pelos líderes europeus em março de 2000, em Lisboa, Portugal, com o objetivo de tornar a UE mais competitiva e dinâmica. In: Europe's Information Society. Disponível em: <http://ec.europa.eu/information_society/eeurope/i2010/ict_and_lisbon/index_en.htm>. Acesso em: 3 nov. 2011.
[504] MEZZACAPO, 2009, p. 64.
[505] Id., 2009, p. 64.

para auferir vantagem na competição com os investidores privados; quando se beneficia por motivos de interesse próprio exclusivo no seio de companhias das quais é acionista, fazendo (mau) uso de seus direitos de voto, ou, ainda, na hipótese de um país recipiente criar obstáculos para os investimentos dos fundos soberanos, com o objetivo de proteger as empresas líderes nacionais ou outros interesses locais, as normas de *soft law* mostrar-se-ão insuficientes para assegurar um resultado eficiente para o mercado, o que acentua a necessidade de maior intervenção regulatória.[506]

Nessa linha, *e. g.*, tem-se o caso da Itália, um dos primeiros países da União Europeia a apoiar oficialmente os *Princípios de Santiago* e dotá-los de natureza e função semirregulatórias. Com o declarado propósito de estabelecer uma evidente distinção entre os fundos soberanos, separando-os entre aqueles que devem ser apoiados e os que merecem ser tidos *cum grano salis*, os italianos adotaram como critério expresso de referência a observância ou não por tais veículos dos *Princípios de Santiago*.[507]

De outra banda, para além dos esforços na concepção e implantação dos métodos de *soft law*, destaca-se outra importante iniciativa, denominada Freedom of Investment Process, patrocinada pela OCDE e consubstanciada na elaboração de um quadro de princípios e melhores práticas ditas legalmente vinculantes e destinadas a orientar as políticas públicas dos países recipientes, de maneira a garantir, segundo Paulson, que os fundos soberanos sejam avaliados de modo igualitário frente a outros investidores e que não se crie obstáculos ao eficiente fluxo de capital entre fronteiras ou limitações desnecessárias ao livre acesso aos mercados.[508]

O Freedom of Investment process,[509] por meio de seu relatório sobre os fundos soberanos,[510] reconhece que estes têm muito a oferecer, tanto aos Estados proprietários, como para os recipientes. Aos primeiros, exaltam-

---

[506] Ibid., 2009, p. 65.
[507] Ibid., 2009, p. 71.
[508] PAULSON, apud MEZZACAPO, 2009, p. 72.
[509] Trata-se de um fórum intergovernamental que reúne cerca de cinquenta países para o intercâmbio de informações e experiências em políticas de investimento, no qual os diferentes governos desenvolvem guias e balizas para políticas abertas, transparentes e não discriminatórias, promovendo uma conduta responsável por parte de governos e investidores. Disponível em: <http://www.oecd.org/document/7/0,3746,en_2649_34887_37363207_1_1_1_1,00.html>. Acesso em: 20 dez. 2011.
[510] OECD. Investment Committee to G7 Finance Ministers. *Sovereign Wealth Funds and recipient country policies*: Investment Committee Report. 4 April 2008.

-se a possibilidade de melhor administração dos seus ativos e as contribuições para o desenvolvimento econômico em geral e para a estabilização macroeconômica. Aos recipientes ressaltam-se os benefícios estabilizadores decorrentes das injeções de capital decorrentes do investimento soberano, notadamente em instituições financeiras em complicações, bem como as vantagens do histórico de tais veículos como investidores de longo prazo, além do efeito estimulante de seus investimentos na atividade econômica, de modo geral, e na geração de empregos.[511]

Não obstante, a OCDE também atenta às potenciais implicações dos fundos soberanos, principalmente no que tange às questões relativas à proteção dos interesses de segurança nacional nos países recipientes. Citam-se, por exemplo, as preocupações relativas aos investimentos soberanos nas áreas de inteligência e defesa, no sentido de que governos poderiam ter acesso à aquisição de tecnologias com a finalidade de uso militar ou de impedir que essas tecnologias ou outros ativos críticos à defesa nacional sejam transmitidos aos países recipientes, ou até mesmo o fornecimento de inteligência a países hostis ao país recipiente[512]

A OCDE reconhece que há instrumentos aplicáveis a investimentos estrangeiros, estabelecidos pela própria Organização, que servem, de maneira adequada, para balizar as políticas dos países recipientes, inclusive no que concerne aos investimentos dos fundos soberanos, notadamente pela adesão aos instrumentos de investimento da OCDE,[513] sob os princípios da não discriminação (tratamento igual de investimentos estrangeiros e domésticos, em situações semelhantes), da transparência e da previsibilidade (legislação relevante sobre investimentos devem ser publicadas), da liberalização progressiva (comprometimento a um regime mais aberto de movimento de capitais), da chamada *standstill clause* (comprometimento à não introdução de novas restrições) e da liberalização unilateral ou não reciprocidade (comprometimento dos membros da OCDE

---

[511] MEZZACAPO, 2009, p. 73.
[512] Id., 2009, p. 73.
[513] OECD Investment Instruments são instrumentos legais e vinculativos – códigos, decisões e declarações – criados pelos Estados membros para disciplinar seu comportamento e recomendar a atuação no âmbito internacional, os quais criam aos aderentes obrigação legal de observância. Disponível em: <http://www.oecd.org/about/0,3347,en_2649_34887_1_1_1_1_1,00.html>. Acesso em: 15 dez. 2011.

de não condicionar medidas de liberalização à providência de outros países nesse sentido).[514]

Dessa forma, os códigos da OCDE sobre liberalização do movimento de capitais e liberalização de operações invisíveis correntes[515] reconhecem o direito dos países de adoção de medidas para a proteção da segurança nacional, quando necessárias, por exemplo, à manutenção da ordem pública ou proteção dos interesses de segurança. Inobstante, resta expresso no texto que tais providências devem ser tomadas em situações excepcionais.

Ademais, os membros da OCDE participantes do projeto Freedom of Investment, National Security and Strategic Industries, em outubro de 2008, acordaram, à semelhança dos *Princípios de Santiago*, um número de balizas a serem observadas quando da adoção e da implementação de medidas legais e regulatórias para aplacar as preocupações de segurança nacional em um contexto amplo de investimentos estrangeiros e também no caso específico dos fundos soberanos. Esses princípios incluem os citados ditames da não discriminação e da previsibilidade e da transparência, bem como da proporcionalidade na atividade regulatória e da prestação de contas.

Contudo, conquanto a OCDE assevere que os princípios e normas sejam legalmente vinculantes, tem-se, sem dúvida, situação análoga àquela verificada no caso dos *Princípios de Santiago*, uma vez que não há como forçar ou coagir sua aplicação nos países membros ou aderentes. É dizer: não há possibilidade de recorrer a um sistema ou instituição, tal qual uma corte jurídica, apta a coagir, por meio de decisão fundamentada, ao cumprimento dos preceitos. De fato, os códigos da OCDE não constituem tratados ou acordos internacionais à luz do Direito Internacional, diversamente, por exemplo, dos acordos da Organização Mundial do Comércio (OMC).[516]

Além disso, se não há, efetivamente, como forçar a aplicação dos princípios da OCDE nos países membros ou aderentes, com muito maior razão não se pode cogitar sua imposição nos demais países que não pertencem à organização. Acentua-se que são justamente os países não pertencentes

---

[514] MEZZACAPO, 2009, p. 74.
[515] OECD. Codes of Liberalisation of Capital Movements and of Current Invisible Operations são normas legalmente vinculativas versando sobre formas progressivas e não discriminatórias de movimentos de capitais, entre outros temas. Disponível em: <http://www.oecd.org/document/63/0,3343,en_2649_34887_1826559_1_1_1_1,00.html>. Acesso em: 15 dez. 2011.
[516] MEZZACAPO, 2009, p. 74.

aos quadros da OCDE, proprietários de seus respectivos fundos soberanos, que geram as maiores preocupações relativamente ao uso desses veículos de investimento. Assim, por exemplo, o *Código sobre Liberalização dos Movimentos de Capitais da OCDE*,[517] que provê balizas à remoção de barreiras para o movimento de capitais e situações de instabilidade econômica e financeira não se aplica aos países do Oriente Médio ou à China, que não pertencem à OCDE.[518]

Destarte, a coação à observância aos citados princípios se dá por meio da pressão dos pares, já mencionada acima por Truman, bem como por constante revisão e monitoramento desses. Isso inclui notificações e publicações. Tais medidas coercitivas, como se viu, não devem ser de todo desprezadas, haja vista o comprovado interesse dos fundos soberanos em se portarem conforme as melhores práticas internacionais, sob pena de sofrerem prejuízos à sua imagem e aos seus investimentos, tendo em conta a possível reação protecionista dos países recipientes, eventualmente desconfortáveis com o inadimplemento de determinado fundo soberano a uma *soft law* de inquestionável importância.

Ante o exposto, a atenção aos *Princípios de Santiago* e a observância às melhores práticas, dentre as quais se destacam os princípios da OCDE, ganha em relevância. Além disso, ressalta a importância de se ter constante colaboração e parceria entre grupos como o IWG e o IFSWF e as nações recipientes, bem como com o setor privado. Com efeito, a comunicação é, de rigor, para o entendimento e a correta interpretação das atividades dos fundos soberanos. A continuação desse diálogo tem o condão de promover um regime de investimento que opere em bases mais colaborativas. Em um mundo no qual o capital – particularmente aquele destinado a investimentos no longo prazo – é escasso, e a riqueza definha, acordos responsáveis, sustentáveis na sua longevidade, e princípios que inspiram confiança, são vitais.[519]

---

[517] OECD. *OECD Code of Liberalisation of Capital Movements*: 2011 Edition. Paris: OECD, 2011.
[518] Neste sentido: Anderson, 2009, p. 11.
[519] Das, 2010, p. 76.

8
Conclusão

Criado nos derradeiros dias de 2008, o Fundo Soberano do Brasil está em estágio inicial de vida. Vale lembrar que os principais fundos soberanos do mundo já contam com pelo menos algumas décadas de existência e funcionamento. O vizinho Chile, como se viu, tem seu fundo soberano desde 1985. A primeira conclusão que se deve extrair, portanto, é acerca da prematuridade do julgamento quanto à utilidade e à eficácia do veículo soberano brasileiro para a consecução dos objetivos propostos em sua criação.

A idéia de criação do Fundo Soberano do Brasil foi a princípio criticada com argumentos de que o País ainda não teria condições favoráveis para tanto, particularmente o superávit nominal nas contas públicas, o que caracterizaria os recursos como um excedente fiscal.[520] Esses argumentos apontam para questões relevantes, mas podem ser relativizados, conforme apontam Carlos Eduardo Carvalho e Ângela Tepassê, porque destacam um suposto modelo internacional, desconsiderando as peculiaridades do Brasil. Todavia, "a diversidade de experiências sugere, ao contrário, que os fundos soberanos obedecem mais a condições e necessidade próprias de cada país. O desdobramento das discussões colocou em evidência questões mais específicas do Brasil, em especial o cenário criado pela perspectiva de elevadas receitas com a exploração das novas reservas de petróleo".[521]

---

[520] CARVALHO; TEPASSÊ, 2008, p. 14.
[521] Ibid.

É certo que os resultados econômicos do FSB estão, até 2013, aquém do esperado. Também não se materializaram por ora os tão invocados recursos do pré-sal, que robusteceriam o fundo brasileiro. Forçoso é convir, ademais, que a própria existência do veículo soberano nacional não está convencendo quanto à sua real utilidade pública, ante o uso por vezes desconexo e, até certo ponto, improvisado, que dele parece estar fazendo as autoridades legitimadas para a sua condução. Assim, foi, por exemplo, no citado resgate de recursos do FSB pelo governo no final de 2012 para o reforço do superávit primário.

À distância de considerações político-acadêmicas, é irrecusável, todavia, que são legítimos os propósitos do Fundo Soberano do Brasil desenhados pela lei, e que sua vigência encontra o soberano respaldo da Constituição Federal. A Carta Magna, de fato, o acolhe como mais uma ferramenta jurídica apta a implantar a política econômica da União, sua proprietária exclusiva. Trata-se, logo, de um instrumento inovador da realidade do Direito Econômico brasileiro, destinado ao atendimento do interesse coletivo.

O Fundo Soberano do Brasil se coloca, portanto, em princípio, na posição de poder cumprir uma série de mandamentos constitucionais fundamentais à República Federativa e à democracia brasileira, em benefício do bem-estar coletivo, fim último almejado pela ordem econômica na Lei Maior.

Assegurar a implementação de tais comandos, como a garantia do desenvolvimento nacional (artigo 3º, II, CF/1988), a consecução da soberania econômica nacional (artigo 170, I, CF/1988) ou o desenvolvimento do mercado interno (artigo 219, CF/1988) significa atender ao interesse público mediante o fornecimento de prestações positivas, cuja reivindicação é legítima pela sociedade. Não é outra a finalidade do FSB no detalhamento de seus propósitos de investir em ativos no Brasil e no exterior, formar poupança pública, mitigar os efeitos dos ciclos econômicos e fomentar projetos estratégicos para o País localizados no exterior.

Com certeza, ao pretender a formação de poupança pública, por meio do FSB, o Estado demonstra preocupação em transferir às gerações do porvir as riquezas acumuladas hoje. Tal preocupação decerto advém da perspectiva de exploração do petróleo encontrado na camada do pré-sal, cujo volume total foi estimado em até oito bilhões de barris.[522] O fato de os investimentos no pré-sal não terem, até o momento, redundado em bene-

---

[522] TERUME, Nívea. Entenda o Fundo Soberano do Brasil. **O Estado de S. Paulo**, 2 mar. 2010.

fício econômico para o FSB, não torna o interesse do Estado em prover as gerações futuras menos legítimo, porquanto os ativos lá estão e parece pouco provável que não sejam seus frutos colhidos em um futuro próximo.

A extração do petróleo em águas profundas, contudo, há que ser combinada com uma política industrial robusta e eficiente, para favorecer o desenvolvimento tecnológico do País, consoante ressaltado por Carvalho e Tepassê.[523] Essa nova política industrial implicaria uma proposta de direcionar os recursos do pré-sal a medidas voltadas ao desenvolvimento tecnológico nacional e à redução das desigualdades regionais, como defendem os autores, com apoio nos estudos de Barbi e Silva.[524] Já se viu, também, que a Noruega, por exemplo, utiliza de maneira bem-sucedida seu fundo soberano, com o objetivo primordial de garantir que parte substancial da riqueza gerada pelo petróleo se transmita às gerações futuras, em antecipação ao esgotamento dessa matéria não renovável.

Também a previsão de atuação anticíclica do Fundo Soberano do Brasil é importante. De fato, dar recursos ao mercado interno em épocas de desaceleração econômica e, especialmente, nos momentos de crise de liquidez, é função sobremodo estabilizadora, para a qual, aliás, muitos veículos soberanos se empenham, entre os quais os fundos da Nova Zelândia, Rússia, Kuwait, Chile, França, entre outros. Nesse sentido, os investimentos dos fundos soberanos do Oriente Médio nas instituições financeiras ocidentais durante a crise de 2007-2008 foram recebidos com grande alívio pelos mercados e amplamente incentivados pelas lideranças políticas e empresariais dos países recipientes.

Fundo especial de natureza contábil e financeira, o FSB revela preponderante natureza de Direito Público, ramo do direito ao qual se subordina. Legalmente vinculado ao Ministério da Fazenda, integra os quadros da administração direta do Estado, com competência para o exercício de suas funções de forma centralizada.

No entanto, a mesma lei que criou o FSB também deu origem ao FFIE, esse com expressa natureza jurídica de direito privado, autonomia patrimonial e sujeito a direitos e obrigações próprias. De fato, o FFIE se submete, em sua atuação nos mercados, às mesmas normas aplicáveis aos fundos de investimento, o que tecnicamente o coloca em situação de igualdade

---

[523] CARVALHO; TEPASSÊ, 2008, p. 1.
[524] BARBI; SILVA, apud CARVALHO; TEPASSÊ, 2008, p. 14.

perante os demais agentes privados. Maior importância ainda deve ser concedida a esse instituto, quando se atenta ao fato de que é o único legalmente autorizado a investir em ativos no mercado doméstico e em ativos não financeiros no mercado externo, porquanto o Fundo Soberano do Brasil está adstrito, por lei, à aquisição de ativos financeiros externos.

É evidente, dessa forma, que grande parte dos objetivos de política pública erigidos pelo ente governamental quando da criação do FSB serão perseguidos, exclusivamente, por meio do FFIE. Assim é que, por exemplo, atualmente, a totalidade dos recursos do FSB está concentrada no FFIE, em aplicações deliberadas pelo Conselho Deliberativo do Fundo Soberano do Brasil.

Esse último, composto pelos ministros da Fazenda e do Planejamento, bem como pelo presidente do Banco Central, vale destacar, é o corpo dirigente do fundo soberano nacional, com autoridade para decidir sobre as suas aplicações, estratégias e as políticas direcionadas à consecução dos seus objetivos. Trata-se, portanto, do principal responsável pelo desempenho do Fundo Soberano do Brasil. O futuro do FSB depende, logo, não somente da amplitude dos objetivos para os quais a União o credencia, mas também da sua competente condução, por parte do CDFSB e da administração zelosa da Secretaria do Tesouro Nacional.

Nesse diapasão, o caminho trilhado por outros fundos soberanos no mundo há que ser estudado pelos responsáveis pelo fundo brasileiro. Os fundos soberanos já são figuras proeminentes e permanentes no relevo financeiro internacional, cuja tendência, como se viu, é de contínuo crescimento, em termos de presença mundial. Isso porque, na medida em que os países enriquecem e os governos tomam maiores responsabilidades para o bem-estar futuro de seus cidadãos, é altamente provável que esses mesmos cidadãos procurem, no Estado, a administração das riquezas financeiras da nação, o que inclui as riquezas associadas aos seus recursos naturais.[525]

Além disso, é inevitável que o FSB se depare, necessariamente, ao longo de seu percurso, e conforme ganhe em volume, com as mesmas questões e problemáticas que já circundaram os fundos soberanos mais robustos e experientes. Mecanismos eficazes de controle e transparência, são, nesse sentido, fundamentais para evitar que venham à tona, em detrimento ao interesse público, mazelas como o mau uso dos recursos soberanos, com a

---

[525] TRUMAN, 2010, p. 161.

concessão de privilégios indesejados e o desperdício de dinheiro público que poderia ter melhor destinação. A condição de veículo soberano reconhecidamente transparente, segundo os paradigmas internacionalmente acolhidos, auxiliará também o fundo pátrio em suas relações com os países nos quais investirá, a fim de fomentar projetos estratégicos brasileiros.

De fato, uma atuação clara, consistente com sua política de investimento e aberta ao escrutínio público tem o condão de aplacar muito da inquietação que pode envolver o fundo soberano, principalmente no que diz respeito a tomar decisões de investimento fundadas em motivos políticos e estratégicos, muitas vezes à revelia dos interesses do país recipiente. Esse parece ser o ponto mais sensível em relação aos investimentos soberanos. Não é, todavia, o único.

Há, assim, que se curar para que a atuação do veículo soberano nacional não desperte reações desmesuradas nos países nos quais pretende aplicar, sob pena de se assistir à construção de obstáculos desnecessários ao livre movimento de capitais e nocivos ao bem-estar econômico geral. A ampla transparência surge, mais uma vez, como a solução mais eficaz para o problema, apta a criar a confiança duradoura e necessária, que evita a exacerbação de políticas protecionistas pelas autoridades dos países recipientes, ou medidas defensivas pelos detentores dos ativos-alvos.

Isso implica a necessidade de os participantes progredirem sempre em busca de maior consenso em favor do estímulo às melhores práticas de transparência e governança, que possibilite um cenário sempre mais propício à realização das negociações e dos investimentos. É nesse sentido que o consenso em torno dos *Princípios de Santiago* assume especial relevância.

Conquanto seja um código de conduta de adesão voluntária, despido de força coercitiva, ao menos no sentido judicial, e ainda que não ofereça uma resposta definitiva a todas as preocupações atinentes ao tema, há que se reconhecer o devido valor aos *Princípios de Santiago* e à noção de que muitas das questões relevantes às políticas públicas relativamente ao tema podem ser acordadas por meio da facilitação de um diálogo estruturado entre os veículos soberanos e os países recipientes.

Disso não se conclui, contudo, como se reiterou, que não há qualquer espécie de coerção ligada à obediência aos *Princípios*. Ao contrário, a influência que tais balizas exercem é inegável e se mostra cada vez mais presente no seio da comunidade política, acadêmica e financeira internacional, a demandar sempre maior transparência e a premiar os que, nesse quesito, se destacam, com as merecidas reputação e credibilidade, que permitem construir um ambiente acolhedor e seguro ao investimento de seu capital.

Os *Princípios de Santiago* representam, de fato, como também já disseram Das, Truman, entre outros, o maior passo dado na direção correta de se criar um padrão internacional robusto à atuação dos fundos soberanos, contribuindo, assim, para questões como: a manutenção da estabilidade do sistema financeiro global e o livre fluxo de capitais e investimentos; o respeito às normas de regulação e divulgação nos países recipientes dos investimentos estatais; a garantia de que os investimentos soberanos sejam guiados pelas mesmas considerações de risco e retorno que guiam os demais agentes no mercado; e o incentivo a estruturas sólidas de governança que propiciem controle operacional adequado, gerenciamento de riscos e apontamento de responsabilidade.

A importância dos *Princípios* será tanto mais expressiva enquanto não se criar, em âmbito mundial, um quadro compreensivo que governe todas as formas de investimento soberano – aí incluídas outras formas de investimento governamental, tais como fundos públicos de pensão, bancos de desenvolvimento, companhias públicas, entre outras –, que conduziria, na opinião de Truman, a uma espécie de tratado internacional sobre a matéria. [526]

De toda forma, é por razões como as expostas que um grande número de fundos soberanos já faz uso dos *Princípios* para fortalecer e revisar seus processos internos de governança, transparência e prestação de contas, no que se inclui o Fundo Soberano do Brasil que, como se viu, em seu último relatório de gestão, encaminhado aos órgãos de controle interno e externo, expressamente declarou a intenção de seguir as diretrizes acordadas na capital chilena.

A esse propósito, cumpre notar que o FSB se encontra presente na classificação de um dos principais índices de referência para quesitos como transparência, governança e boa conduta, de modo geral. É animador, deste modo, que o índice Linaburg-Maduell, do Sovereign Wealth Funds Institute pontua o Fundo Soberano do Brasil com a nota nove, consoante se viu. Ora, tal calssificação eleva o fundo pátrio à altura dos melhores do mundo.

Assim, ao cabo do quanto se expôs, resta claro que o Fundo Soberano do Brasil pode – logo, deve – ser empregado como verdadeiro instrumento

---

[526] TRUMAN, 2010, p. 163.

de conservação e geração de riqueza para o futuro do País, em apego aos princípios constitucionais que guiam a República e consolidam o Estado democrático de direito. Os recursos que brotarão do pré-sal poderão armar o fundo brasileiro, para que fortaleça a soberania econômica nacional e aprofunde o desenvolvimento do País; que possibilite às empresas domésticas condições de excelência, em matéria de competitividade internacional, mas também a estabilidade interna necessária para quando a maré se voltar.

Espera-se, fundamentalmente, que o Fundo Soberano do Brasil sempre tenha como linhas-mestras de atuação a mais ampla transparência e divulgação pública quanto às suas políticas de investimento, governança, disciplina e regulação, e que sejam essas as premissas a viabilizar a consecução de suas finalidades legais. Isso porque, em se cuidando dos investimentos da riqueza soberana, assim como em Direito, os fins não justificam os meios, mas, estes, aqueles.

REFERÊNCIAS

ALVES, Soraya. *Fundos de investimento*: história e natureza jurídica. Anbima, 2011. Disponível em: <http://www.anbima.com.br/mostra.aspx/?id=1000001204>. Acesso em: 13 dez. 2011.

ANDERSON, Eric. *Take the money and run: sovereign wealth funds and the demise of american propsperity*. Prager Security International, 2009.

ARREAZA, Adriana et al. The coming of age of Sovereign Wealth Funds. In: SCHNEIDMAN, Leonard (Ed.). *Sovereign Wealth Funds – a legal, tax and economic perspective*. New York: Practising Law Institute, 2010.

AVENDANO, R; SANTISO, J. Are sovereign wealth funds investments politically biased? A comparison with mutual funds. OECD Development Centre, Working Paper nº 283, Dec. 2009. In: CURZIO, Alberto Q.; MICELI, Valeria. *Sovereign Wealth Funds*: A complete guide to state-owned investment funds. Petersfield: Harriman, 2010.

BALDING, Christopher. A portfolio analysis of Sovereign Wealth Funds. In: WHARTON LEADERSHIP CENTRE. *The brave new world of Sovereign Wealth Funds*. University of Pennsylvania, 2010. Disponível em: <http://knowledge.wharton.upenn.edu/papers/download/052810_Lauder_Sovereign_Wealth_Fund_report_2010.pdf>. Acesso em: 27 set. 2011.

BECK, R; FIDORA, M. Impact of Sovereign Wealth Funds on Global Financial Markets. Occasional Paper series, Frankfurt, nº 91, July 2008. In: MEZZACAPO, Simone. *The so-called "Sovereign Wealth Funds"*: regulatory issues, financial stability and prudential supervision. Brussels: European Commission, 2009.

BLACKBURN, J. et al. Do Sovereign Wealth Funds Best serve the interests of their respective citizens? Working Paper series, University of Chicago, Graduate Business School, Social Science Research Network, March 24, 2008. In: CURZIO, Alberto Q.; MICELI, Valeria. *Sovereign Wealth Funds*: A complete guide to state-owned investment funds. Petersfield: Harriman, 2010.

BORTOLOTTI, B. et al. Sovereign Wealth Fund Investment: patterns and performance. Nota di Lavoro, Fondazione Eni Enrico Mattei, nº 22, 2009. In: CURZIO, Alberto Q.; MICELI, Valeria. *Sovereign Wealth Funds*: A complete guide to state-owned investment funds. Petersfield: Harriman, 2010.

BRASIL. Ministério da Fazenda. *Fundo Soberano do Brasil (FSB)*. 2008. Disponível em: <http://www.fazenda.gov.br/portugues/documentos/2008/maio/a130508.pdf>. Acesso em: 28 out. 2011.

— Secretaria do Tesouro Nacional. *Fundo Soberano do Brasil* — Relatório de administração e demonstrações financeiras: 1º semestre 2011. Brasília, 2011. Disponível em: <http://www.stn.fazenda.gov.br/legislacao/download/fundo/Relatorio_Administraca_FSB_1_2011.pdf>. Acesso em: 22 set. 2011.

— Tesouro Nacional. *Brazil becomes investment grade by Moody's*. Disponível em: <http://www.tesouro.fazenda.gov.br/english/hp/downloads/Nota_Investment_Grade.pdf>. Acesso em: 27 dez. 2011.

— *Fundo Soberano do Brasil* — Relatório de gestão do exercício de 2010. Brasília, 2011. Disponível em: <http://www.tesouro.fazenda.gov.br/fundo_soberano/download/Relatorio_Gestao_2011.pdf>. Acesso em: 26 dez. 2011.

— *Fundo Soberano do Brasil*. Brasília, 2010. Disponível em: <http://www.stn.fazenda.gov.br/fundo_soberano/index.asp>. Acesso em: 26 dez. 2011.

— *Fundos Públicos*. Disponível em: <http://www.tesouro.fazenda.gov.br/contabilidade_governamental/download/relatorios/Fundos_Publicos_material_GT.pdf>. Acesso em: 15 dez. 2011.

BUGARIN, Bento J. Fiscalização dos fundos federais. *Revista Igualdade*, nº XIV, 2009. Disponível em: <http://www2.mp.pr.gov.br/cpca/telas/ca_igualdade_10_2_1_1.php>. Acesso em: 27 set. 2011.

CARDOSO, Juliana. Fundo Soberano Chinês compra ações de quatro grandes bancos. *Valor Econômico*, São Paulo, 10 out. 2011.

CARVALHO, Carlos Eduardo; TEPASSÊ, Ângela Cristina. O Fundo Soberano Brasileiro e a Crise Financeira Internacional. *Papéis Legislativos*, ano 2, nº 4, out. 2008. Disponível em: <http://www.opsa.com.br/images/pdf/papeis/16_papeislegislativos_PL_n_4_out_2008.pdf>. Acesso em: 27 dez. 2011.

CARVALHO Filho, José S. *Manual de direito administrativo*. 20. ed. Rio de Janeiro: Lumen Juris, 2008.

CHHAOCHHARIA, V.; LAEVEN, L. Sovereign Wealth Funds: their investment strategies and performance. CEPR Discussion Paper, nº 6959, 2008. In: CURZIO, Alberto Q.; MICELI, Valeria. *Sovereign Wealth Funds*: A complete guide to state-owned investment funds. Petersfield: Harriman, 2010.

CHUA, Linus. Temasek names Phoon as CEO of Seatown. *Bloomberg*, July 2011. Disponível em: <http://www.bloomberg.com/news/2011-07-28/temasek-names-jimmy-phoon-as-ceo-of-seatown-starting-aug-1.html>. Acesso em: 28 out. 2011.

COMISSÃO DE VALORES IMOBILIÁRIOS. *Consulta consolidada de fundo*. Disponível em: <http://cvmweb.cvm.gov.br/SWB/defaultCPublica.asp>. Acesso em: 15 dez. 2011.

COMMISSION OF THE EUROPEAN COMMUNITIES. A common european approach to Sovereign Wealth Funds. Brussels, 2008. In: MEZZACAPO, Simone. *The so-called "Sovereign Wealth Funds"*: regulatory issues, financial stability and prudential supervision. Brussels: European Commission. 2009.

COMPARATO, Fábio K. O indispensável direito econômico. In: GRAU, Eros R. *A ordem econômica na Constituição de 1988*. 14. ed. São Paulo: Malheiros, 2010.

CRUDE oil price history. 2011. Disponível em: <http://www.nyse.tv/crude-

-oil-price-history.htm>. Acesso em: 28 out. 2011.

CURZIO, Alberto Q.; MICELI, Valeria. *Sovereign Wealth Funds*: A complete guide to state-owned investment funds. Petersfield: Harriman, 2010.

DALLARI, Dalmo A. *Elementos da teoria geral do Estado*. 23. ed. São Paulo: Saraiva, 2002.

DAS, Udaibir et al. *Economics of Sovereign Wealth Funds*: issues for policymakers. Washington, DC: International Monetary Fund, 2010.

DE PALMA, André et al. Regulating a Sovereign Wealth Fund through an external fund manager. In: DAS, Udaibir et al. *Economics of Sovereign Wealth Funds*: issues for policymakers. Washington, DC: International Monetary Fund, 2010.

DINIZ, Maria Helena. *Natureza jurídica*. 2001. Disponível em: <http://www.tvdoconselhotutelar.com.br/documentos/17_11_10/george/NATUREZA_JURIDICA_DO_CONSELHO_TUTELAR.pdf>. Acesso em: 27 nov. 2011.

DWENTER, K. L. et al. Firm value and Sovereign Wealth Fund investment. Darden School of Business, University of Virginia, March 2009. In: CURZIO, Alberto Q.; MICELI, Valeria. *Sovereign Wealth Funds*: A complete guide to state-owned investment funds. Petersfield: Harriman, 2010.

FERNANDES. Adriana. Governo faz manobra para levantar R$ 16 bi e cumprir meta fiscal de 2012. O Estado de S.Paulo, 3 de janeiro de 2013. Disponível em: http://economia.estadao.com.br/noticias/economia-brasil,governo-faz-manobra-para-levantar-r-16-bi-e-cumprir-meta-fiscal-de-2012,139600,0.htm Acesso em: 25 de setembro de 2013

FERNANDES, Nuno. Sovereign Wealth Funds: investment choices and implications around the world. Finance Working Paper, nº 238, Feb. 2009. In: CURZIO, Alberto Q.; MICELI, Valeria. *Sovereign Wealth Funds*: A complete guide to state-owned investment funds. Petersfield: Harriman, 2010.

FERRAZ Júnior, Tércio Sampaio. A economia e o controle do Estado. In: GRAU, Eros R. *A ordem econômica na Constituição de 1988*. 14. ed. São Paulo: Malheiros, 2010.

FIECHTER, Jean-Rodolphe. The french strategic investment fund. a creative approach to complement SWF'S regulation or mere protectionist? *The Journal of Applied Economy*, v. 3, p. 59-77, 2010.

FINANCIADORA DE ESTUDOS E PROJETO. *TJLP – Taxa de Juros de Longo Prazo*. Disponível em: <http://www.finep.gov.br/informacoes_financeiras/tjlp.asp?codSessaoInformacoesFinanceiras=1>. Acesso em: 28 dez. 2011.

FUNDO NACIONAL DE DESENVOLVIMENTO DA EDUCAÇÃO. *Missão e valores*. Brasília, 2009. Disponível em: <http://www.fnde.gov.br/index.php/inst-missao-e-objetivos>. Acesso em: 15 dez. 2011.

GRAU, Eros R. *A ordem econômica na Constituição de 1988*. 14. ed. São Paulo: Malheiros, 2010.

GRIFFITH-Jones, S.; OCAMPO, J. A. Sovereign Wealth Funds: a developing country perspective. Social Science Research Network, 2008. In: CURZIO, Alberto Q.; MICELI, Valeria. *Sovereign Wealth Funds*: A complete guide to state-owned investment funds. Petersfield: Harriman, 2010.

HEATH, Robert; GALICIA-ESCOTTO, Antonio. Sovereign Wealth Funds: investment flows and the role of transparency. In: DAS, Udaibir et al. *Economics of Sovereign Wealth Funds*: issues for policymakers. Washington, DC: International Monetary Fund, 2010.

INTERNATIONAL MONETARY FUND. 6th Balance of Payment Manual. In: MEZZACAPO, Simone. *The so-called "Sovereign Wealth Funds"*: regulatory issues, financial stability and prudential supervision. Brussels: European Commission. 2009.

INTERNATIONAL WORKING GROUP OF SOVEREIGN WEALTH FUNDS. *Sovereign Wealth Funds*: Generally Accepted Principles and Practices – "The Santiago Principles". October, 2008. Disponível em: <http://www.iwg-swf.org/pubs/eng/santiagoprinciples.pdf>. Acesso em: 2 set. 2011.

JITTAPONG, Khettiya; CHANGPLAYNGAM, Pisit. Thai Shin Corp: Temasek has no plans do sell Shin.: *Reuters*, 2010. Disponível em: <http://in.reuters.com/article/2010/03/10/shin-temasek-idINSGE6290D220100310>. Acesso em: 28 maio 2012.

KERN, Steffen. Sovereign Wealth Funds: new economic realities and the political responses. In: DAS, Udaibir et al. *Economics of Sovereign Wealth Funds*: issues for policymakers. Washington, DC: International Monetary Fund, 2010.
– SWF's and foreign investment policies: an update. In: MEZZACAPO, Simone. *The so-called "Sovereign Wealth Funds"*: regulatory issues, financial stability and prudential supervision. Brussels: European Commission, 2009.

KLITZING, Espen. Demystifying sovereign wealth funds. In: DAS, Udaibir et al. *Economics of Sovereign Wealth Funds*: issues for policymakers. Washington, DC: International Monetary Fund, 2010.

KNILL, A. et al. Bilateral political relations and the impact of Sovereign Wealth Fund Investment. Working Paper series. University of Chicago, Graduate Business School, Social Science Research Network, March 9, 2011. In: CURZIO, Alberto Q.; MICELI, Valeria. *Sovereign Wealth Funds*: A complete guide to state--owned investment funds. Petersfield: Harriman, 2010.

KOTTER, J.; LEL, U. Friends or foes? the stock price impact of Sovereign Wealth Fund Investments and the price of keeping secrets. International Finance Discussion Papers, Board of Governors of the Federal Reserves System, nº 940, Aug. 2008. In: CURZIO, Alberto Q.; MICELI, Valeria. *Sovereign Wealth Funds*: A complete guide to state-owned investment funds. Petersfield: Harriman, 2010.

KOZACK, Julie et al. The macroeconomic impact of Sovereign Wealth Funds. In: DAS, Udaibir et al. *Economics of Sovereign Wealth Funds*: issues for policymakers. Washington, DC: International Monetary Fund, 2010.

LINDEMBERG, Antonio H. *Princípios constitucionais da administração pública*. Disponível em: <http://www.buscalegis.ufsc.br/revistas/files/journals/2/articles/32832/public/32832-40730-1-PB.pdf>. Acesso em: 28 out. 2011.

LIPSKY, John. Preface. In: GAWDAT, Bahgat et al. *The political economy of sovereign wealth funds*. Londres: Palgrave Macmillan, 2010.

LOYOLA, Gustavo. Fundo soberano aumenta o risco macroeconômico. *Valor Econômico*, Primeiro Caderno, 10 dez. 2007.

LU, Yinquiu et al. From reserves accumulation to Sovereign Wealth Fund: policy and macrofinancial considerations. In: DAS, Udaibir et al. *Economics of Sovereign Wealth Funds*: issues for policymakers. Washington, DC: International Monetary Fund, 2010.

LYONS, Gerard. State capitalism: the rise of sovereign wealth funds. In: CARLSON, Thomas; LITTMANN, William. *Sovereign Wealth Funds*. Hauppauge: Nova Science, 2009.

MADEIRA, José M. P. Administração pública centralizada e descentralizada. In: CARVALHO Filho, José S. *Manual de direito administrativo*. 20. ed. Rio de Janeiro: Lumen Juris, 2008.

MAIMONI, Alexandre B. H. A natureza jurídica dos fundos de pensão dos servidores públicos. *Jus Navigandi*, Teresina, ano 9, nº 479, 29 out. 2004. Disponível em: <http://jus.com.br/revista/texto/5818>. Acesso em: 28 out. 2011.

MARKETS IN FINANCIAL INSTRUMENTS DIRECTIVE. *Definitions*. Disponível em: <http://www.markets-in-financial-instruments-directive.com/Article4.htm>. Acesso em: 28 out. 2011.

MARRA, Luciana C. A mitigação do princípio da publicidade no processo licitatório na modalidade convite. *Revista da Faculdade de Direito – UFU*, v. 34, p. 193-200, 2006. Disponível em: <http://www.revista.fadir.ufu.br/include/getdoc.php?id=38&article=9&mode=pdf>. Acesso em: 28 out. 2011.

MARTIN, Michael F. China's Sovereign Wealth Fund. In: CARLSON, Thomas; LITTMANN, William. *Sovereign Wealth Funds*. Hauppauge: Nova Science, 2009.

MAXIMILIANO, Carlos. *Hermenêutica e aplicação do direito*. Rio de Janeiro: Forense, 1993.

MEIRELLES, Hely L. *Direito administrativo brasileiro*. 23. ed. São Paulo: Malheiros, 1998.

MEZZACAPO, Simone. *The so-called "Sovereign Wealth Funds"*: regulatory issues, financial stability and prudential supervision. Brussels: European Commission. 2009. Disponível em: <http://ec.europa.eu/economy_finance/publications/publication15064_en.pdf>. Acesso em: 22 set. 2011.

MIRACKY, William; BABARY, Victoria. Sovereign Wealth Fund Investment Behavior. In: SCHNEIDMAN, Leonard (Ed.). *Sovereign Wealth Funds – a legal, tax and economic perspective*. New York: Practising Law Institute, 2010.

MIRACKY, William; BORTOLOTTI, Bernardo. Weathering the storm: Sovereign Wealth funds in the global economic crisis of 2008. *FEEM*, Apr. 2009.

NUSDEO, Fábio. *Curso de economia*: introdução ao Direito Econômico. 3. ed. São Paulo: Revista dos Tribunais, 2001.

OECD. Investment Committee to G7 Finance Ministers. Sovereign Wealth Funds and recipient country policies: *Investment Committee Report*, Apr. 2008. Disponível em: <http://www.oecd.org/dataoecd/34/9/40408735.pdf>. Acesso em: 20 dez. 2011.

OECD. *OECD Code of Liberalisation of Capital Movements*: 2011 Edition. Paris: OECD Publishing, 2011. Disponível em: <http://www.oecd.org/dataoecd/10/62/39664826.pdf>. Acesso em: 9 dez. 2011.

ONTARIO TEACHERS'S PENSION PLANS. [*Home*]. 2011. Disponível em: <http://www.otpp.com/wps/wcm/connect/otpp_en/home>. Acesso em: 22 set. 2011.

ORR, Adrian. The New Zealand Superannuation Fund: surviving through and seeing beyond the global financial crisis. In: DAS, Udaibir et al. *Economics of Sovereign Wealth Funds*: issues for policymakers. Washington, DC: International Monetary Fund, 2010.

PARRADO, Eric. Managing Chile's SWFs beyond the global financial crisis. In: DAS, Udaibir et al. *Economics of Sovereign*

Wealth Funds: issues for policymakers. Washington, DC: International Monetary Fund, 2010.

PATEL, Nilay. *Abu Dhabi investment group buys $622M chunk of AMD*. 2007. Disponível em: <http://www.engadget.com/2007/11/16/abu-dhabi-investment-group-buys-622m-chunk-of-amd/>. Acesso em: 23 dez. 2011.

RAMOS, Rita R. Crises reshapes role of Sovereign Wealth Funds. *Asian Investor*, Aug. 21, 2009. Disponível em: <http://www.businessweek.com/globalbiz/content/aug2009/gb20090821_639782.htm>. Acesso em: 22 set. 2011.

RIBEIRO, Ana P. Petrobras e BB derrubam o Fundo Soberano do Brasil. *Brasil Econômico*, 21 dez. 2011. Disponível em: <http://www.brasileconomico.com.br/noticias/petrobras-e-bb-derrubam-o-fundo-soberano-do-brasil_110851.html>. Acesso em: 23 dez. 2011.

ROZANOV, Andrew. Long-term implications of the global financial crisis for Sovereign Wealth Funds. In: DAS, Udaibir et al. *Economics of Sovereign Wealth Funds: issues for policymakers*. Washington, DC: International Monetary Fund, 2010.

SALOMÃO Neto, Eduardo. As esposas de Henrique VIII, o conselho de administração e as OPA's – uma relação incestuosa. *Espaço Jurídico*. 2011. Disponível em: <http://www.bmfbovespa.com.br/juridico/noticias-e-entrevistas/Noticias/As-Esposas-de-Henrique-VIII-o-Conselho-de-Administracao-e-as-OPAs.asp>. Acesso em: 27 out. 2011.

SANTOS, Alberto Marques dos. *Regras científicas da hermenêutica*. Disponível em: <http://albertodossantos.wordpress.com/artigos-juridicos/regras-da-hermeneutica/>. Acesso em: 17 dez. 2012.

SCHNEIDMAN, Leonard (Ed.). *Sovereign Wealth Funds – a legal, tax and economic perspective*. New York: Practising Law Institute, 2010.

SMITT-SPARK, Laura. Why is Italy now at center of Europe's debt crisis? *CNN World*, Aug. 04, 2011. Disponível em: <http://articles.cnn.com/2011-08-04/world/italy.economy.explainer_1_italy-finance-minister-giulio-tremonti-prime-minister-silvio-berlusconi?_s=PM:WORLD>. Acesso em: 22 set. 2011.

SOVEREIGN WEALTH FUNDS INSTITUTE. [*Fund Rankings*]. 2011. Disponível em: <http://www.swfinstitute.org/fund-rankings/>. Acesso em: 27 dez. 2011.

– *Strategic Investment Fund*. 2009. Disponível em: <http://swfinstitute.com/fund/france.php>. Acesso em: 22 set. 2011.

– *Top 10 SWF Direct Deal Transactions of 2010*. Disponível em: <http://www.swfinstitute.org/statistics-research/top-10swftd/>. Acesso em: 22 dez. 2011.

SOVEREIGN WEALTH FUNDS. *New York Times*, Dec. 7, 2009. Disponível em: <http://topics.nytimes.com/top/reference/timestopics/subjects/s/sovereign_wealth_funds/index.html>. Acesso em: 22 set. 2011.

STATE STREET. Sovereign Wealth Funds: assessing the impact. Boston, Mar. 2008. v. III. In: MEZZACAPO, Simone. *The so-called "Sovereign Wealth Funds": regulatory issues, financial stability and prudential supervision*. Brussels: European Commission. 2009.

TAVARES, Flávio L. et al. *Fundo Soberano do Brasil, Fundo Fiscal de Investimento e Estabilização (PL 3.674/2008)*. Brasília: Biblioteca Digital da Câmara dos Deputados; Consultoria de Orçamento e Fiscalização Financeira Câmara dos Deputados, 2008. Disponível em: <http://bd.camara.gov.br/bd/bitstream/handle/bdcamara/1883/

REFERÊNCIAS

fundo_soberano_tavarestavaresemoura.pdf?sequence=1>. Acesso em: 27 dez. 2011.

TERUME, Nívea. Entenda o Fundo Soberano do Brasil. *O Estado de S. Paulo*, 2 mar. 2010. Disponível em: <http://economia.estadao.com.br/noticias/economia,entenda-o-fundo-soberano-do-brasil-,7156,0.htm>. Acesso em: 4 jan. 2012.

TORRES, Ricardo L. *Os fundos especiais*. São Paulo: ABMP. Disponível em: <http://www.abmp.org.br/textos/228.htm>. Acesso em: 27 dez. 2011.

TRUMAN, Edwin. *Sovereign Wealth Funds*: threat or salvation? Washington, D.C: Peterson Institute for International Economics, Sep. 2010.

WHARTON LEADERSHIP CENTRE. *The brave new world of Sovereign Wealth Funds*. University of Pennsylvania, 2010. Disponível em: <http://knowledge.wharton.upenn.edu/papers/download/052810_Lauder_Sovereign_Wealth_Fund_report_2010.pdf>. Acesso em: 27 set. 2011.

XIAOTIAN, Wang. Foreign exchange reserves hit record high. *China Daily*, 2011. Disponível em: <http://www.chinadaily.com.cn/bizchina/2011-01/12/content_11832469.htm>. Acesso em: 27 set. 2011.

Anexo A
Princípios de Santiago

- **Princípio 1**
  A estrutura jurídica do FSI deve ser sólida e apoiar o seu funcionamento eficiente, bem como a realização do(s) seu(s) objetivo(s) declarado(s).
  - 1.1: A estrutura jurídica do FSI deve assegurar sua solidez e confiabilidade jurídica e suas transações.
  - 1.2: As principais características da base e estrutura jurídica do FSI, bem como o relacionamento jurídico entre o FSI e os outros órgãos estatais, devem ser divulgadas publicamente.

- **Princípio 2**
  A finalidade política do FSI deve ser claramente definida e divulgada publicamente.

- **Princípio 3**
  Quando as atividades do FSI têm implicações macroeconômicas domésticas e diretas, tais atividades devem ser estreitamente coordenadas com as autoridades fiscais e monetárias, para assegurar que sejam compatíveis com todas as políticas macroeconômicas.

- **Princípio 4**
  Deve haver políticas, regras, procedimentos ou arranjos claros e publicamente divulgados relativos ao FSI, em termos de financiamento, retiradas e gastos.
  - 4.1: A fonte de financiamento do FSI deve ser publicamente divulgada.
  - 4.2: A política geral das retiradas e gastos do FSI pelo governo deve ser divulgada publicamente.

- **Princípio 5**
  Os dados estatísticos relevantes ao FSI devem ser relatados em tempo hábil ao proprietário, ou conforme exigido, para inclusão em conjuntos de dados macroeconômicos.

- **Princípio 6**
  A estrutura de governança do FSI deve ser sólida e estabelecer uma divisão clara e efetiva de papéis e responsabilidades, a fim de facilitar a prestação de contas e a independência operacional para buscar e atingir os objetivos.

- **Princípio 7**
  O proprietário deve definir os objetivos do FSI, nomear os membros do(s) seu(s) órgão(s) de governança, de acordo com os procedimentos claramente definidos, e supervisionar as operações.

- **Princípio 8**
  O(s) órgão(s) do governo deve(m) agir nos melhores interesses do FSI, e ter um mandato claro, bem como a autoridade e a competência adequada para desempenhar suas funções.

- **Princípio 9**
  A gestão operacional do FSI deve implementar as estratégias do fundo de forma independente e de acordo com as responsabilidades claramente definidas.

- **Princípio 10**
  A estrutura de responsabilização das operações do FSI deve ser claramente definida na legislação vigente, na sua constituição ou contrato de gestão.

- **Princípio 11**
  Um relatório anual e as demonstrações financeiras das operações e do desempenho do FSI devem ser elaborados nos prazos estabelecidos e de acordo com as normas de contabilidade internacionais e nacionais, de forma consistente.

- **Princípio 12**
  As operações do FSI e as demonstrações financeiras devem ser submetidas a uma auditoria anual de acordo com as normas reconhecidas internacional e nacionalmente, de forma consistente.

- **Princípio 13**
  As normas profissionais e de ética devem ser claramente definidas e divulgadas aos membros do(s) órgão(s) de governo, à equipe de gestão e aos funcionários do FSI.

- **Princípio 14**
  A relação com terceiros para efeitos de gestão operacional do FSI deve se basear em razões econômicas e financeiras, e seguir regras e procedimentos claros.

- **Princípio 15**
  As operações e atividades do FSI em países anfitriões devem ser conduzidas de acordo com todos os requisitos regulatórios e de divulgação dos países onde operam.

ANEXO A

- **Princípio 16**
A estrutura e os objetivos de governo, bem como a maneira pela qual a gestão do FSI é operacionalmente independente do seu proprietário, devem ser divulgados publicamente.

- **Princípio 17**
As informações financeiras relevantes ao FSI devem ser publicamente divulgadas para demonstrar sua orientação econômica e financeira, assim como para contribuir com a estabilidade dos mercados financeiros internacionais e aumentar confiança nos países beneficiários.

- **Princípio 18**
A política de investimento do SWF deve ser clara e coerente com os objetivos definidos, a tolerância ao risco e a estratégia de investimento, conforme definida pelo proprietário ou pelo(s) órgão(s) do governo, e deve ser baseada em princípios de gestão de carteiras de investimento.
  - 18.1: A política de investimento deve guiar o risco financeiro do FSI e sua eventual alavancagem financeira.
  - 18.2: A política de investimento deve definir em que medida se devem empregar gerentes de investimentos internos e/ou externos, o conjunto de suas atividades, sua autoridade, e o processo pelo qual eles devem ser selecionados e ter seu desempenho monitorado.
  - 18.3: Uma descrição da política de investimento do FSI deve ser publicamente divulgada.

- **Princípio 19**
As decisões de investimento dos FSIs devem buscar maximizar retornos ajustados ao risco financeiro de uma forma consistente com sua política de investimento e baseadas em fundamentos econômicos e financeiros.
  - 19.1: Se as decisões de investimento estão sujeitas às considerações não econômicas e financeiras, tais decisões devem ser claramente definidas na política de investimento e publicamente divulgadas.
  - 19.2: A gestão dos ativos do FSI deve ser consistente com os princípios de gestão de ativos geralmente aceitos.

- **Princípio 20**
O FSI não deve buscar ou se aproveitar de informações confidenciais ou de influência ilícita do governo para competir com entidades privadas.

- **Princípio 21**
Os direitos de propriedade são vistos pelos FSIs como um elemento fundamental do valor de seus investimentos. Se um fundo soberano optar por exercer seu direito de propriedade, deve fazê-lo de uma forma coerente com sua política de investimento e proteger o valor financeiro dos seus investimentos. O FSI deve divulgar publicamente seu sistema geral de votação dos títulos das entidades listadas, inclusive os fatores principais que orientam o exercício dos seus direitos de propriedade.

- **Princípio 22**
  O FSI deve ter uma estrutura que identifique, avalie e gerencie os riscos das suas operações.
  - 22.1: A estrutura de gestão deve incluir informações confiáveis e sistemas de informação que permitam o monitoramento e a gestão adequada dos riscos dentro de parâmetros e níveis aceitáveis, mecanismos de controle e incentivos, códigos de conduta, planejamento da continuidade dos negócios e uma função de auditoria independente.
  - 22.2: Os parâmetros gerais da gestão de riscos dos FSI devem ser publicamente divulgados.

- **Princípio 23**
  Os ativos e o desempenho dos investimentos (absolutos e relativos aos *benchmarks*, se houver) do FSI devem ser mensurados e relatados ao proprietário, de acordo com os princípios e os padrões claramente definidos.

- **Princípio 24**
  Um processo de revisão periódica da implementação do GAPP deve ser exercido por ou em nome do FSI.

Texto original: Generally Accepted Principles and Practices (GAPP): Santiago Principles

- **GAPP 1. Principle**
  The legal framework for the SWF should be sound and support its effective operation and the achievement of its stated objective(s).
  - GAPP 1.1. Subprinciple
    The legal framework for the SWF should ensure the legal soundness of the SWF and its transactions.
  - GAPP 1.2. Subprinciple
    The key features of the SWF's legal basis and structure, as well as the legal relationship between the SWF and the other state bodies, should be publicly disclosed.

- **GAPP 2. Principle**
  The policy purpose of the SWF should be clearly defined and publicly disclosed.

- **GAPP 3. Principle**
  Where the SWF's activities have significant direct domestic macroeconomic implications, those activities should be closely coordinated with the domestic fiscal and monetary authorities, so as to ensure consistency with the overall macroeconomic policies.

- **GAPP 4. Principle**
  There should be clear and publicly disclosed policies, rules, procedures, or arrangements in relation to the SWF's general approach to funding, withdrawal, and spending operations.
  - ☐ GAPP 4.1. Subprinciple
    The source of SWF funding should be publicly disclosed.
  - ☐ GAPP 4.2. Subprinciple
    The general approach to withdrawals from the SWF and spending on behalf of the government should be publicly disclosed.

- **GAPP 5. Principle**
  The relevant statistical data pertaining to the SWF should be reported on a timely basis to the owner, or as otherwise required, for inclusion where appropriate in macroeconomic data sets.

- **GAPP 6. Principle**
  The governance framework for the SWF should be sound and establish a clear and effective division of roles and responsibilities in order to facilitate accountability and operational independence in the management of the SWF to pursue its objectives.

- **GAPP 7. Principle**
  The owner should set the objectives of the SWF, appoint the members of its governing body(ies) in accordance with clearly defined procedures, and exercise oversight over the SWF's operations.

- **GAPP 8. Principle**
  The governing body(ies) should act in the best interests of the SWF, and have a clear mandate and adequate authority and competency to carry out its functions.

- **GAPP 9. Principle**
  The operational management of the SWF should implement the SWF's strategies in an independent manner and in accordance with clearly defined responsibilities.

- **GAPP 10. Principle**
  The accountability framework for the SWF's operations should be clearly defined in the relevant legislation, charter, other constitutive documents, or management agreement.

- **GAPP 11. Principle**
  An annual report and accompanying financial statements on the SWF's operations and *performance* should be prepared in a timely fashion and in accordance with recognized international or national accounting standards in a consistent manner.

- **GAPP 12. Principle**
  The SWF's operations and financial statements should be audited annually in accordance with recognized international or national auditing standards in a consistent manner.

- **GAPP 13. Principle**
  Professional and ethical standards should be clearly defined and made known to the members of the SWF's governing body(ies), management, and staff.

- **GAPP 14. Principle**
  Dealing with third parties for the purpose of the SWF's operational management should be based on economic and financial grounds, and follow clear rules and procedures.

- **GAPP 15. Principle**
  SWF operations and activities in host countries should be conducted in compliance with all applicable regulatory and disclosure requirements of the countries in which they operate.

- **GAPP 16. Principle**
  The governance framework and objectives, as well as the manner in which the SWF's management is operationally independent from the owner, should be publicly disclosed.

- **GAPP 17. Principle**
  Relevant financial information regarding the SWF should be publicly disclosed to demonstrate its economic and financial orientation, so as to contribute to stability in international financial markets and enhance trust in recipient countries.

- **GAPP 18. Principle**
  The SWF's investment policy should be clear and consistent with its defined objectives, risk tolerance, and investment strategy, as set by the owner or the governing body(ies), and be based on sound portfolio management principles.
  - GAPP 18.1. Subprinciple
    The investment policy should guide the SWF's financial risk exposures and the possible use of leverage.
  - GAPP 18.2. Subprinciple
    The investment policy should address the extent to which internal and/or external investment managers are used, the range of their activities and authority, and the process by which they are selected and their *performance* monitored.
  - GAPP 18.3. Subprinciple
    A description of the investment policy of the SWF should be publicly disclosed.

ANEXO A

- **GAPP 19. Principle**
  The SWF's investment decisions should aim to maximize risk-adjusted financial returns in a manner consistent with its investment policy, and based on economic and financial grounds.
  - GAPP 19.1. Subprinciple
    If investment decisions are subject to other than economic and financial considerations, these should be clearly set out in the investment policy and be publicly disclosed.
  - GAPP 19.2. Subprinciple
    The management of an SWF's assets should be consistent with what is generally accepted as sound asset management principles.

- **GAPP 20. Principle**
  The SWF should not seek or take advantage of privileged information or inappropriate influence by the broader government in competing with private entities.

- **GAPP 21. Principle**
  SWFs view shareholder ownership rights as a fundamental element of their equity investments' value. If an SWF chooses to exercise its ownership rights, it should do so in a manner that is consistent with its investment policy and protects the financial value of its investments. The SWF should publicly disclose its general approach to voting securities of listed entities, including the key factors guiding its exercise of ownership rights.

- **GAPP 22. Principle**
  The SWF should have a framework that identifies, assesses, and manages the risks of its operations.
  - GAPP 22.1 Subprinciple
    The risk management framework should include reliable information and timely reporting systems, which should enable the adequate monitoring and management of relevant risks within acceptable parameters and levels, control and incentive mechanisms, codes of conduct, business continuity planning, and an independent audit function.
  - GAPP 22.2 Subprinciple
    The general approach to the SWF's risk management framework should be publicly disclosed.

- **GAPP 23. Principle**
  The assets and investment *performance* (absolute and relative to benchmarks, if any) of the SWF should be measured and reported to the owner according to clearly defined principles or standards.

- **GAPP 24. Principle**
  A process of regular review of the implementation of the GAPP should be engaged in by or on behalf of the SWF.

SUMÁRIO

1. INTRODUÇÃO — 11
2. EVOLUÇÃO HISTÓRICA — 21
3. FUNDOS SOBERANOS: CONCEITO E NATUREZA — 37
4. O FUNDO SOBERANO DO BRASIL — 53
   - 4.1. Antecedentes — 53
   - 4.2. A criação do Fundo Soberano do Brasil (Lei n.º 11.887/2008) — 60
   - 4.3. A regulamentação do Fundo Soberano do Brasil — 70
   - 4.4. O Conselho Deliberativo do Fundo Soberano do Brasil — 72
   - 4.5. A submissão do Fundo Soberano do Brasil à Constituição Federal de 1988 — 74
   - 4.6. Natureza jurídica e personalidade — 82
   - 4.7. O Fundo Fiscal de Investimento e Estabilização — 98
5. OS PRINCIPAIS FUNDOS SOBERANOS DO MUNDO — 105
   - 5.1. Os principais atores — 105
   - 5.2. Emirados Árabes Unidos: Abu Dhabi Investment Authority — 109
   - 5.3. Kuwait: Kuwait Investment Authority — 111
   - 5.4. Líbia: Lybian Investment Authority — 113
   - 5.5. Cingapura: Temasek Holdings e Government Investment Corporation — 115
   - 5.6. China: China Investment Corporation — 119
   - 5.7. Rússia: Russian Reserve Fund e National Wealth Fund — 121
   - 5.8. Noruega: Government Pension Fund-Global — 123
6. QUESTÕES RELEVANTES — 129
   - 6.1. Preocupações atinentes ao tema — 129
   - 6.2. O mau uso da riqueza nacional — 131
   - 6.3. Motivações políticas — 137

6.4. O risco atrelado ao protecionismo	142
6.5. O impacto dos fundos soberanos nos mercados	149
6.6. Instrumentos alternativos de controle	156
6.7. A importância da transparência	160
7. OS PRINCÍPIOS DE SANTIAGO	165
7.1. O desenvolvimento de uma abordagem multilateral	165
7.2. Quadro legal, os objetivos e coordenação das políticas macroeconômicas	170
7.3. Quadro institucional e estrutura de governança	177
7.4. Quadro de investimento e de gestão de riscos	183
7.5. Próximos passos	185
8. CONCLUSÃO	195
REFERÊNCIAS	203
ANEXO A – Princípios de Santiago	211